Research on the Counties
in Zhejiang Province Based on the View of
Comparison and Cooperation

浙江省区域比较与协作研究

占张明 等著

ZHEJIANG UNIVERSITY PRESS
浙江大学出版社

图书在版编目（CIP）数据

浙江省区域比较与协作研究 / 占张明等著. —杭州：
浙江大学出版社，2018.3
ISBN 978-7-308-17943-0

Ⅰ.①浙… Ⅱ.①占… Ⅲ.①区域管理—研究—浙江
Ⅳ.①F127.55

中国版本图书馆 CIP 数据核字（2018）第 015708 号

浙江省区域比较与协作研究

占张明 等著

责任编辑	樊晓燕	
责任校对	杨利军	吴水燕
封面设计	春天书装	
出版发行	浙江大学出版社	
	（杭州市天目山路 148 号　邮政编码 310007）	
	（网址：http://www.zjupress.com）	
排　　版	杭州中大图文设计有限公司	
印　　刷	浙江印刷集团有限公司	
开　　本	710mm×1000mm　1/16	
印　　张	16	
字　　数	262 千	
版 印 次	2018 年 3 月第 1 版　2018 年 3 月第 1 次印刷	
书　　号	ISBN 978-7-308-17943-0	
定　　价	48.00 元	

序 言

　　改革开放以来,浙江各县(市、区)都获得了迅猛发展,但区域差距也迅速扩大,沿海与非沿海、沿海内部区域差异都构成了浙江省区域差异的主要内容。党的十九大报告提出,要实施区域协调发展战略。当前,随着改革开放不断深入,加强区域协作已成为提升区域综合竞争能力、推动经济社会全面协调可持续发展的必然选择。融入区域一体化,通过协作取得优势,在融合中借势发展,对每个地区的发展都至关重要。随着经济全球化和区域经济一体化进程的不断加快,更宽领域、更深层次、更高水平上的区域协作显得尤为重要和迫切。

　　近年来,余杭区委区政府认真学习贯彻习近平总书记系列重要讲话精神,秉持"干在实处、走在前列、勇立潮头"的浙江精神,持续深化"八八战略"实践。在"十三五"时期,余杭坚持稳中求进,经济健康持续发展,综合实力大幅提升,产业结构不断优化,开放合作持续扩大。借此机会,我们对余杭发展所取得的经验成就进行梳理,并与兄弟县(市、区)进行比较,从而达到强基础、补短板、促提升的效果。正是这一动因,促使了《浙江省区域比较与协作研究》一书的问世。在此,我写几句交代全书背景、框架、亮点的话,并以此代序。

　　全国、全省党校工作会议精神,以及中央办公厅《关于加强中国特色新型智库建设的意见》文件,都要求地方党校着力为地方党委和政府决策服务,有条件的要为中央有关部门提供决策咨询服务。这就要求党校不仅要发挥其对党员干部进行培训、教育的功能,而且要发挥其理论优势,在党委和政府决策时提供专业性的意见或建议。在浙江省委党校、杭州市委党校、余杭区委的指导下,浙江省县级党校智库建设联盟成立了,同时浙江省县级党校智库研究中心也在杭州市委党校余杭区分校挂牌成立。浙江省县级党校智库研究中心的成立使浙江省县级党校在信息上互通有无,将封闭式的研究方式转化为开放式的决策咨询,目的在于整合各类智库研究资源,形成研究合力,推出精品研究成果。杭州市委党校余杭区分校高度重视县级党校智库建设工作,秉持合作共赢理念,协力同心,群策群力,共同打造交流合作平台,力求打造汇聚知识和智慧的平台,努力实现资源共享、信息共享和成果共享,为地方发展贡献力量。正是基于这一背景,本书由杭州市委党校余杭区分校牵头,汇聚了桐乡、海盐、海宁等县(市、区)党校老师的科研成果,立足于新时代浙江省经济社会发展的探索实践,深入分析了当前浙江省不同区域发展的联系与区别,在相互协作的基础上,为浙江省经济社会的发展出谋划策,是2017年浙江省县级党校智库建设的又一力作。

通读全书,我有几点印象比较深刻。一是理论联系实际。本书收录的论文多为现阶段浙江省不同县域在经济、政治、文化、社会等各方面的实践探讨。作者运用马克思主义理论,通过对不同地方的实践对比,实事求是,发现问题,解决问题,不仅使本书具有较强的学术生命力,而且具有较高的应用价值,起到了为党委和政府决策服务的目的。二是研究内容广泛。本书的内容几乎涵盖了浙江区域发展的各个方面,包括了对当下浙江省"最多跑一次"改革实践中的行政审批、特色小镇建设、养老模式的探索、传统文化传承等方方面面的比较。而且,本书将县级党校智库建设比较作为单独的一篇,反映了杭州市委党校余杭区分校对智库建设工作的重视。在这一篇中,既有建立跨区域基层党校智库联盟的动力机制分析和可行性分析,也有建设跨区域基层党校智库联盟的路径分析。三是研究方法科学。既有定性结论,又有定量分析,为论文的科学性提供有力的数据支持与理论支撑;既有个案分析,也有比较分析,在比较不同的模式中,认清经济社会发展的普遍规律。总体来看,本书立足于当前浙江的省情,通过对不同区域发展模式的比较,将理论和实际紧密地联系在一起,观点新颖,论据有力,材料丰富,文字精当,为解决当前发展问题提供了新思路、新方法、新视野,具有较高的应用价值。

本书的研究探索表明,由于受到经济、体制、文化等因素的影响,不同区域之间存在着较大的差异,正确认识这些差异的存在对当地党委和政府的科学决策具有十分重要的意义。在全面建成小康社会的决胜阶段,在中国特色社会主义进入新时代的关键时期,我们更加要保持清醒的头脑,认真总结过去改革发展所取得的巨大成就和经验教训。唯有如此,才能更好地为浙江省各县(市、区)实现区域治理体系和治理能力现代化,推动经济社会发展质量变革、效率变革、动力变革,打下更加扎实的基础。最后,借此机会,期待作者们能够一如既往地保持良好的学术精神状态,争取出版更多的优秀咨政作品,为当地党委和政府多提出一些具有前瞻性、战略性、针对性的对策建议。

中共杭州市余杭区委常委、组织部长
中共杭州市委党校余杭区分校校长

2017 年 12 月

目 录

社会篇

文化篇

智库篇

政法篇

目标理论视角下沿海发达县域政府绩效目标设置研究

——基于浙江 5 个区(县、市)的调研分析

内容提要　受西方发达国家新公共管理经验的影响,20 世纪 90 年代,我国沿海发达县域开始结合本地实际对政府绩效考核进行有益的探索和尝试。但政府绩效考核的前提和基点是绩效目标的设置。本文基于浙江 5 个区(县、市)绩效目标设置的现状,运用目标设置理论及其相关研究成果,对可能存在的问题进行剖析,并提出相关的对策和建议。

关键词　绩效管理;目标设置;区(县、市)政府;沿海发达地区

一、问题的提出

20 世纪中叶以来,受凯恩斯(John Maynard Keynes)主义影响,西方国家普遍对社会公共事务实施积极干预,导致政府规模不断扩张,财政压力越来越大,政府绩效问题日益引起人们的关注[①]。为此,西方国家被迫兴起了一场重塑政府(reinventing government)的绩效考核运动,被称为“新公共管理运动”。

当前,随着我国社会经济的不断发展,特别是经济体制改革的不断深化和政治体制改革的不断深入,政府绩效问题受到社会各界的广泛关注。对此,中央政府高度重视,各级政府和部门积极探索实践,并采取实质性的举措,促使政府部门的目标考核真正走向绩效评估。2013 年 6 月,习近平总

【作者简介】邱昊,中共柯桥区委党校教研室副主任、讲师。

①　波波维奇.创建高绩效政府组织[M].北京:中国人民大学出版社,2001:13.

书记在全国组织工作会议上指出："要改进考核方法和手段,既看发展又看基础,既看显绩又看潜绩,把民生改善、社会进步、生态效益等指标和实绩作为重要考核内容,再也不能简单以国内生产总值增长率来论英雄了。"同年9月,习近平在河北省委常委班子专题民主生活会上又说:"中央看一个地方工作得怎么样,不会仅仅看生产总值增长率,而是要看全面工作,看解决自身发展中突出矛盾和问题的成效。"2013年11月公布的《中共中央关于全面深化改革若干重大问题的决定》又明确指出:"完善发展成果考核评价体系,纠正单纯以经济增长速度评定政绩的偏向。"2013年12月,中组部根据习近平总书记要求抓紧研究、提出落实意见的指示,下发了《关于改进地方党政领导班子和领导干部政绩考核工作的通知》,明确提出了政绩考核要突出科学发展导向、完善评价指标,对限制开发区域不再考核GDP、加强对政府债务状况的考核、加强对政绩的综合分析、选人用人不能简单以GDP及增长率论英雄、实行责任追究、规范和简化各类工作考核等八项具体要求,进一步细化了中央对于地方考核工作的新要求。

政府绩效考核作为一种克服官僚主义、改进公共部门绩效的有效管理工具,在英、美等国得到了持久、广泛、成熟的理念推行与技术应用,并日益实现了自身的普及化、规范化和技术化。[1] 但政府绩效管理是一个复杂的系统,一般包括指标设计、信息收集、目标设置、目标实施、绩效考核、绩效考核结果运用和绩效信息反馈等主要环节。这些环节互为依托、相互交织,共同构成政府的绩效管理系统。而这一切的起点和关键是目标设置[2]。可以说,政府绩效目标设置(target-setting)是政府绩效评价与管理的核心,因为如果目标设定得不合理,将直接影响目标实现的过程和结果[3]。换句话说,绩效改进的方向如果选择得不对,那么后续的任何绩效改进工作都是徒劳

① 卓越,赵蕾.公共部门绩效管理:工具理性与价值理性的双导效应[J].兰州大学学报,2006(6).

② 魏四新,郭立宏.我国地方政府绩效目标设置的研究——基于目标设置理论视角[J].中国软科学,2011(2):8-15.

③ Latham G P, Borgogni L, Petitta L. Goal setting and performance management in the public sector[J]. International Public Management Journal, 2008,11(4):385-403.

无功的①②。因此,在地方政府绩效管理上的目标设置研究有着特别重要的意义。

二、目标设置理论——政府绩效考核的基点

"目标设定理论"(goal setting theory),最早由 E. A. Locke 于 1968 年提出,他和休斯在研究中发现,外来的刺激(如奖励、工作反馈、监督的压力等)都是通过目标来影响动机的,即无论何种激励手段,都离不开目标设置③。Ryan 于 1970 年也证实了这一观点,他发现"人类行为受有意识的目标、计划、意图、任务和喜好的影响"④。当然,该理论预设了一个前提,即人类的活动是有目的的,个体被作为一个理性人的角色对待。个体的工作表现之所以会有所不同,就是因为他们为自己设置了不同的绩效目标。

(一)目标设置理论的基本模式

Locke 认为,在目标内容中,有两个维度对目标设置的效果最有意义:目标的明确性和目标的难度⑤。

1. 目标的明确性

目标的明确性是指个体可以通过目标清晰地了解自己需要做什么,应该做到什么程度。研究表明,明确的目标比模糊目标可以产生更高的绩效。因为明确的目标能够更好地引导个体注意并努力趋近与目标有关的行动,远离与目标无关的行动。Rothkopf 和 Billington 在研究中发现,有具体学习目标的学生对与目标有关的文章的注意和学习均好于对与目标无关的文

① Bevan G, Hood C. What's measured is what matters: targets and gaming in the English public health care system[J]. Public Administration,2006,84(3):517-538.

② Boyne G A, Chen A A. Performance targets and public service improvement[J]. Journal of Public Administration Research and Theory,2007,17(03):455-477.

③ Locke E A. Toward a theory of task motivation and incentives[J]. Organizational Behavior & Human Performance,1968(5):157-189.

④ Ryan T A. Intentional behavior[M]. New York: Ronald Press,1970:10-18.

⑤ Locke E A, Harrison S,Lustgarten N. Separating the effects of goal specificity from goal level[J]. Organization Behavior & Human Decision Processes,1989,43(2):270-287.

章的注意和学习[①]。Locke 和 Bryan 在汽车驾驶任务中也发现,成绩得到多方面反馈的个体,在有目标的维度上成绩得到了提高,但在其他维度上成绩并没有得到提高[②]。

2. 目标的难度

目标设置理论认为目标设置的难度影响着个体的投入,进而影响绩效水平。Locke 和 Latham 等认为任务的困难程度与成绩之间呈正的、线性函数关系,即最高的或最困难的目标产生了最高水平的努力和成绩,但前提条件是,目标的实现在个人能力允许的范围内,并且个体对目标有着较高的承诺。在这种的情况下,目标的水平越高,绩效越好(见图 1)。

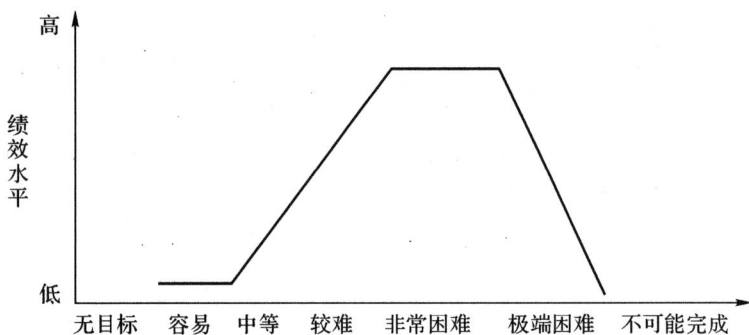

图 1 目标水平与绩效的关系

(资料来源:J. Reeve,1996)

(二)目标设置理论的扩展模式

在目标设置与绩效之间还有其他一些重要影响因素,如目标承诺、反馈、自我效能感、任务策略、满意感等。

1. 目标承诺

目标承诺反映了个体对所设置目标的认可程度和完成决心,它通过调

---

① Rothkopf E Z, Billington M J. Goal-guided learning from text:Inferring a descriptive processing model from inspection times and eye movements[J]. Journal of Educational Psychology,1979,71(3):310-327.

② Locke E A, Bryan J. Goal setting as a determinant of the effects of knowledge of score in performance[J]. American Journal of Psychology,1968,81(3):398-406.

节个体的活动积极性间接地影响着活动结果①。已有的研究表明,如果个体没有承诺要完成某个目标,那么他在活动中就不会投入太多的精力,无论目标要求困难与否②。此外,Mento等人在研究中发现与"尽最大努力"相比,具体的困难目标可以产生更好的成绩。这是因为"尽最大努力"这一目标没有外部的参照,所以每个人对它的界定都可能不同;而当目标很具体时,则不会出现这种情况③。

2.反馈

目标设置理论认为,目标与反馈结合在一起可以产生更高的绩效水平④。目标的存在不仅指出了个体需要达到的活动结果,也为个体评价自身表现提供了一定的绩效标准。反馈信息则可以帮助个体了解到自己距离目标水平的差距以及成绩标准的满足情况,即哪些地方做得好,哪些地方有待改进。

3.自我效能感

自我效能感的概念最早由Bandura提出⑤,此后个体自我效能感和目标激励效果之间关系的研究便成为目标设置理论的重要内容⑥。研究表明,高的自我效能感有助于个体长期坚持在某一个活动上,尤其是当这种活动需要克服困难、战胜阻碍时。比如Bandura和Cervone⑦发现,同样告诉

① Locke E A, Latham P G. Work motivation and satisfaction: Light at the end of the tunnel [J]. Psychological Science, 1990(1): 240-246.

② Seijts G H, Latham G P. The construct of goal commitment: Measurement and relationships with task performance. // Goffin R D, Helmes E. Problems and solutions in human assessment[M]. Dordrecht: Kluwer Academic, 2000: 315-332.

③ Mento A J, Locke E A, Klein, H J. Relationship of goal level to valence and instrumentality[J]. Journal of Applied Psychology, 1992, 77(4): 395-405.

④ Vandewalle D M, Cummings L L. A test of the influence of goal orientation on the feedback seeking process[J]. Journal of Applied Psychology, 1997, 82(3): 390-400.

⑤ Bandura A. Self-efficacy mechanism in human agency[J]. American Psychologist, 1982, 37(2): 122-147.

⑥ Locke E A, Frederik E, Lee C, et al. Effect of self-efficacy, goals, and task strategies task performance[J]. Journal of Applied Psychology, 1984, 69(2): 241-251.

⑦ Bandura A, Cervone D. Differential engagement of self-reactive influences in cognitive motivation[J]. Organizational Behavior & Human Decision Processes, 1986, 38(1): 92-113.

被试者他的成绩不好时,自我效能感高的人比自我效能感低的人坚持努力的时间要长。此外,根据其重要性,目标可以分为中心目标(proximal goal)和边缘目标(distal goal)。中心目标是很重要的目标,边缘目标是不太重要的目标[①]。被安排到中心目标的被试者的自我效能感明显比被安排到边缘目标的被试强,因为被试者会觉得他被安排的是重要任务,这是对他能力的信任[②]。

4.任务策略

目标设置理论认为,要想完成目标,得到更好的绩效,选择一个良好的策略是至关重要的[③]。Cheslley 和 Locke 发现,在一个管理情景的模拟研究中,只有在使用了适宜策略的情况下,任务难度才与被试的绩效显著相关。

5.满足感

目标设置理论比较强调外在奖励的作用。该理论认为当个体经过种种努力最终达到目标,得到了所希望的报酬和奖赏时,就会产生满足感;如果没有得到预料中的奖赏,个体就会感到不满意。同时,满足感还受到另一个因素的影响,就是个体对他所得报酬是否公平的理解。如果说,通过与同事相比、与朋友相比、与自己的过去相比、与自己的投入相比,他感到所得的报酬是公平的,就会感到满意。反之,则会不满意。

(三)高绩效循环模型

1990 年,Locke 和 Latham 在《一个关于目标设置与任务成绩的理论》一书中进一步系统地阐述了目标设置理论的观点,提出了一个综合的目标设置模型,即高绩效循环模型(the high performance cycle)(见图 2)。该模型的起点始于明确的、有适度难度的目标,认为如果个体对该目标具有较高

---

① Phillips J M, Gully S M. Role of goal orientation, ability, need for achievement, and locus of control in the self-efficacy and goal-setting process[J]. Journal of Applied Psychology,1997,82(5):792-802.

② Gist M E, Schwoerer C, Rosen B. Effects of alternative training methods on self-efficacy and performance in computer software training[J]. Journal of Applied Psychology, 1989,74(6):889-891.

③ Wood R, Locke E A. Goal setting and strategy effects on complex tasks. // Staw B, Cummings L. Research in organizational behavior[M]. Greenwich, CT:J AI Press, 1990:416-425.

水平的承诺和自我效能感,并采用适宜的任务策略以及获得适当的反馈信息,那么个体就会产生较高的绩效水平。当然,如果高绩效水平还能够给他带来所期望的奖励,那么个体就会因此产生满足感。而高度的满足感反过来会促使个体达到更高的目标承诺水平,使个体愿意继续从事此类工作,接受新的和具有挑战性的任务,开始新一轮的高绩效循环[①]。反之,则会导致低绩效循环的产生。

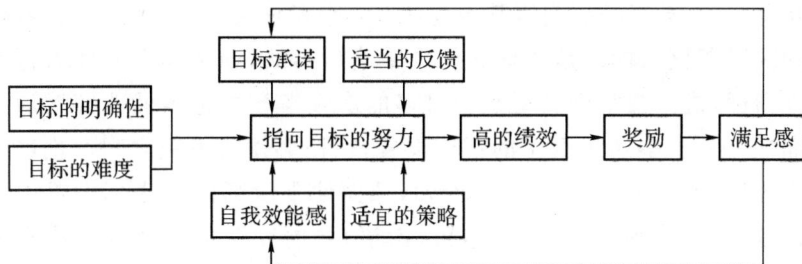

图 2 高绩效循环模型

(资料来源:E. A. Locke,1990)

三、基于目标设置理论对沿海发达县域绩效目标设置的分析

我国政府绩效目标设置起步较晚,发展较慢,在政府绩效评估实践中,尽管取得了一定的成绩,但还是存在不少问题,需要进一步的完善。为此,笔者基于 Locke 和 Latham 的高绩效循环模型,针对任务的明确度、目标重要性(权重)、目标的难度、目标承诺性、自我效能感、反馈等中介因素,对浙江 5 个区(县、市)的绩效目标设置情况进行剖析,以探究当前我国沿海发达县域绩效目标设置中可能存在的问题。

(一)考核目标的明确度不够

根据目标设置理论我们知道,明确的目标可以产生比模糊目标更高的绩效。根据调研,当前区(县、市)政府在考核目标设置方面已足够细化和明确。但过度的细化和明确造成了整个考核指标体系过于繁杂和庞大,致使被考核者难以把握考核的重点和方向,因此也难以在实际中开展工作。

---

① Locke E A, Latham G P. A theory of goal setting and task performance[M]. Engle Wood Cliffs, NJ: Prentice-Ha, 1990: 11.

1. 考核指标过于繁杂

当前,地方政府绩效考核的指标设置是以其实际工作内容为主要依据的。由于镇(街道)政府面临的是纷繁复杂的社会事务,决定了其管理职能的复杂性和全面性。加之,区(县、市)政府在指标设置时缺少必要的合理细化和精简,往往会造成次级考核指标过于繁杂。根据 5 个区(县、市)调研情况,除萧山区和义乌市缺乏次级指标外,其余各区(县、市)次级考核指标都在 100 个左右,最高的鄞州区甚至高达 240 个考核指标(见表 1)。这些数量庞大的次级考核指标仅是考核文件中明确列出的,如果加上一些另行考核的文件指标,这一数字则会更高。过多的次级考核指标虽然能够增加考核的全面性,但是,多达近百个的指标设置,往往会使上下级之间产生严重的信息不对称(information asymmetry),从而使下级部门在指标设置中占据有利位置[①]。一个典型的情况是,镇(街道)政府往往会选择较容易实现的指标任务,而规避较难实现但却最关键的目标任务,导致目标替代(goal displacement)现象的发生[②]。

表 1　浙江 5 个区(县、市)的考核指标情况

考核项目	柯桥区	萧山区[③]	鄞州区[④]	温岭市	义乌市[⑤]
经济考核指标	13	14	42	24	11
城乡考核指标	12	7	34	13	3

---

① Huang Y. Managing Chinese bureaucrats: An institutional economies perspective [J]. Political Studies,2002,50 (1):61-79.

② Bohte J, Meier K J. Goal displacement: Assessing the motivation for organizational cheating[J]. Public Administration Review, 2000, 60(2):173-182.

③ 萧山区仅有考核事项,缺乏次级指标。

④ 经济指标中全社会固定资产投资和旅游发展两项考核指标文件另行制定,没有统计在内;城乡指标中"美丽镇村·幸福家园"建设考核指标文件另行制定,没有统计在内;文化指标中教育工作考核指标文件另行制定,没有统计在内;社会指标中就业和社会保障、流动人口服务管理两项考核指标文件另行制定,没有统计在内;生态指标中环境整治考核指标文件另行制定,没有统计在内;党建指标中党风廉政建设、组织建设、人才工作、信访工作、信访积案化解、妇联工作、人武工作等 7 项考核指标文件另行制定,没有统计在内。共计 14 项考核工作指标另行制定。

⑤ 义乌市仅有考核事项,缺乏次级指标。

	柯桥区	萧山区	鄞州区	温岭市	义乌市
文化考核指标	另行考核	5	31	7	另行考核
社会考核指标	5	11	52	22	8
生态考核指标	另行考核	3	25	6	5
党建考核指标	另行考核	6	42	35	9
加扣分考核指标	68	13	14①	已包含在上述各项	无具体指标
合计	98	59	240	107	36

资料来源:参照绍兴县《2013年镇(街道)、平台岗位目标责任制考核意见》县委〔2013〕30号、萧山《萧山区人民政府2013年度镇(街道)文明幸福考评的意见(试行)》萧委〔2013〕12号、鄞州区《2014年度鄞州区镇乡(街道)目标管理考核实施意见》鄞党办〔2014〕5号、温岭市《2013年度镇(街道)经济和社会发展目标责任制考核办法》温市委办〔2013〕37号、义乌市《义乌市镇(街道)考绩法(试行)》和《义乌市机关单位考绩法(试行)》市委〔2013〕30号等文件制定。

2.考核部门过于庞杂

在实际调研过程中,镇(街道)普遍反映政府绩效考核涉及的部门过于庞杂。在调研的5个区(县、市)中,扣除相同的考核部门,各区(县、市)的考核部门都在45个左右(见表2)。和考核指标一样,这些能够具体列出来的考核部门是已经明确的,加之一些另行考核的工作,其涉及的部门将会进一步增多。众多的考核部门往往会给人一种考核更加公正和细致的错觉,其实不然,因为起决定作用的考核部门往往就几个,其他众多的考核部门往往只有1分或0.5分的决定权。此外,据一些镇(街道)反映,在具体考核过程中存在一些上级职能部门将本该由自身承担的业务工作,通过考核转嫁给镇(街道)的现象,造成基层工作负担进一步加重。镇(街道)政府在这种情况下,难以形成对自己工作目标的清醒认识,同时也会因此缺乏工作责任和工作动力。

---

① 鄞州区只有加分项,无扣分项。

表2　浙江5个区(县、市)考核部门汇总

部门	柯桥区	萧山区	鄞州区	温岭市	义乌市
经济考核部门	统计局、财政局、国税局、经信局、商务局、发改局、工商局、宣传部、环保局、科技局、人力社保局、农业局、林业局、旅游局	区统计局、区经信局、区发改局、区财政局、区招商局、区商务局、区农办、区科技局、质监萧山分局、区委人才办、区人力社保局	统计局、财政局、发改局、投资合作局、经信局、科技局、商务局、农林局、旅游局、金融办	国税局、财政局、地税局、发展和改革局、统计局、经济和信息化局、协作办、商务局、三产办、东部产业集聚区管委会、农办	招商局、商务局、经信委、国土局、工商局、统计局、科技局、质监局、财政局、地税局、农业局、发改委、社区建设办、农办、社区建设办、督查办
城乡考核部门	城管办、民政局、文明办、建设局、规划局、水电局、环保局、经信局、农业局、县长效办、国土局	区农办、国土萧山分局、区城乡一体办、区住建局、区经信局、区政府办公室、区监察局	区府办、住建局(镇村办)、农办、交通局、水利局、城管局	"三改一拆"工作领导小组办公室、国土资源局	"三改一拆"办、执法局、国土局、生态办、创建办
文化考核部门	另行考核	区委宣传部、区文明办、区文广新闻出版局、区统计局、区文创办、区文明幸福办、新城管委会、前进工业园区指挥部	宣传部、文明办、文广局、教育局、卫生局、政研室、党史办、档案局、编办	科技局、民政局、教育局、文广新局、体育局	另行考核
社会考核部门	信访局、人口计生局、安监局、公安局、建管局、食安办头、食监局、农业局、宣传部、应急办、民宗局、人力社保局、环保局、水电局、法制办、政法委、流管局、司法局、政研室	区农办、区人力社保局、区教育局、区卫生局、民政局、区人口计生局、区食品药品监管局、区安监局、区委政法局、区信访局	人社局、民政局、计生局、残联、关工委、流动人口办公室、药监局、安监局、司法局、总工会、团区委、妇联、人武部、区委办	人力资源和社会保障局、卫生局、安全生产监管局、消防安全委员会、办证中心、纪委、邮政局、市委办市府办、直线电话受理中心、残联、人口和计划生育局、统计局	平安办、人武部、公安局、交通局、流动人口管理局、信访局、安监局、市府办、人大办、政协办、组织部、法制办、普法办、市府办、住建局、文广新局、教育局、体育局、人力社保局、残联等单位、计生委、卫生局、食品药品监管局、行政服务中心、行政服务中心

部门	柯桥区	萧山区	鄞州区	温岭市	义乌市
生态考核部门	另行考核	区环保局、区统计局、区经信局、区城管局、区住建局	环保局、文明办、森林鄞州办公室、国土资源局	环保局、农办、经济和信息化局、统计局	"三改一拆"办、执法局、国土局、生态办、创建办
党建考核部门	另行考核	区委组织部、区纪委、区委统战部、区办事服务中心、区监察局、区政府法制办、区人武部	纪委、组织部、人才办、人社局、综治办、信访局、审管办、统战部、法制办、机关事务局、机要局	人力资源和社会保障局、政法委、公安局、流动人口服务管理局、司法局、教育局、信访局、法制办、610办公室	纪委、监察办、人才办、组织部、宣传部、统战局（民宗局）、人武部、民政局、编办、档案局
合计	37	39	55	39	55

资料来源:同表1。

(二)考核指标权重设置不合理

目前,部分区(县、市)在考核指标设置时仍存在定位不明的现象,即对于通过考核解决什么问题,达到什么目的,缺乏清醒的认识。政府绩效目标是一个多指标系统,然而各区(县、市)过分强调经济领域指标的设置,忽视公共服务、民生建设和生态环境建设等方面的指标设置。在调研中,除义乌市外,各区(县、市)经济分值所占比重明显高于社会、生态、文化等几块的分值比重(见表3)。这里需要注意的是,有些本应属于经济的指标被人为地归于城乡、生态和社会等领域。所以,如果把所有涉及经济的分值累加,其比重要远超于现在的50%。以2013年柯桥区为例,该区干部岗位目标责任制指标体系中,涉及"经济发展"的指标占了基本分100分中的50%。另外36个附加分项目中有关"经济"的达26项,占72.22%。这也难怪一些得分较高的镇(街道)仅经济分一项就有将近90分(百分制)了,而得分低的镇(街道)总分也有近60分(百分制)。政府绩效考核中过分强调GDP,追求经济指标,必然导致公共服务投入不足,居民生活质量被忽视,社会问题将会愈积愈多①。显然这种过分关注经济发展的指标权重设置必然导致镇(街道)政府在行政管理工作中失衡,背离新时期党中央对基层政府干部考核的要求。

表3 浙江5个区(县、市)考核比重情况

考核比重	柯桥区(%)	萧山区(%)②	鄞州区(%)③	温岭市(%)④	义乌市(%)
经济比重	50	48	31	38	20
城乡比重	28	8	14	10	4
文化比重	0	9	12.5	4.5	0
社会比重	22	20	14	22	40
生态比重	0	4	15	10	12
党建比重	0	11	21	15.5	24

资料来源:同表1。

(三)部分考核指标执行难度过高

目标设置理论认为,在个人能力允许的范围内目标的水平越高绩效越好。但政府部门不同于市场主体,可以在市场价值规律作用下,实现其商品价值的精准定位。政府部门作为非市场经济主体,其提供的公共产品和服务,属于"非商品性"产出,加之政府服务的垄断性,使政府的产出很难以市场价值的标准进行衡量。而现实的情况是,许多政府部门往往会倾向于制定非常高的目标任务,以期向上级政府部门发出"利好"信号(signing)以获得其赞许和认可⑤。

在调研的5个区(县、市)中,虽然当地政府在目标设置前做了大量的调研,但仍存在诸多不尽合理的地方。如部分镇(街道)反映,有些指标考核文

---

① 包国宪. 等绩效评价:推动地方政府职能转变的科学工具——甘肃省政府绩效评价活动的实践与理论思考[J]. 中国行政管理,2005(7):88.

② 萧山区以综合发展性指标设置权重做统计。

③ 鄞州区分为三类,我们依照第二类做统计。

④ 温岭市按照《2013年度镇(街道)经济和社会发展目标责任制考核办法》的通知中共性考核中各项工作分值比重做统计。

⑤ Guo G. China's local political budget cycles[J]. American Journal of Political Science,2009.53(3):621-632.

件中的分数很刚性,但是被细化为考核细则后又缺乏刚性,有的甚至可以通过"技术手段"来完成。以柯桥区为例,在城乡统筹中清水工程的考核规定:"清水工程6分。完成年度水质改善、清淤清草、截污堵源工作任务的各得2分。地表水质考核断面未达到功能区水质要求的扣2分。未完成清淤年度任务的,每减少10%扣1分;河道清草保洁未达到规定标准要求,被通报批评的,每次扣0.2分。截污堵源工作每一单项未完成的,扣0.5分。"虽然清水工程有6分的刚性考核任务,但这6分所划分的次级指标则缺乏刚性,如完成年度水质改善、清淤清草、截污堵源工作任务的考核各得2分,这些都是比较笼统的、感性的、缺乏客观标准的,难以界定什么样子的水质算是已改善。加之各个街道实际情况不一,很难界定考核标准,更不可人为地划定一个看似公平的统一标准。

(四)奖惩机制不完善,承诺性和自我效能感不高

1.奖惩机制不完善

目标设置理论认为适度和公平的激励制度,能够使个体在实施目标时的坚持性更持久。因此,区(县、市)政府实施绩效奖惩机制有助于不断提高镇(街道)政府的整体绩效水平。目前,区县政府提供的激励手段主有两种形式:一是以奖金为核心的经济激励手段;二是以职务晋升为核心的政治激励手段。虽然前两种激励手段在当前都起了较为显著的作用,但从长远来看却存在诸多弊端。因为,这种考核机制容易诱导个体在履行职责时追求自身利益的最大化,而不是追求公共利益的最大化。此外,各区(县、市)普遍存在重奖励、轻处罚的现象。部分区(县、市)把镇(街道)职责范围内应该履行的工作看作成绩,着重奖赏,受奖者比重较高且奖励差距较小;而对绩效较差者,处罚过轻,甚至不处罚。这种奖励差距过小、处罚过轻的格局,不符合权责对等原则,更难以起到约束和警示的作用。

2.承诺性和自我效能感不高

目标承诺反映的是个体对所设置的目标的认可程度和完成目标的决心,它通过调节个体的活动积极性,间接地影响着活动结果。但是,当前区(县、市)政府在绩效目标考核中存在重承诺形式、轻承诺效果的现象。调研发现,有些镇(街道)政府的目标设置往往是由上级领导单方面制定的。下级和公众缺乏有效的参与,上级以文件形式下发和签订形式上的目标责任

书,使目标承诺变成了上级对下级的"行政命令",导致下级"被动"承诺,下级的自主性难以发挥,认同度较低。因此,下级实施目标的积极性不高,动力不足,满意度较低。[①] 以一票否决为例,目前全省各地岗位目标责任制考核中"一票否决"的项目平均数为5项者居多。而在5个区(县、市)的调研中发现,这类项目明显偏多,如温岭有6项、余杭有7项,而柯桥区则高达9项。此外,这些项目指标的设置也缺乏说服力,或者说难以得到基层镇(街道)的认可。如执行难度较高的水质治理,由于水质断面不同镇(街道)治理的难度差异太大,对各镇(街道)水质等级要求的更新不够及时,镇(街道)对上游流下来的水难以控制。再比如偶然性较大的无交通事故指标。但无论如何,只要这些工作在考核中有一项不达标,该镇(街道)该年度的其他各项工作即便做得再好也无济于事。这种考核指标的设置极大地挫伤了镇(街道)工作人员的自我效能感。

(五)反馈机制匮乏和任务策略不当

1.反馈机制不完善

绩效目标考核的科学性、有效性是建立在对绩效评估工作不断改进的基础之上的,因此对考核结果的反馈和跟踪是一项十分重要的工作。但根据实地调研,目前5个区(县、市)政府在实施绩效考核的过程中,实行的都是一次性评估,缺少过程中的跟踪和反馈环节,致使区(县、市)不能及时掌握镇(街道)各项工作任务的进展情况,进而影响整体绩效目标的实现。

2.任务策略不当

目标设置理论认为,如果目标策略选择得当,就能有效完成目标任务。一般而言,地方镇(街道)政府的绩效目标多是高层制定的战略性目标的分解,镇(街道)通过完成每个阶段的短期目标任务进而达到实现长期战略目标的目的[②]。因此,地方政府的任务策略主要表现为,如何保持短期目标与

---

① 祈光华,张安定.我国公共部门绩效管理问题分析[J].中国行政管理,2005(8):40-43.

② 魏四新,郭立宏.我国地方政府绩效目标设置的研究——基于目标设置理论视角[J].中国软科学,2011(2):8-15.

长期目标的均衡问题①。但是在实地调研的 5 个区(县、市)中,多数区(县、市)的目标设置并没有体现出不同时段的差异性,多年重复使用同一考核指标体系,存在严重的考核机制滞后问题。此外,上级领导的决策也会受任期的影响,任期会像"季节"一样影响上级领导的心理认知、战略决策、行为和结果。因此,不同任期的领导能否做到把一张好蓝图抓到底至关重要。但从实际调研情况来看,受不同领导的执政方式、方法,特别是任期的影响,长期战略目标很难一以贯之。

四、当前沿海发达县域绩效目标设置情况的有效回应

基于目标设置的有关理论,结合实际调研中 5 个区(县、市)在绩效考核设置中存在的不足,参照新形势下中央对地方领导干部政绩考核的新要求,笔者认为构建沿海发达县域政府绩效目标设置应在以下方面有所改进和提升。

(一)明确目标考核体系

建议将镇(街道)的目标考核体系调整为由"共性考核、个性考核、领导评议和满意度测评、加分扣分、一票否决"五部分内容组成。其中,共性考核以完成市政府对区(县、市)的考核任务和全区(县、市)的中心工作为主,设置考核内容;个性考核主要根据各镇(街道)解决自身发展中的突出矛盾和问题的重点工作、特色工作,设置考核内容;加分扣分项目适当缩减,部分内容可以放到基本分当中进行考核;一票否决项目不超过 5 项,保留党风廉政建设、信访、计划生育、安全生产等项目,其他可以列入基本分和加分、扣分项目中。

(二)均衡指标权重设置

一是建议提高民生、生态、党建等指标权重。适当降低经济指标所占比例,更加突出民生、生态、党建的重要性。二是建议增加地方债务考核指标。对具有融资功能的平台和镇(街道)增加地方债务考核。三是建议指标删繁

① Audia P G, Locke E A, Smith K G. The paradox of success: An archival and a laboratory study of strategic persistence following radical environmental change[J]. Academy of Management, 2000, 43(5):837-853.

就简。对于不涉及市对区考核内容和全区中心工作的相关部门考核指标，进行部分删减，相关工作可以增设单项工作先进奖。四是建议增强指标的刚性。涉及对部门进行细化考核的有关指标，建议限制细化条目数量，将细化内容量化后统一写进总考核文件。

(三)因地制宜侧重特色

中组部关于考核工作通知下发后，重庆市提出了划分功能区块的做法，对区(县、市)的考核共分成了都市功能核心区、都市功能拓展区、城市发展新区、渝东北生态涵养发展区和渝东南生态保护发展区五大类，设置了不同的考核指标。浙江省内其他区(县、市)大多数进行分类考核，并将城市型街道单列，其他再进行分类。如萧山区在绩效考核设置时就划分了城市化发展型、大平台开发建设型、生态保护开发型、综合发展型四类，并且不同类型的考核指标的权重设置不同。因此，建议各区(县、市)在考核分类时进行微调，将各镇(街道)平台分为城市化发展型、大平台开发建设型、综合发展型、生态保护开发型四类进行有差别化考核。

(四)完善考核结果运用

在考核结果与干部评价挂钩方面，建议在优胜单位之外适当增加若干个人考核优秀名额，以鼓励工作实绩显著、尽力而为的领导干部。在考核结果与奖金挂钩方面，不少镇(街道)都在进行数额不等的内部考核，建议统一拿出适当比例的奖金，作为由镇(街道)根据内部考核情况自定发放部分，调动镇(街道)内部积极性。

(五)科学施行考核方法

建议平时考核与年终考核相结合，加大平时考核力度，减轻镇(街道)年终应考负担；静态考核与动态考核相结合，不仅要有"事终"考核，更要有"事中"考核，把考核贯穿于工作的全过程。对考核文件制定后出现的重点工作，适当加入考核当中。同时，各区(县、市)政府在绩效考核时要对绩效考核信息进行深入分析，找出那些需要提高和改进的方面，科学地对自身能力进行评估①。这就要求各区(县、市)政府要特别注重镇(街道)在绩效考核

---

① 曹红钢.政府行为目标与体制转型[M].北京:社会科学文献出版社,2007.

过程中反馈的意见。① 此外,要注重考核发展的连续性,考核坚持和完善前任正确发展思路、一张好蓝图抓到底的情况,把是否存在"新官不理旧账""吃子孙饭"等问题作为考核的重要内容。

五、结　论

政府绩效评价是一项复杂的系统工程,不但要以科学的理论做指导,而且要契合自身实际,这需要各区(县、市)在长期的实践过程中不断自我完善。从近期来看,沿海发达县域目前主要任务还是完成市对其的基本工作要求。具体而言可概括为三个方面:完成市对区(县、市)考核的各项指标任务;完成区(县、市)经济社会发展中的各项中心工作;确保发挥考核激励和约束的导向作用。在确保完成完成以上基本工作的前提下,沿海各区(县、市)政府可以结合自身实际,参照目标设置理论,构建更高绩效的评价指标体系。

笔者根据5个区(县、市)的调研,对照目前党和国家在新形势下的新要求,认为沿海发达县域政府若要构建更高绩效的考核目标体系,应该认真思考和改进以下几个方面的工作:(1)在指标体系方面,要注重明确任务与简化程序的关系。考核应加强统筹整合,进一步量化任务,简化考核程序,精简考核指标,提高考核效率。精简各类部门专项业务工作考核,取消名目繁多、导向不明甚至错误的考核,防止考核过多过滥、"一票否决"泛化,减轻基层迎考迎评的负担。(2)在指标权重方面,要注重经济中心与全面发展的关系。考核应不简单以 GDP 论英雄,通过调整考核指标体系,全面考核经济、政治、文化、社会、生态文明建设和党的建设情况,从比经济总量、比发展速度转变到比发展质量、发展方式、发展后劲上,把主要精力放到转方式、调结构、促改革、惠民生上,多做打基础、利长远的工作,不靠盲目举债搞投资拉动,不以高投入、高排放、高污染换取经济增长速度。(3)在考核事项方面,要注重共性考核与个性考核的关系。考核应根据不同镇(街道)设置"各有侧重、各有特色"的考核指标,根据不同镇(街道)的特点,坚持问题导向,看解决自身发展中的突出矛盾和问题的实际成效。既注重共性指标的考核,又注重符合各镇(街道)特色发展的个性化指标考核,突出重点工作考核。

---

① 彭璧玉.心理契约要求及其管理效应[J].华南师范大学学报(社会科学版),2005(2):17-21.

(4)在考核策略方面,要注重尊重历史与着眼长远的关系。考核应注重发展思路、发展规划的连续性。考核坚持和完善前任正确发展思路、一张好蓝图抓到底的情况,考核积极化解历史遗留问题的情况,把政府负债作为考核的重要指标。要既考核显绩,更考核打基础、利长远的潜绩。

第二方阵中心城区鹿城、越城经济社会发展对椒江区的启示

内容提要 当前,作为台州市中心城区的椒江区,在拉高标杆、争先进位的过程中,应积极借鉴位列浙江省经济总量第二方阵的温州市和绍兴市的中心城区鹿城、越城区近些年经济社会发展的经验:把服务业作为经济转型升级的重中之重,做强做精都市型经济;以高品质的医疗、教育等公共服务,打造区域性的服务环境最优区和创新要素集聚最强区。立足台州都市核心区的坐标定位,顺应经济发展由工业主导向服务业主导转变的大趋势,推进三产兴区,把服务业作为椒江经济增长、转型与改革的关键,补齐医疗、教育发展短板,树立台州都市区经济社会发展的标杆。

关键词 第二方阵;中心城区;都市型经济;三产强区

鹿城区、越城区分别是位列浙江省经济总量第二方阵的温州市和绍兴市的中心城区、市政府所在地,区域面积、户籍人口与台州市的中心城区椒江区相近,均肩负着引领所在区域率先发展、转型升级的重任。两区近些年经济社会发展的经验及"十三五"时期发展的方向对椒江区争先进位、提升首位度具有重要的借鉴意义。

【作者简介】杨红新,中共台州市椒江区委党校教育科副科长、讲师。

【项目】本文是杨红新主持的浙江省党校系统中国特色社会主义理论体系研究中心规划课题"供给侧结构性改革重构区域经济发展新动力——'十三五'时期台州挤进浙江省经济总量第二方阵的研究"(ZX18247)的阶段性成果。

一、温州市鹿城区近年来经济社会发展亮点

1.综合实力显著提升,成为温州大都市区的领头羊

鹿城区在经历金融风波、甬温线特大铁路交通事故、市区体制调整的重大考验后,经济发展从低谷走向恢复性增长,GDP增速从2012年的3.8%增长到2013年的4.5%、2014年的5.0%、2015年的7.5%。2015年经济总量为807.8亿元,占全温州市的比重为17.5%,位居温州各区(县、市)第一;市对区56项考绩项目中,26项进入全市前三、21项位列三区第一。

2.做强做精都市型经济,推动经济结构优化、质量提升

全域化推动时尚产业发展,2家企业被列入浙江省时尚产业第一批重点培育企业,2015年社会消费品零售总额达到787.5亿元;积极发展楼宇经济,2015年税收"亿元楼"7幢,"千万元楼"31幢;创成省市级服务业集聚区8个,总数为全温州市第一,服务业增加值仅次于杭州市下城区,居全省同类城区第二位,第三产业占地区生产总值的比重达到69.2%。

3.以高品质的公共服务,提升中心城区集聚度

把教育作为最大的公共品来打造,全力推进教育现代化区的创建,全区拥有6所中职学校、3所高等学校,为创新驱动提供较强的人才支持;以6家三级甲等医院为依托,成为浙东南地区医疗卫生中心,为全区以及全温州市居民提供高质量的健康保障。高水平的医疗与教育,在对区域人力资本素质和创新能力的提升起到关键作用的同时,也大幅提升了城区对周边地区的集聚力和辐射力。

4.以五个"度"打造迈入全面小康社会示范城区

"十三五"时期,鹿城区将以打造服务全市群众生产生活的时尚商贸休闲之城、服务温州产业转型升级的辐射示范之城为主要抓手,通过大力提升中心城区首位度、美誉度、时尚度、集聚度、和谐度,来打造区域性的服务环境最优区和创新要素集聚最强区。

二、绍兴市越城区近年来经济社会发展亮点

1.坚持"三产强区"战略,城市经济特色更趋明显

越城区依托书圣故里、沈园、百草园等著名景区,加快发展文化旅游;借

助绍兴行政区划调整、建设大城市的契机,立足区位优势,强势提升服务业发展档次,积极培育并壮大金融服务、现代商贸与物流、信息经济、楼宇经济;第三产业乘势而上,占地区生产总值的比重从 2010 年的 69.2% 上升到 2015 年的 74%,推进经济发展进入后工业化阶段。

2.提升创新平台和特色小镇的战略地位,构筑新增长极

投入巨资,高水平建设一批多层次的科创中心平台,打造创业创新高地,引领全市高新技术产业发展。科创中心已累计引进"330 海外精英计划"项目 18 个,国家"千人计划"人才 2 名,省"千人计划"人才 4 名。立足发达的生活性服务业、传统特色产业、生态环境等优势条件,重点打造集黄酒、古镇、水乡、名人文化于一体的绍兴黄酒小镇,蕴含创意家居、影视、健康、旅游等要素的官渡·创意小镇,宜居宜业宜游的富盛抹茶小镇,探寻产业跨越升级的新途径。

3.提供优质公共服务,增强城市吸引力

从高标准的学前教育、更高水平的义务教育、覆盖全员的终身教育、高素质教育人才高地等方面着手,打造高水平教育现代化强区,拥有 7 所高等学校、5 所中职学校,教育整体水平处于全省领先地位。完善医疗卫生体系,建设高水平的医疗卫生机构,全区共拥有 4 家三级甲等医院,居绍兴市第一位,有效缓解优质医疗资源不足的问题。在此基础上,积极发展生命健康服务业,提高全民的身心健康水平。

4.以"三个越城"引领"十三五"发展

坚持创新开放,打造"活力越城",优先发展服务经济,做强现代商贸业,做大文化旅游业,做优现代金融、大健康、电子商务等新兴服务业,积极培育"夜经济",积极发展以信息产业、都市工业为主导的"智造经济"。坚持绿色共享,打造"品质越城"。坚持协调发展,打造"和谐越城"。

三、鹿城区、越城区近些年经济社会发展对椒江区的启示

椒江区应积极借鉴第二方阵中心城区鹿城区、越城区经济社会发展的经验,顺应新常态下经济转型升级的大趋势,立足区位优势,发挥好台州都市核心区的特质,找准坐标体系,推进三产兴区,把服务业作为决定椒江区经济增长、转型与改革的关键,补齐医疗、教育发展短板,树立台州都市区经济社会发展的标杆。

1. 明确坐标体系,拉高发展目标

鹿城区、越城区等中心城区经济社会发展的显著特征是:服务业增加值总量大、比重高,而且服务业的发展层次高;工业增加值,虽然总量小、比重低,但是相关的工业技术先进;医疗与教育水平,全市最优。椒江区是台州都市区的核心区,应明确坐标体系,遵循中心城区的发展规律,向温州的鹿城区、绍兴的越城区、宁波的海曙区、杭州的下城区等同类城区看齐,拉开与其他区(县、市)在产业结构与层次、主导产业、城市功能、公共服务等方面的差距,示范引领台州都市区经济社会发展。

2. 利用创建省级服务业强县的契机,完善服务业生态链

要把服务业发展作为椒江经济转型升级的重中之重。椒江作为台州的核心城区,与鹿城区、越城区70%的服务业比重相比,在总量和层次上均存在着较大的差距。当前及未来,椒江区应健全生产性服务业的生态链,实现对五大百亿级主导产业在企业设立、技术研发、生产销售、市场推广等环节的全流程服务;借助国家级小微金改试验区的机遇,完善大金融生态链,成为浙东南地区金融高地;同时,要加快发展商贸市场、现代物流、休闲旅游、文化创意、电子商务等服务业。

3. 补齐医疗、教育发展短板,落实"住在椒江"发展战略

当前,椒江区仅有1家三级甲等医院、1所高等学校、2所职业中学、1所全省一级示范性高中。这不仅与鹿城区、越城区存在较大差距,而且与台州市其他8个区(县、市)相比,也不具有明显优势,这与其作为台州都市核心区的地位严重不匹配。因此,椒江区急需补齐医疗教育这个最大的发展短板,积极支持台州市立医院、台州市中医院创建三级甲等医院,打造一批与台州一中、椒江二中、实验小学的教育水平相近的中小学校,以全市一流的教育医疗水平吸引周边县市居民住在椒江,进而加快房产去库存。

4. 立足有限空间,做强先进制造

要顺应传统产业生产方式智能化、产量规模化、获取竞争优势的趋势,做到培育大企业与加快淘汰过剩、落后产能相结合,为高效益企业留足后续发展空间;以创新驱动提升五大百亿级主导产业的发展层次,壮大高端装备、时尚产业、信息科技、新材料、新能源等四大新兴产业的发展规模,尽快形成增长强劲的支柱产业;积极打造特色小镇和不同类型的创新创业平台,促进新经济、新业态快速成长,培育新的经济增长点。

海盐与上海在行政审批
政策上的差异与接轨对策

内容提要　接轨上海是嘉兴的一项重大战略，历届市委市政府一直常抓不懈，从20世纪90年代初作为市里的重大战略，到"十二五"时期作为首位战略，2017年，浙江省委更是赋予嘉兴建设"浙江省全面接轨上海示范区"的重要使命，这标志着嘉兴接轨上海站在了一个新的起点。在加快接轨的进程中，嘉兴着重实现与上海在理念、产业、基础设施、政策上的"四个接轨"，而在政策上，行政审批政策是一个非常重要的方面。因此，文章以嘉兴海盐为例，对海盐与上海在行政审批政策上的体制政策、信息化、标准化、审批服务方式等主要差异进行了分析，进而有针对性地提出加快推进海盐与上海在行政审批政策上接轨的对策建议，以期对推动嘉兴建设浙江省全面接轨上海示范区有所借鉴。

关键词　行政审批；差异；接轨；上海；海盐

2017年3月29日，浙江省政府同意嘉兴市设立"浙江省全面接轨上海示范区"。5月26日，浙江省发改委印发《嘉兴市创建浙江省全面接轨上海示范区实施方案》，在轨道交通接轨、园区建设等八大重点事项以及科技成果转化机制、特色小镇创建、人才引进培养机制等十五项创新改革项目上支持嘉兴全面接轨上海。

浙江省委书记车俊在嘉兴调研时指出，嘉兴要深入实施"与沪杭同城"

【作者简介】郑雪，中共海盐县委党校科研室主任、讲师；朱正清，海盐县行政审批服务中心督查科科长。

战略,把嘉兴打造成为全面接轨上海的示范区,把全面接轨上海这篇文章做深做透,努力实现理念、产业、基础设施、政策"四个接轨"。

在政策上,行政审批政策是一个非常重要的方面,需要加快接轨步伐。

鉴于此,本文以海盐县为例,对其与上海在行政审批政策上的差异进行分析,进而提出进一步接轨的对策建议。这对推动嘉兴建设浙江省全面接轨上海示范区亦会大有裨益。

一、海盐县行政审批政策与上海市的主要差异

(一)体制政策差异

1. 推进体制

上海市行政审批制度改革的主导机构是市编委办,行政服务中心只从事具体工作。这和国家层面行政审批制度改革工作牵头单位为中央编办一致。这种职能定位为推进行政审批制度改革提供了强大的人员力量保障,也使改革更加强劲有力。

海盐县推进政审批制度改革主要靠行政服务中心牵头。由于缺乏权威部门主导,触及核心部门利益的改革事项推进起来比较困难。

2. 审批政策

上海市在深化改革过程中得到了国家层面的政策支持。如 2016 年 12月,国务院决定在上海浦东新区率先开展"证照分离"改革试点,选择 110 多项行政许可事项,先行开展试验,进一步完善市场准入规则,使企业办事更加便捷高效。而且国务院在浦东调整了 11 部法规文件规定的行政审批等事项,以支持上海"证照分离"改革。

海盐县在行政审批领域制定的地方性法规、政策在数量上远不及上海,内容也不够详尽。

3. "负面清单"管理

上海市自 2013 年在上海自贸区诞生第一版"负面清单"以来,在"负面清单"以外的领域,由核准制改为备案制,随着"负面清单"一步步从试点推向全国,它将逐步演化为"权力清单",成为行政体制改革的一大推动力。

海盐县现有的行政审批事项都是法律、法规和规章设定的,存在行政审批设置不够规范、审批事项过多、审批职责有所交叉、审批程序稍显烦琐等

不足。"权力清单"中还存在大量带有审批性质的备案、年检、行政确认和其他事项,还有些权力事项成为不是审批的审批。需要进一步清理规范审批事项,修改完善法律、法规,重点清理各种以其他面目出现的"审批事项",确保审批权力规范运行。

(二)信息化差异

上海市在打破部门间信息壁垒及前后置审批的"中梗阻",促进审批信息共享方面有优势。

虽然海盐县以政务服务网为基础的全省"一张网"不断推进,但部门的核心审批服务仍在部门专网上运行,且部门专网与政务服务网之间没有互联互通,这就影响了服务效率,增加了窗口工作人员的工作负担。

1."互联网＋政务"服务建设

上海市以"四全"(全事项网上运行、全方位效能监督、全流程公开透明、全过程动态查询)为目标建设网上政务大厅,大力推进网上审批工作,建立了全市统一的事项库、企业库,实现了审批业务数据资源的共享共用,有效减少了审批资料重复提交,降低了办事成本,提升了审批效能,方便了监管督办。

海盐县网上审批目前尚处于发展阶段,还是以传统的窗口受理办件服务为主,网上审批的比例还不高。

2.实体大厅建设

上海市行政服务中心大厅楼层均配置多台(套)智能查询终端和自助打印服务设备,既方便了办事企业群众,又有效减少了窗口办件压力。

海盐县行政审批中心和各分中心的智能自助服务设备设施仍较缺乏,与上海市相比还有很大的距离。

3.行政审批标准化差异

上海市目前正在全市推动行政审批标准化管理,涵盖了标准化的流程和标准化的办理要求。制订了涉及行政审批基础性规范的18项标准、行政审批咨询的8项标准、审批办理的15项标准和监督检查的8项标准,并制定下发了《上海市行政审批标准管理办法》《上海市行政审批标准化规范》等多项文件。

海盐县近年来不断推进行政审批服务标准化,但离行政审批标准化管理的要求还有很大差距,需要进一步加强行政审批标准化建设,将标准化管理覆盖到所有审批事项,尽量减少不必要的环节和内容。

4.审批服务方式差异(以建设项目审批为例)

上海市最突出的特点是强化政府指导,由行政审查转为行政服务,强调企业的自律、自主性。其主要有两方面的做法。

一是将行政管理和技术审查分离,实施设计文件归口审查制度。原按有关法律、法规或规章进行建设工程设计文件审批(审查)的政府部门,如规划、消防、交通、卫生、市容卫生、交警、气象(防雷)等,全部委托施工图审查机构在施工图设计阶段进行审查。原初步设计审批中相关部门的意见,在土地招拍挂文件确定出让土地技术参数、控制标准和管理要求阶段一并提出,由施工图审查机构在施工图审查中予以核查,经审查机构审查通过的施工图设计文件,政府各主管部门不再审批(审查)。二是对审查机构职能进行了扩展。审查机构实施施工图审查的内容除了现行由建设主管部门、消防部门规定的审查内容外,还包括规划、交通、卫生、市容卫生、气象(防雷)等新区相关主管部门对建设工程设计文件的审批审查内容。这些创新做法都值得嘉兴效仿。

在项目代办服务上,上海市及周边县市普遍通过成立县(市、区)级项目代办中心,由编委办专门核批事业人员编制,建立了专职代办员队伍,组建专家服务小组开展组团式服务,提供“全程代办、指导代办、协助代办”等多种服务形式,由专职代办员专人全程“一条龙”负责为投资项目提供从立项到施工许可证所有审批事项的免费代办服务,并且在代办过程中逐步探索延长服务链,实现全过程代办的“保姆式”服务,很好地发挥了审批中心大平台的综合协调和统筹协作的作用,项目的审批过程得到全程掌控,审批的时效得到大幅提升,受到了项目业主的普遍欢迎。

海盐县虽然成立了代办员队伍,但由于代办员均由各审批部门人员兼任,在项目代办过程中仍然是各自审批,缺少专人牵头拿总,没有形成整体合力,项目审批的过程无法得到有效监控与管理,审批的时效和进度提升不明显。

5.中介服务监管差异

上海市以推动行业协会商会等中介服务机构与政府部门脱钩为重点,2017年要全面完成审批中介服务机构与政府部门脱钩。通过“五分离、五规范"，取消行政机关与行业协会商会的关系，保障行业协会商会独立平等法律地位，鼓励行业协会商会等中介服务机构优化整合。政府部门坚持改革与监管并重，实行"市场主导、行业自律、政府监督"三位一体的运行机制，加强对行业协会商会的领导，加强政府事中事后监管。

海盐县存在中介服务蚕食行政审批制度改革成果的现象。部分审批中介管理不规范、垄断服务、收费偏高、效率低下等问题，在很大程度上蚕食了改革成果，但监管缺乏抓手和主导部门。建议进一步深化审批中介服务改革。上级政府加强顶层设计，明确监管职责，制定政策、协同推进，重点要清理和取消各种行业性、区域性的中介市场保护政策或部门间中介机构执业限制性规定，放宽准入条件，打破行政区划、行业、部门垄断，加快构建中介服务现代市场体系。

6.平台服务功能差异

上海市各区县行政服务中心部门和事项集中度普遍较高，基本实现"一门办结"服务，极大方便企业群众办事。以上海松江区为例，该区2013年将市民中心、企业中心和招投标中心"三合为一"成立区行政服务中心，一些与百姓息息相关的如人社、民政、公积金、公安出入境、车管所等部门悉数入驻中心，进驻部门50余个，窗口工作人员近550余人，部门和事项集中度高达90%以上。

海盐县受现有场地等因素的限制，行政审批中心的部门入驻率、事项入驻率与两个90%以上的要求有一定差距，影响审批服务效率的提升。

二、促进海盐县行政审批政策与上海接轨的建议

针对海盐县行政审批政策与上海市的差距，海盐需要主动与上海市及周边先进地市对接，学习先进经验，把推进行政审批制度改革作为全面深化改革的重要突破口，坚持"审批事项和层级最少、审批集中度和效率最高、审批流程和服务最优"目标，加大体制机制创新力度，加快实现投资便利化、办事高效化、审批简便化。

(一)推广"清单管理"，破除投资准入的"高门槛"

借鉴上海自贸区经验，按照"法无禁止即可入"的原则，制定"负面清单""鼓励清单"，扩大投资领域，降低投资门槛，探索由前置审批向备案管理转变，打破投资准入的制度壁垒。通过对企业投资项目从项目立项到竣工验

收的全过程进行改革,建立以"负面清单"管理、部门提供标准、企业依法承诺备案和强化事中事后监管为主要内容的企业投资项目审批制度,进一步简化项目审批手续,增强企业投资主体地位,加快项目落地开工与竣工投产。

(二)实行一窗受理,破除多头办理的"旋转门"

在简政放权、完善审批链的同时,充分发挥这一制度优势,大力推广分类一窗受理审批新模式,实现一窗受理、全程通办,打破行政审批部门各自为政的组织壁垒。通过"前台一口受理、后台协作办理、部门信息共享、资料网上流转"的集成化审批服务,简化办事程序,减少审批服务对象"多头跑"现象,实现由"集中审批"到"集成服务"、从"碎片政府"到"整体政府"的审批方式创新。

(三)推进"全程代办",破除项目落地的"老大难"

近年来,针对签约项目难落地、落地项目难开工、开工项目难投产的"老大难"问题,海盐县先后推出投资项目模拟审批制、联合审批制、审批代办制等"三制联动"审批服务制度,为投资者无偿提供纵向全过程和横向全流程的"红色代办"服务,进一步提高投资项目审批效率。建议县编委批准成立县级审批项目代办服务中心,落实人员编制,建立专职项目代办员队伍,通过实施代办服务、主动服务、上门服务、帮办服务等便利化服务举措,对企业投资项目从项目立项到竣工验收提供全方位、全天候、全过程的保姆式服务,确保项目健康、快速推进。

(四)引入"互联网+",破除中介服务的"中梗阻"

针对行政审批中介服务缺乏规范、办事效率不高、水平参差不齐、竞争不够充分等问题,要进一步加快行政审批中介服务改革。通过创新"互联网+中介服务"管控机制,探索行政审批"淘中介"服务,实现中介机构和委托人网上双向选择、双向服务和双向评价的"淘宝式"服务模式,打破中介服务垄断经营、收费偏高、服务不优的规则壁垒,全面提升我县行政审批中介服务水平。

(五)强化"综合监管",破除高效运转的"绊脚石"

为企业和群众提供更加高效、便捷、优质的服务,增强群众对改革的获得感是行政审批制度改革的出发点和落脚点。要加强网上办事大厅和实体办事大厅一体化建设,最大限度地为群众提供便利化的审批服务,在此基础上强化行政审批事中事后全程综合监管,打破阻碍行政审批高效运转的内部管理壁垒。加强行政审批监督检查,严格落实"总量调控,超量叫停"、审批备案、评估抽查以及责任追究等制度,进一步规范行政审批行为。推进行政审批标准化建设,以审批内容、材料、要件、流程、时间、收费"六统一"标准,压缩审批自由裁量权,引导公众按照公开标准办事,以标准化促进规范化。

十八大以来城乡社区协商的法治化演进

——基于浙江省的研究

内容提要 基于基层治理现代化的现实要求、法治浙江建设的坚实支撑和城乡社区协商自身可持续发展的内在要求,党的十八大以来,浙江省城乡社区协商实践的法制化、规范化、程序化的特征日益显现,法治化趋势初显端倪。但是,也存在着一些问题,表现为:城乡社区协商法律制度支撑严重不足,政策文件尚未有效覆盖城乡社区协商实践,城乡社区协商制度的认同度还不高。为此,本文提出从三个方面来推动城乡社区协商实践的法治化。一是推动城乡社区协商制度的整体性建设;二是推进城乡社区协商法律制度的构建;三是加强城乡社区协商法治的社会文化基础建设。

关键词 城乡社区协商;法治化

党的十八大以来,城乡社区协商作为社会主义协商民主建设的重要组成部分的地位得以明确,城乡社区协商呈现蓬勃发展的态势。法治是民主的保障,"为了保障人民民主,必须加强法治,必须使民主制度化、法律化"①。城乡社区协商作为一种民主形式,必须遵循民主法治化的基本规律,走法治化道路。

作为市场经济的先发地区和法治建设的先行省份,浙江省探索基层协

【作者简介】章秀华,中共杭州市委党校余杭区分校高级讲师。

【项目】2018 年浙江省社会科学界联合会立项课题阶段研究成果。

① 中共中央关于全面推进依法治国若干重大问题的决定. http://www. gov. cn/zhengce/2014-10/28/content_2771946. htm.

商民主治理的实践起步早、形式多。尤其是在党的十八大提出积极开展基层协商民主之后,随着中央相关制度的陆续出台,在浙江省各级党委、政府的推动下,浙江省城乡社区协商创新实践不断涌现,城乡社区协商民主实践制度化、规范化、程序化的特征日益显现,法治化趋势初显端倪。因此,以浙江省为样本,研究城乡社区协商民主治理法治化演进的历程,梳理演进的逻辑基础、取得成效和存在问题,探寻演进方向,从而优化演进路径,能体现城乡社区协商民主的发展方向,也有利于实现城乡社区协商民主治理实践探索的主动性、创造性和行为的合法性、稳定性的有机统一。

一、城乡社区协商法治化演进的逻辑基础

1. 基层治理现代化的现实要求

陈家刚研究员将城乡社区协商民主定义为:以城乡社区这一社会基本单元为基础,围绕基层群众共同关心的涉及群众切身利益的重大事项,以及存在显著分歧和冲突的公共决策问题,借助制度化、规范化、程序化的形式,通过广泛的参与、利益表达、对话沟通,最终形成共识的民主治理形式。[①]城乡社区协商民主具有的促进群众依法有序参与政治生活、加强公共决策的科学性、民主性和合法性的价值功能贴合基层治理的需求,同时,城乡社区协商民主培育公民社会、完善基层群众自治制度的目标追求也与基层治理相契合,因此,成为基层治理的重要方式之一。

法治化是基层治理现代化的重要内容和必然要求,也是推进基层治理现代化的重要途径。城乡社区协商民主作为基层治理的重要方式之一,其法治化水平与基层治理的实现呈正相关关系。城乡社区协商民主的法治化水平越高,基层治理效果越好,基层治理现代化就越能实现。因为协商涉及的群众知情权、参与权、表达权和监督权的实现,以及协商的产生、运行和结果的实现都有赖于法治的规制和保障。从浙江省的实践看,慈溪村务协商民主、温州市鹿城区的社区协商议事会、海宁斜桥镇村级民主协商等城乡社区协商民主实践,无一不是在基层协商民主制度的指导下开展的。正是对协商的主体、内容、形式、程序等的规定,实现了城乡社区协商的有效运行,促进了城乡社区协商推动群众依法有序参与政治生活、有效化解基层矛盾

---

① 陈家刚.城乡社区协商民主重在制度实践[J].国家治理,2015(34).

纠纷、加强公共决策的合法性目标的实现,推动基层治理现代化向纵深发展。

2. 法治浙江建设的坚实支撑

2006 年,浙江省委做出"法治浙江"建设决定。10 多年来,随着法治政府建设的推进、"民主法治村(社区)"的创建,政府的"行政权"和村社"自治权"的边界逐渐明晰,为村社依法自治拓宽了空间。而在法制宣传、政府等国家公共组织依法行使权力和公务员等国家工作人员依法办事的示范带动、法治实践的不断浸润下,公民法律知识得以积累,法律意识得以强化,法治能力得以提升,法治信仰逐步树立。这为城乡社区协商民主实践奠定了深厚的社会人文基础。

3. 城乡社区协商民主可持续发展的内在要求

何包钢曾经指出,中国的"协商民主是由精英推动的。领导的意志和决心是决定协商民主能否生存和发展的关键要素,如果没有政府精英的支持,协商民主就不能持续发展"①。江苏无锡开展的公民参与式预算改革在主要领导换岗后"陷入停顿"和温岭市委市政府持续出台关于民主恳谈的相关制度以摆脱"人走政息"可能的实践也在提醒我们,协商民主的可持续发展离不开法治化。事实上,浙江省城乡社区协商民主实践在这方面也一直在探索,只不过,在党的十八大之前,这种探索集中表现在县级和乡级基层党委、政府对城乡社区协商民主的制度化设计和推进上,而党的十八大之后,随着中共中央《关于加强社会主义协商民主建设的意见》和中共中央办公厅、国务院办公厅《关于加强城乡社区协商的意见》的出台,中央层面对开展城乡社区协商民主决心的宣誓和总体设计,迫使省市级政府从原来的地方城乡社区协商民主实践的肯定者、推广者向地方城乡社区协商民主实践的设计者转变。浙江省就是在这种背景下出台了《关于加强城乡社区协商民主的实施意见》。城乡社区协商民主实践也更多地凸显"制度先行,以制度促实践"的成长路径。经过十几年的成长,城乡社区协商民主已然具备了法治化的基础,而城乡社区协商民主的推进也呼唤法治的保障作用。

---

① 何包钢.协商民主:理论、方法与实践[M].北京:中国社会科学出版社,2008.

二、浙江省城乡社区协商法治化的现状

亚里士多德将法治概括为:已成立的法律获得普遍的服从,而大家所服从的法律又应该是制定得良好的法律。^① 基于此,城乡社区协商民主法治化也应该涵盖两个方面的内容:城乡社区协商民主法律制度的构建和城乡社区协商民主法律制度的执行和认同。从这两方面对浙江省城乡社区协商民主法治化实践进行考量,浙江的城乡社区协商民主建设离法治化还有不小的差距。

(一)城乡社区协商法律制度支撑严重不足

我国的宪法中尚无专门条款对社会主义协商民主做出明确规定,更不用说作为协商民主的一个层次的城乡社区协商能得到宪法的确认。而法律中只有《村民委员会组织法》[②]和《城市居民委员会组织法》[③]两部法律对城乡社区协商进行了零星的原则性规定。我国尚无专门规范听证会、居民议事会、民主恳谈会等城乡社区协商民主形式的法律法规,权利义务不明确,协商内容、程序和结果的合法性、权威性难以得到保障。

(二)政策文件尚未有效覆盖城乡社区协商实践

基于法律支撑的不足,目前,城乡社区协商主要依靠党委和政府出台的政策文件获得制度供给。这类政策文件主要包括三个层面。

中央层面:《关于加强社会主义协商民主建设的意见》明确了基层协商在中国特色社会主义民主制度中的重要层次和微观基础的地位;《关于加强城乡社区协商民主的实施意见》从总体要求、主要任务和组织领导三方面对城乡社区协商进行了总体设计,明确了城乡社区协商的基本原则、总体目

---

① 亚里士多德.政治学[M].北京:商务印书馆,1997.

② 《村民委员会组织法》第三十八条:驻在农村的机关、团体、部队、国有及国有控股企业、事业单位及其人员不参加村民委员会组织,但应当通过多种形式参与农村社区建设,并遵守有关村规民约。

③ 《居民委员会组织法》第十九条:机关、团体、部队、企业事业组织,不参加所在地的居民委员会,但是应当支持所在地的居民委员会的工作。所在地的居民委员会讨论同这些单位有关的问题,需要他们参加会议时,他们应当派代表参加,并且遵守居民委员会的有关决定和居民公约。

标,对城乡社区协商的内容、主体、形式、程序和成果运用进行了原则性规定。因此,细化工作就历史性的落到了地方层面。

省市层面:由于城乡社区协商围绕着城乡社区的公共问题展开,省市党委政府作为中观管理者,不是基层治理的直接参与者,也不是城乡社区协商的具体实践者,因此,在作用发挥上,省市党委政府主要起到了"中央部署与县乡实践的'传送带'作用"[①],在总结、提炼区域范围内城乡社区协商实践经验,形成一些根本性的规范上作用发挥不明显。以浙江省为例,2016年12月,浙江省根据中央的《关于加强社会主义协商民主建设的意见》,出台了省级层面的《关于加强城乡社区协商民主的实施意见》。该文件虽然结合浙江省的地方实际对协商内容、主体、形式进行了具体化,但对起关键作用的协商程序的规定仍是中央文件的复制,操作性不强。在市级层面,2017年6月,温州市出台了《温州市推进城乡社区协商的实施办法》,成为浙江省首个也是目前唯一一个出台专门制度对城乡社区协商进行指导的市。而更多的市则通过将城乡社区民主协商纳入基层协商民主的相关制度,开展指导。

县乡层面:县乡级政府作为城乡社区协商民主的主要推动者和实际操作者,对城乡社区协商制度的具体化有着客观需求,因此,也成为完善城乡社区协商制度的主要力量。从浙江省看,十八大之后,城乡社区协商实践几乎在各区县遍地开花,各地也陆续发布了城乡社区协商的相关规范性制度,对协商主体的确定、协商形式的选择、协商程序的细化、协商监督的实现等进行了进一步探索。此外,也有部分村、社区根据自身实际制定了城乡社区协商规则。

总体来看,城乡社区协商政策文件尚未有效覆盖城乡社区协商实践。问题集中表现在四个方面。

1.制度设计不够完整

首先,主体上,城乡社区协商整体上由谁负责,谁来具体实施,责任者和具体实施者的权力和责任是什么,参与协商的协商主体的权利和义务是什么,还不明确。其次,缺乏权利救济机制。城乡社区协商是公民知情权、参与权、表达权、监督权的重要实现形式,那么在这过程中,如果公民的这些权

---

① 张敏.政府供给与基层协商民主生长:基于三地实践的考察[J].学海,2016(2).

利受到侵犯,该如何救济? 再次,缺乏责任追究相关规定。当出现不作为和滥用权力的情况时相关人员需要承担怎样的责任,如何承担? 这些问题在制度上至今没有完整的回应。

2.程序规则不足以保障协商的有序、有效运行

一个完整的协商程序应该包括议题的选择、协商主体的确定、协商的准备、协商的开展、协商成果的运用和反馈。各地在制度上或多或少都存在着不尽如人意的地方。特别是对如何开展协商,大多是对协商定义的简单重复,对协商主体的法定出席比例、具体的议程设置、主持人的选择和权利义务、意见集合办法等关键要素没有明确的规定。此外,协商结果的起草、审定、递交、反馈和执行也缺乏完整的规则约束,容易造成协商结果执行的随意性和主观性。

3.缺乏与相关制度的有效衔接

城乡社区协商制度属于基层群众自治制度的范畴,加上由一定数量的"两代表一委员"作为协商主体的参与机制,为城乡社区协商提供了较为丰富的存量资源。但是,现有的城乡社区协商制度与村(居)民自治制度并没有系统的衔接,与人大制度和政协制度也没有相应的联系机制,不足以体现制度的整体性、系统性。

(三)城乡社区协商制度的认同度还不高

目前,在浙江省的实践中,确实出现了一些城乡社区协商的成功案例。例如,杭州市余杭区的塘栖村在拆除村民的违章建筑时,因有两户村委上门多次沟通未果,分别启动了民主听证程序,有效解决了问题。慈溪的东港村通过民主协商会解决海涂养殖承包权发包事项,发包程序合理、合规、合法,使承包户能接受,改变了以往一遇承包都会引发大的风波、群体闹事的现象。临海的下宅村和大泛村有一条全长 3.67 公里的盘山公路,长期以来交通拥堵和安全隐患问题得不到解决,后来经过镇村两级的民主协商,道路被拓宽,问题得到了有效解决。

这些案例是城乡社区协商在提高基层政府公共事务的决策质量并降低执行难度,促进各方之间的沟通协调合作等方面功能实现的重要体现。但从城乡社区协商开展的整体看,能实际取得成效的案例并不多。甚至,实践中还出现了协商异化的现象。

1.协商工具化

把城乡社区协商当作一个框,将基层事务事无巨细都往里装;把城乡社区协商当作一个标签,把不属于城乡社区协商范畴的实践进行包装,冠以探索城乡社区协商新形式之名;有需要才协商,有时间才协商;等等。

2.协商形式化

以通知、告知方式取代协商;操控协商程序;操控协商主体的产生过程;等等。

3.主体精英化

吸收具有良好表达沟通能力和积极性高的群体参加协商能使协商的开展更加顺利。因此,从便于操作的角度出发,组织者容易有意或无意地偏向选择体制内的基层党委政府领导,体制外的经济能人等具有优势社会特征或者积极参与的群体,导致事实上的具有一定经济、政治或是社会资源的精英成为协商的主要成员,普通民众实际参与的比例很低。

这些异象的背后反映出城乡社区协商的组织者和参加协商的具体个人对现行城乡社区协商制度的理解、认同与执行要求的差距。对城乡社区协商制度的理解和认同包括两个方面:一方面是指知晓并愿意按照城乡协商制度的具体规定开展协商。这和城乡社区协商制度本身是否科学、完善并得到普及相关。另一方面是指对城乡协商制度背后的协商民主理念和法治理念的理解和认同。这和对协商理念的正确认识和法治信仰的树立相关。从调研情况看,群众对城乡协商民主的制度并不了解。群众知道协商,但是对是否要按照规则协商、协商规则的具体内容和不按规则协商的后果都没有清晰的认识。同时,群众对协商理念的认识存在一些误区:一是将协商等同于单向的信息传递和意见表达,以至于只见协商不见共识;二是认为只要协商是依法做出的,协商结果就应该上升为公共政策。

三、城乡社区协商民主法治化的具体路径

(一)推动城乡社区协商制度的整体性建设

"法律既是经验理性与渐进理性的产物,更是人为选择和设计、积极改

造和创新的逻辑理性成果。"①城乡社区协商民主法治化是在城乡社区协商民主实践的基础上,有目标导向和方向选择的社会变迁。要处理好既有的基层民主政治框架、法律制度、法治民主社会基础等存量资源和城乡社区协商民主实践围绕城乡社区协商民主制度化、规范化和程序化的目标提出的增量改革需求之间的关系。由此,要厘清既有的体制、制度资源和制度缺口,通过顶层设计,实现不同层次各项制度的系统改革。具体而言:一要理顺党委、政府、人大、政协等政治组织在推动城乡社区协商民主中的权责关系,形成权责清晰的城乡社区协商工作机制;二要理顺城乡社区协商与基层自治的关系,以弥补村(居)民自治的不足为着力点,加强制度建设并加强与村(居)务公开、村(居)务监督、村(居)民代表大会等制度的衔接;三要明确城乡社区协商是基层协商的重要组成部分,加强城乡社区协商和乡镇、街道协商的联动。

(二)推进城乡社区协商法律制度的构建

截至目前,已有的城乡社区协商制度探索重心还在于本地问题的解决,缺乏可复制性,还没有上升到普遍性的操作层面。同时,城乡社区协商实践表现出的多样性、不稳定性的阶段特征也决定了城乡社区协商法律制度的构建是一个长期的过程,目标是实现依靠硬性制度规范城乡社区协商,路径则是及时总结实践中具有推广价值的城乡社区协商规则,通过修改现存的相关法律、融入相关立法等方式使其成为正式的法律。

城乡社区协商法律制度建设要从权利—义务及权力—责任的明晰、程序的完善和救济制度、追责制度、监督制度的建立健全等方面推进。从现阶段看,程序的完善是基层有能力、有空间进行探索的。这主要包括以下内容。

1.协商主体的确定

要明确协商主体确定的基本原则是多元性和代表性,以保障协商结果的认同度。同时,也应结合基层实践就协商主体的具体条件、产生方式、人数规模、人员结构比例的制度设计进行总结完善。

---

① 陈步雷.法治化变迁的经验与逻辑:目标、路径与变迁模式研究[M].北京:法律出版社,2009.

2.协商议题的确定

协商议题的必要性和可行性是协商开展的前提。基于目前议题多由党政机关确定的现实,可以考虑在议题确定环节就引入协商,增强议题的民意基础,同时进一步细化议题确定的标准。

3.协商程序的设计

程序正当是协商有序、有效的前提。应从维护群众的知情权、参与权、表达权、监督权和保障协商有序、有效的角度,适时探索主持人制度、分组讨论制度、协商主体的分类抽样等,解决好协商信息不对等、协商主体代表性不足、讨论不充分等问题。

4.协商结果的运用

城乡社区协商达成的共识能否被纳入基层政府决策不光取决于协商本身,还与基层政府的决策机制有关。因此,有必要在城乡社区协商结果和基层政府决策机制之间建立稳定的制度性联系。

(三)加强城乡社区协商法治的社会文化基础建设

法治的实现,关键不在于法律制度表层的建构,而是依赖于人们的自然习性和逐步养成的法治理念。就城乡社区协商法治而言,公民是否具有相应的理念匹配以适应城乡社区协商实践的发展,是城乡社区协商法治能否实现的关键。

因此,一方面要改变对协商理论的误解,树立真正意义上的协商民主理念。这包括:第一,协商的目的在于解决问题,讨论只是手段,达成共识才是落脚点;第二,协商的功能在于公共利益的最大化,利益表达很重要,但也要有公共精神、理性表达,要学会妥协;第三,协商民主并不只是一种咨询政治,更是一种决策机制。为此,有必要通过普及化的宣传、针对性的培训和实战演练,帮助协商主体树立真正意义上的协商理念,培养协商需要具备的信息收集整合、沟通表达、综合判断等能力和实现尊重与包容不同利益和价值的理性精神。

另一方面要树立法治理念。法治的实现过程应该是不断追求和树立法治理念的过程。诚然,法治浙江的多年实践,一定程度上推动了法治政府的建立、公民权利意识的增强、法治观念的培养,但离法治社会要求的树立法律至上的理念,具有信仰法的传统和精神的标准还有不小的距离。就城乡社区协商法治而言，只有从官方到民间都建立起普遍的规则意识以及对权利的尊重和对公共利益的责任意识，城乡社区协商的"内源发展"才有可能。这里具体包括两个层面：第一，党委、政府、人大、政协等组织要真正树立依法履职的意识，为城乡社区协商拓展提供足够的空间，发挥好依法协商的示范引领作用；第二，要培养公民的依法协商意识，不光重视正确认识民主权利和维护民主权利的意识和能力的培养，更要注重认知和履行义务、责任的意识和能力的培养。

设区的市立法权的相对性问题

——以区域法治为考察视角

内容提要 赋予设区的市立法权,是一项重要的立法变革。设区的市要想用好这项权力,从区域法治视角考察,需要能很好把握其立法权的相对性。这种相对性,从纵向维度看,包括立法内容的不完整性和立法效力的非绝对性;从横向维度看,包括此立法权与同级司法权、执法权与党的领导权等的相互平衡;从内在维度看,包括设区的市行使此立法权的相对优势与相对劣势。只有把握好这些相对性,赋予设区的市以立法权才能推进区域法治,进而推进国家法治。

关键词 区域法治;地方立法;相对性

一、问题的引出

党的十八届四中全会做出的《中共中央关于全面推进依法治国若干重大问题的决定》提出要"明确地方立法权限和范围,依法赋予设区的市地方立法权"。随后十二届全国人大三次会议表决通过关于修改立法法的决定,正式赋予设区的市地方立法权。这是在一个地域广阔、地区差异悬殊的大

【作者简介】郭人菡,中共杭州市委党校余杭区分校高级讲师,南京师范大学法学院博士研究生。

【基金项目】2016 年度江苏省普通高校学术学位研究生科研创新计划项目"基于'重叠共识'的立法规则研究"(项目号:KYZZ16_0432)阶段性成果。

国完善立法体制、推进法治中国建设的需要①，是厉行简政放权、充分发挥地方积极性和主动性的需要，是推进国家治理体系和治理能力现代化的需要。赋予设区的市立法权，从区域法治视角看，与中央立法权相比较，主要涉及三个方面的问题。从纵向维度看，低层级的地方立法在立法内容、立法效力等方面与国家立法有何差异？从横向维度看，设区的市的地方立法权与司法权、行政权乃至党的领导权之间，如何区分？从内在维度看，设区的市是否足以独立承担自身立法权能？这三个问题可归结为一个问题，那就是与中央立法权相比较，设区的市的地方立法权在纵向、横向和内在三个维度上具有绝对性、完整性还是相对性？② 如果具有相对性，如何研判、处理这种相对性？本文借助区域法治分析工具来解析这个问题。

二、设区的市立法权的纵向维度

现行的《中华人民共和国宪法》第五十八条规定，"全国人民代表大会和全国人民代表大会常务委员会行使中央立法权"，其中，全国人大主要行使国家基本法律的立法权，其常委会行使全国人大立法以外的其他立法权。也就是说，从理论上讲，全国人大及其常委会具有对国家一切可立法事务进行立法的权力。不仅如此，虽然我国没有明确宪法审查制度，但根据宪法规定，对宪法实施的监督权和宪法解释权也在全国人大及其常委会，因此其立法效力也是最高的。由此可见，中央立法权在纵向维度上具有完整性与绝对性。与此相反，设区的市和自治州的立法权（以下除非特别说明，简称市级立法权）在纵向维度上则具有相对性。

（一）市级立法权在立法内容上不具有完整性

从国家立法看，凡是国家内可以立法的领域，中央立法权都可以介入，在立法内容上可以实现全覆盖。但根据区域法治理论，区域法治在国家法治战略中处于也只能处于从属地位。因此，地方立法权也必须从属于中央立法权，只能对中央立法权授予领域进行立法，因此其立法内容不具有完整

---

① 在这样一个大国，假设实行只有一级或两级的立法体制，如果要顾及地区差异，立法容易偏向原则与抽象，导致地方自由裁量权过大，影响法律确定性；如果要立法精细化，严格执行，又会影响法律有效性。

② 作为一种地方性立法权，其不具有完整性、绝对性是自含的。

性。包括设区的市在内的地方立法主要体现在三个方面：一是实施性立法，即为实施国家宪法、法律、行政法规，或其他上一层级的地方性法规，根据本行政区域的实际情况做具体规定，出台相应地方性法规；二是自主性立法，即针对特定的地方性事务需要而制定地方性法规；三是先行性立法，即对不属于国家专属立法权范围的事项，在国家尚未立法、区域又有需要和条件的情况下，可以根据授权先行一步，制定地方性法规予以规范。[①] 同时，法律还为地方立法权设定了"红线"。新立法法第八条规定，涉及国家主权的事项、限制公民人身自由的措施和处罚等事项，只能在国家层面由全国人大及其常委会制定法律，不仅设区的市、自治州无权就这些事项立法，省级人大及其常委会也无权立法。

以上四个方面表明，市级立法权在立法内容上不具有完整性，地方立法只能就有限内容进行立法。但问题在于，这个限度的边界是模糊的。新立法法修改草案将市级立法权限定于"就城市建设、市容卫生、环境保护等城市管理方面的事项制定地方性法规"。正式出台的立法法将中心词由"城市管理方面的事项"扩大为"等方面的事项"。关键是看怎么理解这个"等"字。从立法法草案和正式出台的文本看，这个"等"字不可能只是一个语气助词，而不表示列举未尽之意。因此，设区市的立法权限已不止于城市管理方面。这是立法者为使地方立法权改革能保有一定伸展性而精心设计的开放结构。这种开放结构设计，是不是可以扩展到如教育、医疗、经济管理等其他方面，存在一定的自由解释空间。如果将地方事务划分为政治、经济、社会、文化、生态、国防、外交等大类，那么城乡建设与管理、环境保护、历史文化保护分属社会、生态、文化门类。假设将其理解为同类列举未尽，则地方立法权还可向教育、医疗等领域延伸，但不能向政治（如党建）、经济（如企业管理）等大类扩展；假设将其理解为异类列举未尽，则地方立法不仅可以向教育、医疗等领域延伸，还可向经济等大类扩展。但立法法另有"法律对设区的市制定地方性法规的事项另有规定的，从其规定"的条款，这是授权还是禁止，需要结合具体法律具体分析，因此市级立法权又在"等"字之外增加了新的不确定性。

无论如何扩展，从"省、自治区的人民政府所在地的市，经济特区所在地

---

① 李爱平，冯煊.我国区域法治的价值及其理论架构[J].云南农业大学学报，2008（4）.

的市和国务院已经批准的较大的市已经制定的地方性法规,涉及本条第二款规定事项范围以外的,继续有效"从这条规定可以推断,设区市的立法权应小于省(自治区)的人民政府所在地的市、经济特区所在地的市和国务院已经批准的较大的市的立法权内容。

市级立法权的立法内容相对性的另一个特征是市级立法的区域特色突出,或者说市级立法通常反映了该区域的特殊性。具体地说,第一,这类立法往往反映本区域经济、政治、法制、文化、风俗、民情等对立法调整的需求程度,适合本区域的实际情况;第二,这类立法需要有较强的、具体的针对性,注意解决并能解决本区域突出的而中央立法没有或不宜解决的问题,把制定区域规范性法律文件同解决本区域实际问题结合起来。[①]

(二)在立法效力上不具有绝对性

根据区域法治理论,区域法治必须处理好局部与整体的关系,维护国家法制统一。因此,下位法不与上位法相抵触是区域立法必须遵循的基本准则。由于这个基本准则的存在,市级立法在法律效力上也不具有绝对性。中央层面的立法,由立法机关(全国人大及其常委会作为一个整体)自查自纠,并不需要提交该立法机关以外的其他机关审查,且从公布实施之日起就具有了法律效力。但市级立法并不是如此。设区的市制定出来的地方性法规要经过两道审查关口才能确保自始至终有效。一是合法性审查关。新立法法规定:"设区的市的地方性法规须报省、自治区的人民代表大会常务委员会批准后施行。省、自治区的人民代表大会常务委员会对报请批准的地方性法规,应当对其合法性进行审查,同宪法、法律、行政法规和本省、自治区的地方性法规不抵触的,应当在四个月内予以批准。"根据这条规定,设区的市(包括比照执行的自治州)立法后,应将决议通过的地方性法规提交省一级人大常委会,由其按照与上位法"不抵触"原则进行合法性审查,审查合格的予以批准,然后该地方性法规才有可能生效。二是备案审查关。地方性法规要报全国人大常委会和国务院备案。全国人大常委会和国务院在审查时发现有违法情况的,可以依法予以纠正。设置两道审查关口的目的是

---

① 李爱平,冯煊. 我国区域法治的价值及其理论架构[J]. 云南农业大学学报,2008 (4).

确保地方立法质量和全国法制统一。① 这里有一个疑问,假设一个市级地方性法规已经生效,而经备案审查,发现该地方立法违法,那么这个地方性法规的效力是自始无效还是自撤销该地方性法规的公告之日起无效?按照刑法原理"新法原则上不具有溯及力,但新法不认为是犯罪或者处刑较轻的,应按新法处理",也就是从旧兼从轻原则。而按照民法原理是一律不溯及既往。虽然撤销一项地方性法规的公告并不是法律,但其撤销后果与新修订一项法规具有同等功效,是否应该遵循一定原则呢?从公平角度而言,适用该地方性法规"自始无效,但有利于公民、法人或其他组织的除外"规定是一个比较好的处理规则。

三、设区的市立法的横向维度

竞争和协同是促进区域法治发展的两个主要驱动力。② 而在一个设区的市的法治系统内,立法、执法和司法的竞争与协同(分工与合作)也是促进本区域法治发展的两个主要驱动力。立法、执法和司法三者关系处于妥适状态时,区域法治得以推进。三者关系处于失衡状态时,区域法治易陷入困境。从设区的市看,中央与地方在权力结构上呈金字塔分布(见图1),但在权力区分度上却呈倒金字塔分布,也就是说,立法权、司法权与执法权越往下走,区分度越低,混同度越高(见图2)。这就导致设区的市的立法机关在立法自主权上容易弱于中央立法机关。而保有相当的立法自主性,是衡量地方立法成败的一个关键指标。因此,如何在这种情况下保持立法权的相对自主性,确保设区的市的人大及其常委会的立法主导权,是地方立法面临的一个巨大挑战。

图 1　中央与地方权力结构　　　　图 2　中央与地方权力区分度

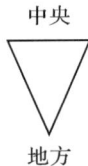

----

① 为确保地方立法质量设置的除了这两道关口,还包括稳步推进,"成熟一个发展一个";有限立法,立法内容限定;按与上位法"不抵触"原则自查;等等。

② 刘旭.区域法治的竞争性机理分析[J].南京师大学报(社会科学版),2016(3);张丽艳.区域法治协同发展的复杂系统理论论证[J].法学,2016(1).

（一）地方立法权与司法权的关系①

立法法等法律对设区的市的立法与宪法、法律、行政法规和本省、自治区的地方性法规相抵触的情况，进行了明文规定。但对于设区市的地方性法规同最高人民法院司法解释相抵触的问题，并没有做出规定。法院司法解释，是最高法院对审判工作中具体应用法律、法令问题的解释，是市级法院在办案中应当遵照执行的一种依据。地方性法规，是省级和市级人大及其常委会制定的法规，同样是当地市级法院在办案中应当遵照执行的一种依据。从法理上说，司法解释应涵盖于法律内涵之内，与法律无冲突；地方性法规同样应涵盖于法律内涵之内，与法律无冲突。那为什么还会出现地方性法规与司法解释相抵触的情形呢？这主要是因为：第一，司法解释与地方性法规，至少有一方是实际违法的。这种违法，因各种疏忽并未被审查出来，而在实际应用中导致矛盾。如果是司法解释违法而地方性法规合法，则构成对地方立法权的一种削弱。第二，司法解释和地方性法规都是合法的，但由于法的多层次的开放结构（空缺结构）的存在，②司法机关有一定的合法的"自由解释权"，地方立法机关也有一定的合法的"自由立法权"，当二者规定不一致时，便发生了抵触。此时则构成对地方立法权的一种限制。现行法律只有地方性法规与部门规章发生抵触的规定，③而没有司法解释与地方性法规发生抵触的规定。有人或许会提出参照这一规定处理，即由地方中级人民法院逐级上报到最高人民法院，经后者确认后，如果认定适用地方性法规的，则直接批复适用设区的市的地方性法规；如果认定适用司法解释的，则提请全国人大常委会做出裁决。笔者以为这并不妥当。第一，因为二者很难像地方性法规和政府规章那样构成一种对等关系；第二，因为将司法解释与地方性法规和政府规章相提并论也并不妥当；第三，也是最根本的，这样做并无法律依据。更好的办法是在法律上尽早做出明文规定。

---

① 本文所讨论的司法权仅限于法院领域。

② 参见：陈景辉."开放结构"的诸层次：反省哈特的法律推理理论[J].中外法学，2011(4).这种法的开放结构，从法律语言到法的内容都存在。这种开放结构，需要运用法律原则来填补，但问题是由谁来阐释法律原则并做判定呢？

③ 《中华人民共和国立法法》第九十五条。

(二)市级立法权与行政权的关系

市级立法权与行政权的关系主要体现在市级立法机关与行政机关对立法的影响方面。市级立法机关与行政机关在对立法施加影响时有合作、有冲突。冲突主要体现在两个方面。

首先,它体现在文本冲突上。一是地方性法规与省级政府规章相抵触的情况。新立法法规定,"省、自治区的人民代表大会常务委员会在对报请批准的设区的市的地方性法规进行审查时,发现其同本省、自治区的人民政府的规章相抵触的,应当做出处理决定。"二是对设区的市的地方性法规与部门规章相抵触的情况。这个问题,或许有人认为新立法法已经做出了规定,那就是新立法法第九十五条第二款。但没有注意到新立法法对设区的市的地方性法规是有特别规定的,也就是对地方性法规的二级审查(主要涉及备案审查)。当发生抵触可能性时,是先直接适用第九十五条第二款,还是必须先适用二级审查条款,是有疑问的。换句话说,如果合法性审查和备案审查是一次性的,则已经经过审查的设区的市的地方性法规,哪怕有新的违法被发现,也只能直接适用第九十五条第二款,但如果合法性审查和备案审查是随时可以反复的,或在合法性审查后备案审查前发现地方性法规有问题,导致与省级政府规章相抵触,如何处理,是存疑的。

其次,它体现在机构对立法利益的追求上。第一,行政权具有天生的扩张性,这点同样体现在对立法权的影响上。尤其是在地方,立法机关、行政机关之间的相互关系不如中央立法机关、行政机关清晰。当对这种扩张性约束不力时,行政权就有可能寻求对立法的主导权,一是将政策举措简单法制化,降低地方性法规的质量;二是政府视角的利益,尤其是部门利益用地方性法规加以法制化,导致地方性法规定位出现偏差。第二,行政机关相对人大具有强势地位。目前,省、市、县三级都有四套班子,分别是党委、人大、政府、政协。这四套班子原来的排序是党委、政府、人大、政协,现在的排序是党委、人大、政府、政协。但不管单位如何排位,领导的排序却并不与此完全一致。以设区的市为例,四套班子的一把手都是正厅级,但这四个人的排序却是市委书记、市长、人大常委会主任、政协主席,人大常委会主任排在了市长的后面,这与班子排位时人大排在政府前面并不完全对应。而且,行政机关掌握着执法权和一定的人事权、财政权等,都构成了对人大的强大影响力。如果这种优势地位被政府及其部门滥用,这容易造成对地方人大及其常委会立法主导权的侵蚀。防范这些负面影响,主要在于厘清各自的职责范围。立法主要包括立项、法律的起草、法律的审议等环节,其中起草是最为关键的一环。地方人大及其常委会应加强对立法各环节的主导,不宜假手于其他部门。

(三)地方立法权与党的领导权的关系

中国共产党是社会主义各项事业的领导核心,设区的市级党委自然也是设区的市级立法事业的领导核心。一方面,我们要不断加强市级党委对市级立法事业的领导,确保市级立法事业发展的正确方向;另一方面,我们也要准确界定党的领导的范围、方式等,确保党对立法的领导权与人大对立法的主导权相互匹配、各就各位。从设区的市的立法工作来说,同级党组织对同级人大立法主导权的尊重尤为重要。这是因为,设区的市的人大对同级党组织有更强依赖性。造成这种更强依赖性的因素,一是设区的市的人大获得立法权时间短、任务重,而自身立法积累又"一穷二白",要想在短时间内具备立法能力,就必须依靠同级党委出面调动各方面资源;二是地方立法不同于国家层面立法需求统一性,而是要突出特色,这就需要紧密围绕本地政策导向做文章,同样容易使人大在业务上倾向于依赖同级党委。但如果地方立法随同级党委施政方略变动而变动,则会削弱立法的权威性和稳定性。因此,在坚持同级党委政治、思想和组织领导的前提下,在立法业务方面还是应保持一定独立性,以加强立法的科学化水平。

区域法治还需注意区域内立法的协同性。因为同一区域内地域相近、人文相亲、经济相连,具有相当的法治同质性,如果不注意协同立法,就会影响立法效能。立法效能最终要以区域立法对区域内经济社会发展的效果来评价。

四、设区的市立法权的内在维度

根据区域法治理论,法治发展的渐进性(积累性)、梯次递进性和区域的差异性、不平衡性,既决定了区域法治存在的必然性[①],也成就了不同区域的立法优势与劣势,即构成设区的市履行地方立法权的能力结构。具体而

---

① 夏锦文.区域法治发展的法理学思考 ——一个初步的研究构架[J].南京师大学报(社会科学版),2014(1).

言,与国家立法和省级立法相比较,设区的市行使立法权有下述独特的劣势和优势。

(一)设区的市立法之优势

首先,赋予设区的市以立法权,可以发挥地方法治发展的多样性优势,有利于推动国家发展的整体进程。[①] 设区的市体量小,这为采取灵活立法奠定了先天基础。一是可以在立法上先行先试。当前,我国正处于攻坚克难的关键时期,全面建成小康社会、全面深化改革、全面依法治国、全面从严治党的战略布局时间短、任务重,需要大量实验以积累可在全国复制推广的经验。但任何改革都是有风险的,立法体制改革更是如此,因为立法被视为法治的起点。赋予设区的市以立法权,可以规避大体量实验带来的成本风险,在有限的时间内积累更丰富多样的、可复制、可推广的立法经验,然后向全国推行。二是立法形式可以灵活多样。在新立法法赋予设区的市以立法权以前,享有地方立法权的市级单位仅有 49 个。新法将其扩大到全部 282 个设区的市,就完全有余地尝试更多样化的立法方式,比如委托第三方专家立法等。这就为国家法治发展提供了更多选择方案,有利于好中选优,参考借鉴。

其次,赋予设区的市以立法权,极大地增强了地方参与法治建设的积极性,有利于具体问题具体解决。中国幅员辽阔,特殊的社会结构造成了中央与乡土制度认同的二元结构,也造成了中央法制建设与乡土法制理念的分离。赋予各设区的市以立法权,一是有利于针对性立法。以道路交通法的实施为例,对于行人闯红灯,条例规定可罚款 10~50 元。假设发达地区与一个偏远设区的市罚款的数额一样,效果显然大相径庭。即使发达地区顶格处罚 50 元,其效果可能也不及一个偏远设区的市按最低 10 元处罚。但如果将自由裁量权交予各地执法单位,则又容易造成执法恣意,破坏法的确定性和权威性的情况。而将其交由地方立法,则可以解决这个问题。二是有利于司法执行和行政执法效果。以生效裁决执行为例,现在很少有市级单位执行被申请人的农村住房。但在发达城市周边,农村住房完全有可能比城里住房更有价值。因此,赋予设区的市以立法权,处于发达地区的市级单位就可以立法出台将农村房屋纳入常规性执行对象的细则。这就有利于

---

① 公丕祥.法治中国进程中的区域法治发展[J].法学,2015(1).

根治"老赖"问题,提高司法公信力。

再次,赋予设区的市以立法权,有利于地方法治与经济、政治、文化、社会、生态、党建等方面的发展相辅相成、协调推进。法治建设从来不是孤立进行的,总是与一定的经济基础和上层建筑相互联动。根据马克思主义的基本原理,当法治与经济基础和其他上层建筑相适应时,就可以极大地保障和推动各领域顺利向前发展,但当其与经济基础和其他上层建筑不相适应时,就容易阻碍各领域发展。在赋予设区的市以立法权以前,它们之间的最佳联动效应并没有完全得以实现。赋予设区的市以立法权,将为它们之间的最佳联动提供契机,从而最大限度地激发生产与生活活力。

最后,赋予设区的市以立法权,有利于在社会主义条件下中华法系的复兴与繁荣。实践证明,抛弃自身立法传统,照搬西方或苏联的法制建设模式,并不成功。党的十八大后,党中央提出法治建设要从中华传统文化中汲取营养。而中华传统文化,大多扎根基层。从某种意义上讲,"法律是从'土地'中长出的规则"①。有学者认为,地缘因素以及与之相随的血缘纽带在任何一个时代、任何一个社会中,从来都是至关重要的,其中隐藏着的乃是文化的力量。② 这种观点是很有见地的。设区的市因为与地缘传统文化结合紧密,其立法也必然带有地缘传统文化烙印。这种立法,在通过整个社会主义法治体系向上传递后,最终将影响整个国家的立法基因。正如文学"有地方色彩的,倒容易成为世界的,即为别国所注意"一样③,在去除糟粕、确保可通约的情况下,立法越具有民族性,才越能立足于世界文明之林。

(二)设区的市立法之劣势

首先是立法价值的边界难界定。在西方法学传统里,对于立法价值是否存在是有不同观点的。根据分析法学派代表人物奥斯丁的观点,对立法进行评判只需对法律规范结构进行分析,而不必对制定的规范的好与坏进行价值上的判断。哈特也竭力反对立法伦理主义。但奥斯丁与哈特也分别

---

① 蔡宝刚.法律是从"土地"中长出来的规则——区域法治发展的文化解码[J].法制与社会发展,2014(4).

② 公丕祥.区域法治发展与文化传统[J].法律科学:西北政法大学学报,2014(5).

③ 鲁迅.致陈烟桥[M]//鲁迅.鲁迅全集:第13卷,北京:人民文学出版社,2005.

承认功利主义原则对立法的指导作用和"最低限度的自然法"。现代主流学者观点也都倾向于承认立法价值。笔者赞同后一观点,认为法律和立法若不内含价值,则将沦为纯粹工具,对法律的信仰、法律之治都将无从谈起。从区域法治角度看,概括来说,几种立法价值应厘清。最常见的是利益衡平。利益关系明显地影响、制约或推动着立法的价值判断与选择,成为促使立法者产生立法愿望的动机和引导立法者实施立法行为的价值目标。赋予设区的市以立法权,包括中央利益和地方利益、整体利益和部门利益、政府利益和市民利益等需要衡平。而设区的市在立法利益衡平建构上才刚起步,出现把握不准的情况是必然的。但只衡平利益或者说只根据利益来做立法衡平,则容易走入歧途。立法价值还包括正义、人权、自由、公共秩序、社会道德、国家安全的把握,以及法治统一性和区域法律制度创新性的结合①等。这些立法价值的厘清,对立法者来说要求更高,更难界定。而地方立法者综合素养相对不足,成为一种劣势。

其次是立法传统积累匮乏,"一穷二白"。一是多数设区的市立法人才储备"穷"。设区的市人才储备是最大问题。据武汉大学秦前红教授介绍,在当下有地方立法权的地方人大常委会成员中,具有法律学习背景和法律实务经历的不超过10%。在专门从事立法工作的专门委员会、法制委员会以及为立法服务的工作机构——法律法规室,这个比例也罕有超过25%的。其中,具有立法专长的就更少了。很多地方都是由党委牵头,从全市政法部门选调法律人才来解决。二是多数设区的市地方性法规文本空白。在新立法法施行以前,全国设区的市有284个,享有地方立法权的有49个,尚没有地方立法权的有235个。也就意味着,95%的设区的市没有任何立法经验。这意味着多数设区的市都要从模仿较大的市的立法模式着手,在此过程中很可能要付出额外立法成本;容易照抄照搬上位法或兄弟地区立法,没能突出地方特色;容易出现"八股文"式面面俱到的立法。同时,赋予立法权后的相应责任问题并无法律规定,权责还不完全匹配。三是多数设区的市立法硬件设施空白。立法的科学化、民主化,不仅需要软件支持,也需要硬件支撑,包括专门的组织机构、办公场所、经费等。立法硬件设施问题的解决相对来说容易一些。要注意的问题,一是个别地方急功近利,违背了立

---

① 李爱平,冯煊.我国区域法治的价值及其理论架构[J].云南农业大学学报,2008(4).

法法说明要求的稳步推进原则。个别省份人大常委会便一次性赋予该省此前未享有立法权的所有设区的市地方立法权①。二是新立法法只是赋予了设区的市以一定立法权,但并未规定设区的市立法的程序和标准,使委托立法可能陷于随意,脱离实际,甚至陷入形式主义和教条主义。因此,一要强制接地气,强化立法参与环节,包括必须向特定或不特定居民发放一定数量的问卷,立法必须经过座谈、听证等;二要设定三审三核制,地方立法草案应经过反复讨论修改,控制立法速度,确保立法质量。

最后是立法质量的把关较难。一是不当影响排除难。在中国,"以个人权利为社会组织原则的现代法治社会还远远没有建成,传统熟人社会的影响仍无处不在",②这种情况在设区的市表现更为明显。在立法时体现为社会上利益集团甚至个人对立法施加不当影响。不仅如此,设区人大还要克服体制内其他系统试图对立法产生的不当影响。而设区的市由于多种原因,包括处理更多临时性应急性事务需要内部各系统更密切配合、人手不足需要相互借力等,系统相互分工相对模糊,立法机关对外部不当影响的识别和拒斥能力就相对弱一些。二是立法程序把关难。在程序上的不严谨甚至在赋予立法权时便出现了,个别省份人大常委会一次性赋予该省此前未享有立法权的所有设区的市地方立法权,变"循序渐进"为"一蹴而就"。③ 在此情势下,需要警惕以为是地方立法,程序上就可以简化、跳跃甚至倒置的立法理念。三是立法决策科学难。上海市人大常委会曾经委托上海市行政法制研究所对地方立法进行评估,发现地方立法"有三分之一属于可以不立的,三分之一属于可立可不立的",只有三分之一属于可以立的。④ 如何强化立法决策机制,确保做出科学的立法决策,进而确保立法质量,不仅关系赋权成败,也关系法治中国建设的成败,值得我们在理论上再细化探讨,在实践上再努力探索。

---

① 刘怡达.设区市立法存在的问题[J].学习时报,2016(4).
② 曾德雄,徐嵩.设区的市立法观念和程序最重要[J].人民之声,2015(5).
③ 刘怡达.设区市立法存在的问题[J].学习时报,2016(4).
④ 徐华.设区的市立法要把握的几个问题[J].人民论坛,2015(6).

五、结语

从以上分析我们可以看出,基于区域法治视角,设区的市的地方立法权从横向、纵向和内在三个维度看都不具有完备性,或者说,具有鲜明的相对性。相信随着设区的市立法权能的展开,各方对这些相对性的认识将更充分,对其把握将更精准,从而推动地方法治建设和地方整体发展,助推国家法治进程和国家整体发展。

经济篇

供给侧结构性改革背景下
构建创新生态系统的思考

——以杭州市余杭区为例

内容提要 创新生态系统已成为一种新的市场竞争模式和创新范式。本文首先分析了余杭区在创新生态系统建设方面取得的成效，同时指出其在创新空间要素、创新资本和人才、招商环境方面存在的不足，最后针对问题，提出要构筑创新经济"生态圈"、坚持两化深度融合"互联网＋"、优化发展环境等措施，以形成良好的创新创业生态，全面激发企业创新活力。

关键词 供给侧改革；创新生态系统；创新驱动；产业集聚

党的十九大再次强调了五大发展理念，即创新、协调、绿色、开放、共享。在这五大理念中，创新始终摆在第一位。同时，为了更好地提高供给质量，促进经济结构调整和有效配置资源，中央又提出了要深化供给侧结构性改革。如何将供给侧结构性改革和创新完美的结合，是各级政府面对的重大问题，但其中创新生态系统的建立是企业创新发展和区域经济健康持续发展的前提。

一、余杭区企业创新情况分析

(一)高新技术产值不断增加

2016 年余杭区全年实现高新技术产业产值 735.56 亿元，占规模工业

【作者简介】冯利斐，中共杭州市委党校余杭区分校，讲师。

产值比重达 50.1％,同比提高 4.6 个百分点,高新技术产业产值占比首次过半;实现新产品产值 594.86 亿元,同比增长 5.2％,增幅高于规模工业总产值 4.9 个百分点,新产品产值率达到 40.5％;实现高新技术产业增加值 175.97 亿元,同比增长 6.2％,占规模工业增加值比重达 53.4％。高新技术产业逐渐发展成推动产业转型升级、拉动区域经济发展的中坚力量。

根据浙江省经信委、省统计局对 2015 年度工业强县(市、区)的综合评价,2015 年余杭区在"质量效益""自主创新""结构调整""两化融合"和"绿色发展"这五大领域的得分分别为 62.5、71.9、82.3、78.4、55.2 分,分别比上年提高 6.4、4.2、4.0、15.2、9.4 分,五大领域均有不同程度提升,其中"两化"融合和"绿色发展"提升幅度较大(见表 1)。总体来看,2015 年全区强区建设进程较前几年明显加快(见表 2)。

表 1　2012—2015 年余杭区强区建设综合测评五大领域得分

年份	质量效益	较上年增减	自主创新	较上年增减	结构调整	较上年增减	"两化"融合	较上年增减	绿色发展	较上年增减
2012	49.0	—	58.6	—	68.8	—	54.8	—	35.1	—
2013	51.1	+2.1	60.0	+1.5	78.6	+9.8	61.1	+6.3	40.0	+4.9
2014	56.1	+5.0	67.7	+7.7	78.3	−0.3	63.2	+2.1	45.8	+5.8
2015	62.5	+6.4	71.9	+4.2	82.3	+4.0	78.4	+15.2	55.2	+9.4

表 2　2015 年度全省 I 档 14 个县(市、区)综合评价结果

县(市、区)	总得分	2015 年 I 档排名	2014 年 I 档排名	比 2014 年排名进退位	质量效益	自主创新	结构调整	"两化"融合	绿色发展
鄞州区	78.98	1	1	0	74.5	86.8	80.2	75.0	78.6
慈溪市	74.02	2	3	+1	70.2	87.6	81.8	70.4	60.2
萧山区	73.46	3	2	−1	84.5	69.7	74.3	73.7	59.7
乐清市	70.87	4	4	0	61.7	55.3	95.3	68.4	76.8
余杭区	**68.47**	**5**	**8**	**+3**	**62.5**	**71.9**	**82.3**	**78.4**	**55.2**
诸暨市	66.21	6	5	−1	72.9	58.4	69.1	61.9	63.2
上虞区	66.14	7	6	−1	69.5	66.5	82.5	60.8	46.9
余姚市	64.29	8	7	−1	59.2	72.9	78.1	66.0	48.9
海宁市	63.27	9	10	+1	61.1	74.8	70.1	70.0	44.9

续表

县（市、区）	总得分	2015年Ⅰ档排名	2014年Ⅰ档排名	比2014年排名进退位	质量效益	自主创新	结构调整	"两化"融合	绿色发展
北仑区	61.61	10	9	－1	72.7	60.0	69.3	70.9	34.3
镇海区	61.11	11	14	＋3	87.8	38.4	47.0	69.4	53.7
柯桥区	59.62	12	11	－1	84.0	45.6	49.1	60.0	47.4
桐乡市	58.71	13	12	－1	58.4	65.7	67.7	62.1	41.5
富阳区	55.22	14	13	－1	56.2	59.2	69.1	69.0	28.9

（二）科技进步变化明显

浙江省统计局、科技厅2016年发布的全省2015年度科技进步统计监测评价报告显示，余杭区科技进步变化情况综合评价在全省上升至第3位，比3年前的第9位有了很大的提高，总体发展情况较好。在一级指标中，"转型升级""科技产出"和"创新环境"3个指标在全省排位有所上升，特别是"创新环境"，从上年全省第31位上升至第2位，"技术创新"排位持平，"科技投入"排位有所下降（见表3）。

表3　杭州市2016年各区、县（市）科技进步统计监测综合评价全省排位

地区	科技投入综合评价位次（2015年/上年）	技术创新综合评价位次（2015年/上年）	科技产出综合评价位次（2015年/上年）	转型升级综合评价位次（2015年/上年）	创新环境综合评价位次（2015年/上年）	变化情况综合评价位次（2015年/上年）
上城区	77/73	84/39	17/40	32/44	7/44	58/56
下城区	49/81	65/42	24/28	59/30	47/61	51/53
江干区	64/34	87/87	26/23	37/11	18/78	62/47
拱墅区	60/68	85/44	21/37	8/27	10/67	40/50
西湖区	30/70	40/75	28/33	24/28	40/37	20/59
滨江区	10/10	6/19	60/4	4/6	14/38	5/1
萧山区	40/48	42/64	22/45	22/25	46/41	22/46
余杭区	**31/5**	**12/12**	**11/24**	**2/9**	**2/31**	**3/4**
富阳区	42/41	33/24	20/46	6/35	34/26	9/29

续表

地区	科技投入综合评价位次（2015年/上年）	技术创新综合评价位次（2015年/上年）	科技产出综合评价位次（2015年/上年）	转型升级综合评价位次（2015年/上年）	创新环境综合评价位次（2015年/上年）	变化情况综合评价位次（2015年/上年）
桐庐县	7/19	9/14	66/72	27/13	30/65	13/27
淳安县	83/64	73/37	89/85	61/72	77/69	86/64
建德市	52/69	31/48	84/75	52/87	62/70	65/80
临安市	32/63	34/65	59/73	11/69	16/58	18/73

(三)产业结构继续优化

2015年以来,全区着力打造结构优化、体系完整、市场竞争力强的主导产业集群,形成拳头优势和集聚效应,加速产业转型升级,"结构调整"得分较2014年提高4.0分,在I档14个县(市、区)中分值提高最多。2015年,全区规模以上工业企业中,主导产业工业增加值占规模以上工业增加值的比重、战略性新兴产业增加值占规模以上工业增加值的比重、高新技术产业增加值占规模以上工业增加值的比重、装备制造业增加值占规模以上工业增加值的比重分别由2014年的34.6%、27.6%、49.5%、45.1%提高到38.8%、28.3%、51.3%和48.5%。此外,反映工业产品质量水平和国际竞争力的重要指标——规模以上工业企业主导产品采标率大幅增长,由2014年的51.2%提高到2015年的57.7%。

(四)高新技术企业创新高

2016年余杭区认定国家重点支持领域高新技术企业173家,其中新认定102家,首次实现新增高新技术企业破百家;新增市级高新技术企业111家。截至目前,全区共有市级以上高新技术企业908家,其中国家重点支持领域高新技术企业432家,杭州市高新技术企业476家。从领域分布上看,102家新认定企业中,电子信息、先进制造与自动化、新材料领域分别以26家、26家、25家位列第3名,打破了以往高新技术改造传统领域(在新版管理办法中调整为先进制造与自动化)占据半壁江山的格局,新兴产业发展迅猛,逐渐成为余杭区产业转型升级的生力军。

（五）创新人才集聚效应初显

创新发展离不开人才支撑，人才创业也离不开资本支持。近年来，区委区政府始终强调产、城、人融合化发展，围绕导入优质人口、吸引创新创业人才，着力打造"圈人留人"环境，出台人才新政，累计引进海外高层次人才1827名，"国千"86名，"省千"115名，总量和增量继续列全省各区（县、市）首位。"国千""省千"人才中超过30%分布在生物医药行业。梦想小镇在开园9个多月时间里已经累计引进创业项目480个，创业人才4400名，在创新人才方面已经形成了明显的比较优势。同时，余杭区注重发挥创新创业人才和项目的磁极效应，加快资本集聚，积极借力资本的纽带作用，进一步带动人才项目落户，从而推动"人才＋资本"的良性互动，实现"化学反应"。

二、余杭区企业创新过程中面临的挑战

（一）横向比较仍有差距

1.传统行业占比较大

从规模以上工业主营业务收入利润率来看，占全区比重较大的传统行业如非金属矿物制品业、纺织业、有色金属冶炼和压延加工业、纺织服装服饰业、金属制品业主营业务收入利润率分别为3.5%、3.0%、5.9%、3.0%、3.4%，分别低于全区平均2.5、3.0、0.1、3.0、2.6个百分点。从规模以上工业全员劳动生产率来看，劳动密集型行业的人均创利指标普遍偏低，如纺织业、纺织服装服饰业、橡胶和塑料制品业、食品制造业的该指标分别为12.3万元/人、9.8万元/人、16.1万元/人、15.8万元/人，低于全区平均水平。从规模以上工业企业主导产品采标率来看，传统行业企业由于转型升级速度较慢，产品未达采标标准的较多，如非金属矿物制品业、有色金属冶炼和压延加工业、金属制品业、橡胶和塑料制品业、食品制造业采标率分别为36.2%、55.6%、35.0%、44.6%、36.7%，分别低于全区平均21.2、1.9、22.5、12.9、20.8个百分点。

2.持续发展能力有待增强

2015年，全区"绿色发展"在五大领域中是得分唯一低于60分的指标，

在 90 个县(市、区)中列第 17 位,与 2014 年持平;在 I 档 14 个县(市、区)中列第 6 位,处于中游水平。从具体指标来看,规模以上工业单位工业用地增加值指标实现程度为 49.9%,在全区全部 19 个二级指标中列第 17 位;单位水耗工业增加值为 267.29 元/立方米,比全省平均少 66.31 元/立方米,实现程度低于全省 16.6 个百分点。这是全区"绿色发展"得分较低的主要原因。

3.产业层次不高,规模不大,产业结构有待优化

大企业支撑不足,依然没有超百亿企业。余杭区仅 3 家企业入围全国民企 500 强,而萧山区有 19 家;余杭区上市企业共 20 家,与萧山区、滨江区的上市企业数仍有不小的差距。产业平台拉动不强。未来科技城辐射带动作用还不是很明显,余杭经济技术开发区产业的量能和贡献度需要进一步提升,工业功能区、科创园区的专业性竞争力普遍偏弱。工业经济"缺高少新"。高新技术产业和战略性新兴产业总量、增速、占比远低于滨江区;生物医药、绿色能源产业产值占比分别为 3.6% 和 8.5%。服务业发展不均衡。2015 年,以阿里系为代表的信息软件业和房地产业在服务业增加值中的占比分别为 61.2%、9.2%,如果剔除淘宝系的影响,2015 年余杭区 GDP、第三产业增加值增速仅 4.6% 和 5.1%。其他服务业的发展层次不高,规模不大,特别是金融服务业、技术服务业等还需大力发展。

4.科技创新投入不足,主体作用发挥不强

科技创新投入不足。研究与发展活动(R&D)经费支出占 GDP 的比例长期处于较低水平,2017 年也只有 3.1%,远低于滨江区。新产品产值率为 38.8%,低于滨江的 61%。再从企业科技投入来看,2015 年余杭区规模以上工业企业 R&D 投入强度为 1.6%,而滨江区为 5.26%。创新主体作用不强。2015 年,规模以上企业中研发机构设置率为 17.1%,低于滨江区的 34.9%;有 R&D 活动的企业数占比 25.3%,低于滨江区的 50.2%。

(二)创新要素受制约

1.资金供求信息不够通畅

主打新技术、新产品、新业态、新业务模式的新经济,大多是处于初创期的小企业,存在资本实力较弱、抗风险能力差等"先天不足"。一方面,新经济产业孵化落地面临资金短缺;另一方面,已有原始积累的传统企业苦于没

有投资渠道。不少传统企业经过多年积累,掌握着充足的资本,随着经济下行压力和要素成本逐渐提高,原有项目已经不能维持高利润水平,迫切需要寻求新的项目和新的增长点,但由于自身缺乏核心技术,困难重重,常常找不到合适的投资项目。

2. 创新人才支撑不足

余杭区智慧型人才大多集中在信息技术服务企业,工业企业中信息经济发展的高端人才、管理人才、既懂业务又懂信息技术的高级复合型人才尤其缺乏,不利于工业企业信息经济发展、智慧应用的整体布局。企业研发投入少、集成创新和二次创新能力不足,产业共性技术、关键技术支撑力不够,科技成果转化慢,与高校、科研院所的产学研合作创新主要停留在技术咨询、技术转让、共同开发、委托开发等较低层次的合作上,企业主要追寻一些"短、平、快"项目,缺乏从长远的战略观点考虑构建企业长效技术创新体系。

3. 受到空间要素制约

首先,产业化落地的空间不足。目前,余杭孵化器约有 25 家,加速器企业约有 77 家。截至 2015 年年底,余杭"523 计划"已培育科技型中小微企业 3110 家。孵化器空间充足,但随着孵化进程的加快,原有的加速器空间已经不能满足众多中小微科技型企业的成长,可供应的空间资源一时无法匹配,需要政府进行供给侧改革,开拓空间要素资源,强化有效供给。

其次,存量空间业主"房租"意识较浓。园区创新投资意识需要强化,部分园区管理仍停留在"二房东"水平,缺乏投资者的眼光和意识,所提供的服务也更多地局限于基本空间、基础设施和简单的共享服务,盈利方式主要依靠房租和政府的补贴,抗风险能力较低,服务同质化严重,为新经济产业提供项目资金对接、培训、市场计划等增值服务相对较少。

再次,园区专业化程度不够高。专业化的管理与服务是科创园区运营专业化的核心体现。目前,余杭部分园区金融、研发、营销、广告等外围服务业发展仍稍显滞后,部分园区内为新经济产业集群发展服务的基础设施不完善、不匹配,代表整个集群企业利益并成为其与政府和社会各界交往的行业协会不发达,许多园区缺乏为其培养专用性人才的教育机构和完整的培训体系。在硬件上,部分园区在发展新经济产业方面,仍存在着网络、用电稳定性差等诸多制约因素。

(三)面临周边激烈的招商竞争

余杭创新经济孵化项目的科技力量雄厚,研发能力强,产业培育成效明显。至 2015 年年末,余杭已创建科创园 60 个(含电商平台)。全区共有市级以上科技企业孵化器 7 家,其中国家级 1 家,省级 3 家,孵化企业达 440 家。2015 年,有 8 家众创空间被认定为杭州市众创空间,恒创客被认定为国家级众创空间。未来科技城、阿里巴巴入选首批国家级双创示范基地。余杭产业培育的优异成果,吸引了区内外目光,周边招商团队趋之若鹜。如何能留得住这些即将破壳的项目,让其在余杭大地上生根、发芽、开花、结果,成为一道必须攻克的难题。

三、加快余杭区企业创新发展的对策建议

(一)营造良好生态系统,构筑创新经济"生态圈"

1.打造创新创业综合生态体系

运用好统筹学系统论,构建好产业链、生态圈,不断建立和完善余杭创新驱动、转型升级的两大生态体系,即创新创业综合生态体系和转型升级综合生态体系。打造创新创业综合生态体系就是要深入实施创新驱动发展战略,培育更加肥沃的创新创业土壤,厚植敢于冒险、宽容失败的创新创业文化,让各类创新要素集聚耦合、裂变反应,加快智慧产业化,形成经济发展新动能。这主要包括打造多样化众创空间、提升专业化服务能力、形成特色化众创品牌三方面内容。打造转型升级综合生态体系就是要抓住实施"中国制造 2025"战略的重大机遇,顺应"互联网+"发展趋势,以推动全产业链、产品全生命周期互联网化、"互联网+"彻底解决方案为主线,加快产业智慧化,全面提升传统产业特别是传统制造业的核心竞争力,实现传统产业转型升级。这主要包括培育新型生产模式、促进智造服务融合、优化配置资源要素三方面内容。

2.完善更有激情的创业生态系统

继续推进有余杭特色的创业创新平台建设,以梦想小镇、梦栖小镇和艺尚小镇等特色小镇建设为载体,建立新一代信息技术产业的创业集聚地和孵化平台,培育扶持更多成长型的中小微创业企业,构建具有余杭特色的

"创新经济丛林"。

3.构建差异化的区域生态系统

由于区内各平台技术研发能力、应用基础、产业园区等自身条件各有差异,更要科学定位本地创新经济发展目标和路径。坚持在未来科技城和余杭经济开发区等信息化基础较好的地区强化信息技术研发、产业化和示范应用,而在创新能力经济相对较弱的地区则可以侧重推广成熟的技术应用模式和商业模式,各取所需,协调错位发展。

(二)坚持两化深度融合"互联网十",促进产业转型升级

牢固树立以"一号工程"为基础的争先意识,坚持产业智慧化和智慧产业化相结合,不断激发产业转型升级新动能。着力打造全省领先的智造强区。牢牢抓住杭州建设城西科创大走廊和城东智造大走廊的机遇,以成功创建 2016 年省级软件和信息服务产业示范基地和 2016 年省级智能制造示范区为契机,打造全省领先的智造强区。推进重点行业骨干企业示范引领。发挥春风动力、西奥电梯、老板电器、长江汽车等两化融合试点示范企业的引领带动作用,开展两化融合管理体系贯标,加快装备制造、纺织服装、新能源汽车、生物制药、节能环保等重点产业的两化融合建设。以新兴产业为重点推进智慧产业化。发挥现有电子信息制造、软件与信息服务两大基础智慧产业优势,着力发展电商服务、云计算与大数据、物联网、移动互联网、信息安全五大新兴智慧产业,推进梦栖小镇工业设计、艺尚小镇时尚设计。加速传统行业转型升级。要抓住"中国制造 2025"重大机遇,大力实施机器换人,加快装备制造、生物医药、节能环保等重点产业"智能工厂"建设。借助新一代信息技术,推动传统产业在互促共融中蜕变,实现从组织形态、生产方式到运营过程、商业模式的全面优化,有效提升传统产业的核心竞争力。

(三)优化发展环境,深化产业转型升级"服务十"

牢固树立以"持续精准发力"为内涵的服务意识,坚持加法与减法相结合,净化企业竞争环境。强化精准对接服务。对全区重点企业走访联系全覆盖、政策宣传全覆盖、服务保障全覆盖,真正当好"服务专员"和"店小二";宣传新一轮"6十3"产业政策,鼓励引导企业加大投入、引培高端人才;会同区人才办、团区委,借助未来科技城驻美国办事处及美国旧金山湾区委员会的友好关系,组织部分新生代、青商会企业家赴美举办"创业创新智能智造

专题培训班",提升新生代企业家的综合素质。着力做好企业减负。全面落实"零土地"技改审批,不断优化审批流程。认真贯彻落实省、市企业减负政策和余杭区降成本、减负担、去产能,全面推进实体经济健康发展的28条措施,逐条梳理落实水价优惠政策、燃气价格调整、电力用户与发电企业直接交易等政策,实质性帮助企业减负解困,提振企业发展信心。借力G20宣传余杭智造。了解掌握春风摩托、长江汽车、南宋瓷业、美术地毯、双枪竹木、汉尔姆模块化建筑及余杭家纺等余杭智造产品直接服务G20的情况,策划好宣传方案,在相关保密协定解除后在余杭经信官方微信、经济与信息化月刊以及杭报、余杭晨报、余杭电视台等全方位、全媒体大力推广优质的余杭产品、优秀的余杭企业,切实为企业产业推广服务。

参考文献

[1] 董保宝,李白杨.新创企业学习导向、动态能力与竞争优势关系研究[J].管理学报,2014(3):376-382.

[2] 罗珉,马柯航.后发企业的边缘赶超战略[J].中国工业经济,2013(12):91-103.

[3] 汪涛,牟宇鹏,王铵.企业创新战略模式的选择和效应[J].中国软科学,2013(6):101-110.

[4] 董保宝,葛宝山,王侃.资源整合过程、动态能力与竞争优势:机理与路径[J].管理世界,2011(3):92-101.

[5] 董俊武,黄江圳,陈震红.动态能力演化的知识模型与一个中国的案例分析[J].管理世界,2004(4):117-127.

[6] 曹红军,赵建波,王以华.动态能力的维度:基于中国企业的实证研究[J].科学学研究,2009(1):36-44.

[7] 毕宁.浙江省规模以上工业企业创新调查[J].浙江经济,2016(3):37-39.

[8] Wang C L, Ahmed P K. Dynamic capabilities: A review and research agenda [J]. International Journal of Management Reviews,2007,9(1):31-51.

[9] Helfat C E. Know-how and asset complementarity and dynamic capability accumulation: The case of R&D[J]. Strategic Management Journal,1997,18(5):339-360.

新常态下县域生态经济可持续发展路径探索

——基于浙江省三个国家级生态县的比较研究

内容提要　本文首先对生态经济的内涵进行界定,厘清生态经济与循环、绿色、低碳等经济模式的区别与联系。然后,以国家级生态县德清县、长兴县、安吉县的生态经济发展为研究样本,通过对其发展生态经济的做法与成效、存在的短板问题进行分析比较,进一步提出生态经济理念引领、培育信息经济新增长点、启动绿色产业引擎、提升科技支撑、完善体制机制等发展路径。

关键词　生态经济;发展路径;国家级生态县

生态经济为生态文明建设提供了坚实基础,更是生态文明建设的必由之路。如果说离开生态文明去搞经济发展是"焚林而田,竭泽而渔",那么离开经济发展去搞生态文明则是"缘木求鱼,水中捞月"。历届湖州市委市政府努力践行"绿水青山就是金山银山"理念,取得显著成效,湖州于2014年5月成为全国首个地市级生态文明先行示范区。其下辖三县——德清、长兴、安吉在生态经济方面探索出了各具特色的发展路径。安吉县早在2006年6月就被国家环保总局命名为国家级生态县,德清、长兴于2014年5月被授予国家级生态县称号,三县为生态文明先行示范区建设注入了源源不断的动力。作为全国首个地市级生态文明先行示范区,在"十三五"期间如何探索形成可复制、可推广的生态文明建设"湖州路径"任重道远。在此背景下,分析比较德清、长兴、安吉在生态经济发展中存在的短板问题,提出建

【作者简介】王卉,中共德清县委党校副校长、高级讲师。

设路径,将为生态文明先行示范区建设提供坚实的理论基础,也为类似县域地区解决现实问题提供借鉴。

一、生态经济的概念界定

(一)生态经济的概念界定

鲍尔丁"生态经济"(1966)概念的提出是人类发展理念的一次重大变革。在随后的四十多年里,国内外学者基于不同出发点,对生态经济概念内涵的意见并不统一,生态学家把经济看作是生态系统的一个子系统,经济学家则把生态看作是经济系统的一个子系统,于是就形成了对生态经济不同的理解和定义。尽管对经济和生态孰主孰次意见不一,但学者们基本认同生态经济应是生态和经济协调发展、共赢共荣的。本文倾向于把经济看作是生态系统的一个子系统,认为生态经济是在资源环境承载能力范围内,依据可持续发展理论,实现经济发展与环境保护协调发展的一种经济增长模式。县域生态经济是在县域范围内把经济发展与环境保护协调平衡作为地区发展目标,实现县域经济系统和生态系统的健康、有序、可持续发展。

(二)厘清生态经济与循环、绿色、低碳等经济模式的联系与区别

生态经济、循环经济、绿色经济和低碳经济都是人类在发展中面临资源、环境、生态危机,在对人和自然关系的深刻反思中寻求可持续发展的经济发展模式。这些发展模式内容相互交叉,有区别亦有联系。

其区别在于:生态经济的核心是通过协调经济与自然系统,从而实现经济社会的可持续发展;循环经济则是通过物质的循环利用,以提高资源利用效率的经济发展模式;绿色经济强调以人为本,鼓励创新,以科技创新手段实现绿色生产、绿色流通、绿色分配,实现人、自然、社会和谐共存的经济发展模式;低碳经济则是通过制度创新、科技创新以及人们消费观念的彻底转变,广泛采用清洁能源,努力提高能源利用效率和减少碳排放的经济形式。

其联系在于:它们具有相同的理论基础。这几种经济形式的理论基础都是可持续发展理论,都是在探索人类经济活动和生态环境之间的关系,其研究核心在于经济发展与生态保护的和谐发展与共荣共赢;其目标追求都是提高资源的利用效率,在最大限度地保护生态环境的基础上达到经济社会又好又快发展。

二、县域生态经济发展德清、长兴、安吉样本的做法与成效

近年来,德清、长兴、安吉三县在探索经济发展与生态保护和谐双赢之路中,因地制宜,创新了一些做法,形成了一些经验,值得总结。三县经济发展概况见表1和表2。

表 1　德清、长兴、安吉三县 2016 年经济发展概况

指标	地　名		
	德清县	长兴县	安吉县
面积(km²);人口(万)	936;43	1430;62.9	1886;46
地区生产总值(亿元)	425.20	499.10	324.87
财政总收入(亿元)	72.80	79.10	60.33
城乡居民人均可支配收入(元)*	46444;27140	46026;26909	44358;25477
三次产业结构	5.1:52:42.9	6.7:49.9:43.4	8.2:44.4:47.4

* 前一个数据为城市居民,后一个数据为乡村居民。

表 2　德清、长兴、安吉三县国家级生态名片

指标	地　名		
	德清县	长兴县	安吉县
国家级生态名片	中国全面小康十大示范县;国家卫生县城;全国首批文明县城;全国首个新农村建设气象示范县;全国休闲农业与乡村旅游示范县;全国生态县等	国家园林县城;国际花园城市环境可持续发展奖;全国文明县城;国际人居环境金牌示范奖;中国人居环境奖;全国绿化模范县;国家生态县等	联合国人居奖;中国首个生态县;全国休闲农业与乡村旅游示范县;中国金牌旅游城市;全国文明县城;全国卫生县城;美丽中国最美城镇等

(来源:政府门户网站)

(一)顶层设计,制度保障

三地党委政府都高度重视经济发展与生态保护问题,积极践行"绿水青山就是金山银山"理念,注重顶层设计,因地制宜,科学规划,提出一系列战略思想,出台一揽子指导文件,以制度保障本地生态经济建设(见表3)。

表3 德清、长兴、安吉三县出台的相关文件

指标	地名		
	德清县	长兴县	安吉县
战略思想	2001年提出"创经济强县、建生态德清";2003年创国家生态县时提出"生态县建设的核心是发展生态经济""形成具有德清特色的生态经济格局""举生态旗、创生态业、打生态牌"发展生态经济等	2004年提出生态立县,坚持党政"一把手"亲自抓、负总责;坚持绿色发展,打造"县强、民富、景美、人和的'太湖望县、锦绣长兴'"等	2001年起实施生态立县战略,打造"生态经济强县、生态文化大县、生态人居名县";始终在"坚持生态立县、建设美丽安吉、发展生态经济"的道路上阔步前进等
指导文件	2005年以来,出台《关于深化完善生态环境补偿机制的实施意见》《德清县生态公益林管理办法》《对河口水库水源水域保护办法》《德清县生态环境功能区规划(2006—2020)》《德清县西部保护与发展规划》《德清县下渚湖湿地保护规划》等	2004年以来,制订了《长兴县环境违法行为责任追究办法(试行)》《关于建立健全生态补偿机制的若干意见》《长兴县生态县建设奖励、补助专项资金使用管理办法(试行)》《关于推进生态环境综合整治的若干政策意见》等	2003年通过《关于生态县建设的决议》;2004年全国首创县级"生态日";2008年通过《关于建设"中国美丽乡村"的决议》;2015年《美丽乡村建设指南》国家标准发布;编制完成《安吉生态功能区规划》《安吉县生态文明建设纲要》等

　　三地在落实制度保障的同时,积极进行制度创新,加强绿色考核,将绿色发展理念体现在考核"指挥棒"中。德清县实施领导班子和领导干部双重立体考核,并对西部山区、下渚湖湿地保护区实行"绿色GDP"考核,健全问责机制,实行工作亮牌制度。长兴县加强目标任务、工作进度跟踪检查和阶段性问责问效,实行环保"一票否决"制,2004年全县率先实施生态建设差别化考核。安吉县建立生态文明考核评价标准,设置四大类36项指标,实施"乡镇分类考核"办法,推行生态危害问责制等。

(二)重拳出击,铁腕整治

　　三地秉持"绿山青山就是金山银山"理念,重拳出击,以铁腕整治保护绿

水青山。一是持续攻坚"五水共治"。德清县在省内首创"九法治水"①,通过制定九种有针对性的治水举措,九管齐下,水环境质量取得显著改善,农村生活污水治理覆盖率达100%,劣Ⅴ类水质断面比例为6.2%,下降了18.8%。长兴县坚持"凡水必治、凡治必清",城乡同治,水岸同治,工业农业水同治,生产生活水同治,扎实推进"让长兴的水秀起来",Ⅰ~Ⅲ类水质断面比例保持在100%。安吉县坚持"寸山青、滴水净、零污染、无违建",地表水监测断面水质、出境水交接断面水质和集中水源地水质达标率均达100%。二是大力推进"治气治霾"。德清县出台《大气污染防治2014—2017行动计划》,开展"治扬尘、治废烟、治尾气"攻坚行动。长兴县开展"道路粉尘、城市扬尘、机动车尾气、烟尘污染"整治行动,治理秸秆焚烧,加快脱硫脱硝和除尘项目建设等。安吉县推广生物质压制燃料等清洁能源,实施锅炉改造改燃、服务业有机废气治理、机动车尾气防治、氮氧化物污染减排等。三是城乡全面整治。德清县把土地保护作为重要抓手,以严格的土地管理办法有效缓解"发展与保护"的矛盾,2012年成为浙江省首个废弃矿地综合开发利用试点县,实施闭坑矿地综合开发利用。长兴县由点到面、由局部到整体"全域整治",在全县东西南北"四扇门户"和太湖沿线、国道沿线等区域,对矿山、码头、畜禽养殖业等二十个重点领域"彻底整治"。安吉县从自身县域特点出发,聚焦经济林生态修复工程,修复白茶和板栗两大重要经济林90000余亩。

(三)产业转型,绿色崛起

德清县以产业转型升级为突破口,新兴产业、生态农业、生态旅游业多管齐下。一是在"3+X"工业体系②基础上培育地理信息、通用航空、金融服务等战略性新兴产业。目前地信小镇累计引进相关企业77家,完成产值36亿元;唯一获批的省级金融后台基地引进机构16家,总投资超115亿元;国家级高新技术企业达71家,高新技术产业增加值占比达39%。二是发展生态农业和低碳旅游。深化粮食生产功能区和现代农业园区,探索"稻鳖、稻鳝、稻鱼共生"等绿色种养殖模式;围绕生态产业化,培育发展以"洋家

---

① "九法治水",即工业污染全面治,矿山污染重点治,农业面源污染彻底治,城乡污水综合治,河道污染系统治,饮用水源严格治,河长领衔治,部门联动共同治,社会参与一起治。

② "3+X"工业体系,指明显集聚的先进装备制造、生物医药、装饰建材三大主导产业。

乐"为代表的 350 家低碳旅游新业态。三是发展循环经济。作为首批省级循环经济示范城市(县),积极打造绿色产业链,构建资源循环利用链。

长兴县主要以专项整治为抓手,重点从传统产业入手,强势推进蓄电池、粉体、印染、水泥、矿山等行业整治提升,产业升级、结构优化成效尤为显著(见表 4)。

表 4 长兴县传统产业整治前后对比表

行 业	企业数(家)			整治后的成效
	治前	治后	减少	
蓄电池	225	16	93%	规模产值增长 14 倍,税收增长 6 倍
粉 体	343	13	96%	能耗减少 47%,用地面积减少 77%,用工人数减少 87%,利润和税收提高 190% 和 149%
水 泥	24	7	71%	实现余热发电,清洁生产全覆盖;14 条新型干法水泥生产线的脱硝工程全部通过环保部门验收
矿 山	85	35	59%	采矿权有效期限 3 年以上的在产矿山绿色矿山建成率达 100%,废弃矿山治理率达 95% 以上

(来源:长兴县经信委)

安吉县着力于"一产转方式、二产优结构、三产提档次"。一是以经营理念盘活农村资源,推动一产"跨二进三",推动农村、农业、农民分别"转型升级"为景区、商业、老板。截至目前,安吉县创建乡村旅游示范村 15 个,其中 3A 级景区村 3 个,三星级以上农家乐 109 家。二是通过淘汰落后产能,实现"腾笼换鸟""凤凰涅槃";大打生态牌,引进"大好高"项目;实施创新驱动战略,引进培育人才,目前已有 6 个"国千"项目,3 个"省千"项目。三是实施休闲产业精品战略,一大批高端旅游休闲项目落成或在建,如 Hello Kitty Park、省自然博物院、乐翻天嬉水王国、戛纳电影城等。

(四)理念先行,公众参与

"生态文明、理念先行",三地在生态理念的宣传教育以及引导社会参与等方面都放出了自己的"绝招"。德清县建立生态文明"志愿者、监督员、宣传员"等三支队伍,引导社会组织开展"德清嫂在行动""低碳生活我先行"等主题活动,以正确舆论引领全社会生态理念;以全国首创"六个载体"培育生态理念,即全国首个"生态消费日""生态消费政府宣言"、低碳消费与服务联盟、预付式消费诚信联盟、国民生态消费教育中心、生态消费教育实践基地等,践行生态消费方式,倡导绿色节约,生态消费教育发挥了积极作用;以各类生态创建提升生态水平,"十二五"以来,国家级生态乡镇实现全覆盖,还创建了各类绿色学校、绿色企业、绿色社区、绿色饭店、森林城镇等。长兴县坚持"全民发动、全员参与",县、乡、村三级联动,创建国家级生态乡镇14个、国家级生态村4个、省级生态乡镇15个、市级生态村154个等;实行"政企民全员参与",在干部群体中利用"长兴大讲堂""双休日选学"等载体进行生态文明培训,在企业群体中利用广播电视媒体加强宣传教育,同时将宣传教育活动覆盖到村、社区、中小学等。安吉县建成国家级生态乡镇11个,市县级生态村113个,美丽乡村精品村164个等;实施"生态建设娃娃工程",创造性地编撰了《生态文明》《水土保持》生态教材纳入小学课程;编写《生态安吉县民守则》,营造全民生态氛围;设立全国首个"生态日"和中国东部首个县域生态博物馆,不断普及生态理念。

(五)创新机制,完善体制

一是建立生态补偿机制。德清县于2005年在全省率先建立生态补偿机制,开启了以经济手段治理环境机制创新,2007年又出台《生态县建设专项资金奖励补助办法》,截至目前生态保护及环境修复支出超过21亿元。长兴县先后出台了《建立健全生态补偿机制的若干意见》《长兴县生态县建设奖励、补助专项资金使用管理办法(试行)》《长兴县合溪水库饮用水水源保护区生态建设办法》等,经济、行政、法律手段多管齐下。安吉县于2003年出台《生态县建设专项资金管理办法》,采取项目与奖励方式间接补偿,且每年财政安排2000万元对生态文明建设考核补助和奖励。二是完善考核评价机制。德清县将生态文明建设纳入"1+4"综合考核体系,并考虑到县内各乡镇的发展定位不同,实行"一乡一策"年度考核办法。长兴县实行结果考核机制,将生态建设的任务指标分解落实到乡镇部门,加大跟踪检查和问责问效力度,并实行环保"一票否决"制。安吉县在领导干部政绩考核中增加生态文明建设考核权重,突出"生态实绩考察",并实行环保"一票否决"制;同时,建立"个性化考核办法",将县内全部15个乡镇依据发展方向分为三个类别,确定考核重点。三是在发展生态经济体制机制中,德清县十分重视科技支撑生态经济发展,不断深化完善"政产学研金介用"一体化,大力推广绿色生产技术、循环经济技术,大力推动环保科成果转化、推广及运用。

三、县域生态经济发展中德清、长兴、安吉的短板问题分析比较

调研发现,三地生态经济发展中存在和面临一些"短板"问题,主要体现在以下几方面。

(一)生态工业层次依然偏低

根据浙江省经信委、统计局发布的《2016年度工业强县(市、区)综合评价结果》,质量效益、自主创新、结构调整、"两化"融合和绿色发展等5个一级指标在一定程度上反映了地区生态工业发展水平(见表5)。

表5 2016年三县生态工业指标在全省89个县(市、区)评价情况

指标	全省平均分	地名		
		德清县	长兴县	安吉县
质量效益	55.00	65.50	68.30	59.30
自主创新	47.30	60.00	72.70	46.90
结构调整	53.40	66.20	60.70	50.50
"两化"融合	60.60	65.50	63.90	57.10
绿色发展	44.10	36.80	32.50	28.70
总得分	51.50	58.77	60.07	48.73
总名次	—	20	18	49

(来源:浙江省经信委、统计局)

数据显示,89个县(市、区)简单平均的综合评价得分为51.50分,安吉县为48.73分,低于平均分;从全省综合排位来看,三县分别为20位、18位、49位,与生态文明先行示范区建设中对生态经济发展的要求还有一定差距;绿色发展指标德清、长兴、安吉三县分别为36.8分、32.5分、28.7分,均低于全省平均分44.1分;安吉县在自主创新、结构调整和"两化"融合三项指标均低于全省平均水平,而德清县和长兴县的优势也不明显。由此可见,三地的生态工业发展水平还有待提升。

(二)产业结构软化不够显著

产业结构和产业层次很大程度上决定了生态文明和生态经济的发展水

平。目前,我国第二产业在整个国民经济中的占比仍然居高不下,而低能耗、低污染的第三产业发展迟滞且比重偏低。位于长三角地区的德清、长兴、安吉三县情况亦是如此,2016 年产业结构中第二产业比重分别为 52%、49.9%、44.4%;第三产业比重分别为 42.9%、43.4%、47.4%,这与发达国家 70% 的第三产业占比存在不小差距。产业结构服务化和产业结构高技术化是产业结构软化的主要特征。目前,三县的产业结构服务化程度还偏低,影响了整体经济服务化水平,表现为第三产业比重偏低;同时,产业结构高技术化程度不够高,表现为高碳产业比重仍然偏高,尽管近几年已经对印染、造纸、化工等产能小、能耗高、工艺设备落后的行业进行了重拳整治,取得了良好成效,但总体而言高能耗产业比重仍偏高。由此可见,三县的产业结构软化特征还不显著,制约了生态经济和生态文明的发展。

(三)科技创新支撑不够给力

发展生态经济的关键是技术创新的支撑,尤其是节能减排技术、循环经济技术、新能源技术、低碳技术等一系列高新技术的支持。美国以一个技术清单来实施新能源计划;欧盟也制订了一个技术标准系列;日本以 21 项关键技术实现节能减排目标。显而易见,技术创新支撑是发展生态经济的关键环节。目前,我国的整体创新能力还不足,三县的科技支撑能力同样不够给力。从研究与发展(R&D)经费支出占 GDP 比重这一指标来看,2015 年德清县水平是 2.66%、长兴县是 2.69%、安吉县是 2.3%,湖州市平均水平为 2.55%,德清县和长兴县虽高于市均水平,但均低于桐乡市的 2.7%、海宁市的 2.78%,嘉兴市的 2.69%。湖州市县域生态经济要进一步发展,必须提高科技创新的支撑力度。

(四)制度建设仍需完备

湖州市作为全国首个地市级生态文明先行示范区,在生态文明制度体系建设方面必须走在全国前列。不言而喻,其下辖三县在发展生态经济中,制度建设是否完备在很大程度上将关系全局。以三县生态经济发展中的生态补偿机制为例,从制度体系建设的完整性、系统性角度看,仍存在着重点制度缺失的情况,如源头严控类中的自然资源资产产权制度、环境质量安全底线、环境教育制度和碳排放总量管制制度;过程严管类中的垃圾分类与回收制度和碳排放交易制度;恶果严惩类中的环境污染损害赔偿责任风险基金和环境损害约谈制度等,目前还没有摆上议事日程,很大程度上影响了生态经济发展水平的提升。同时,部分规章制度存在"碎片化"现象。尽管三县都很重视制度建设及规划制订,包括生态经济发展和环境保护规划等,三县的职能部门也频频出台各种文件,但政策内容存在一定的交叉和重叠,缺乏统一的纲领性文件。另外,规划的实施是一个长期的过程,如何坚持其严肃性和延续性是一个普遍的实践问题。

(五)公众参与有待增强

近年来,公众对环境改善的需求非常强烈,环境维权意识也不断增强,但全社会参与环境保护和生态经济建设的自觉性、紧迫性还有待加强,经济发展与生态保护互利共赢的宣传与教育尚未形成完整体系。三县都存在工业企业环境保护责任意识仍需全面普及和提升的问题。同时,农村地区的生态文化培育处于初期阶段,缺乏操作性强且行之有效的措施和工程。目前,三县居民出行主要依赖私家车和电瓶车,城市公共自行车等绿色出行交通工具普及率还不够高。而城市公共交通等绿色出行设施建设还不够完善,在一定程度上也限制了绿色出行的普及。

四、县域生态经济可持续发展的路径建议

"差距就是潜力,短板就是方向",鉴于三地生态经济发展中存在的短板问题,建议从以下几方面入手。

(一)把握生态经济理念这个关键引领

"思想决定观念,观念指导行动",生态经济建设的主体是人。生态经济理念是引领生态经济健康、可持续发展的关键,要将科学理念贯穿于生态经济发展的始终,要在全社会形成绿色经济、循环经济、低碳经济等发展理念的共识。需要从政府、企业、公众三个层面三管齐下:就政府而言,必须把生态责任感和使命感教育贯穿于地方领导干部学习教育始终。地方政府和各级干部要充分认识到"唯 GDP 观"的危害性,打破"唯 GDP 政绩观",树立"绿色政绩观"。就企业而言,它是经济活动的主体,要不断加深对社会责任的认识,将保护环境作为企业社会责任的最重要方面,树立绿色经营发展理念,积极谋求资源节约和环境友好的生产经营方式,节能降耗,减少排放,提高质量效益。公众要树立绿色、低碳、环保的理念和"道德良知""生态良

知"，要加强环保意识培养，倡导节约资源，绿色出行，简单生活。应通过宣传教育加强生态文化培育，提高公众的生态意识，为发展生态经济营造良好氛围。

(二)培育信息经济这个新增长点

发展生态经济，产业是关键，重点是一、二、三产业的融合与互动，只有产业之间互动，才能提升产业层次。发展信息经济能有效带动信息技术在各行各业渗透、融合和应用，从而催生新兴产业和业态。湖州市积极编制出台信息经济"十三五"发展规划，并将其作为四大千亿级产业之首来打造，信息经济将成为湖州经济发展的新增长点。信息经济的核心是"互联网＋"，产业智慧化、智慧产业化将为调结构、促转型提供新驱动力。因此，生态农业、生态工业和生态旅游业的发展，都要顺应"互联网＋"的发展趋势，促使产业向新的层级转化。德清县要以省首批信息经济发展示范区为契机，依托地理信息小镇、金融后台基地等平台，加快人才集聚，做大地理信息、电子商务、智慧物流、互联网金融等领域；长兴县要重点聚焦新能源特色小镇建设，发展新能源汽车产业、高端装备制造业等；安吉县依托全国首个以县域背景实施的"互联网＋"行动计划，大力发展"互联网＋城乡""互联网＋产业""互联网＋企业"等。

(三)启动绿色产业发展这个新引擎

绿色产业是未来产业竞争的核心，俨然成为经济发展的新引擎。绿色产业培育应从生态农业、生态工业、生态旅游业三个层面推进。生态农业培育，要依靠农业创新技术实施绿色农产品认证、特色效益农业、农产品准出等；探索生态、绿色、高效种养模式，如德清的"稻鳖、稻鳝、稻鱼共生"等；探索循环农业模式，如德清的"猪沼果""猪沼鱼鸭""猪沼果鸡(鸭)"等；发展秸秆汽化固化、堆积发酵施肥、基质栽培加工等技术，推进农作物秸秆向生物质肥料、饲料、燃料等综合利用转变。生态工业培育，一方面要对旧的生产工艺和旧的机器设备进行改造提升；另一方面要发展循环经济，实现资源循环利用。生态旅游业培育，要注重挖掘地方生态旅游优势，在保护中发展，在发展中保护。如安吉县突出乡村旅游的"安吉模式"，放大品牌效应；用好历史文化资源，做好"文化"文章；增加乡村旅游附加值，解决发展后劲不足问题。德清县在以"洋家乐"为代表的高端民宿经济集聚发展的基础上，打造生态养生、休闲度假、体育旅游等"健康旅游"核心产业。长兴县则应与德清县、安吉县错位发展。

(四)提升科技创新这个关键支撑

科技创新是县域生态经济可持续发展的关键支撑。要依靠技术创新，淘汰落后产能，运用生态技术，改造传统产业，探索高效和谐的产业模式，实现产业结构优化；鼓励企业进行生态技术改造，促进产业转型升级；要加速科技成果的转化和运用，使科技与生态经济紧密结合，打造促进生态经济发展的科技支撑和保障平台；大力发展清洁生产技术、节能减排技术、污水处理及垃圾无害化处理技术、节水技术等，推广工业废料再利用的工艺和资源节约型工艺。[①] 应鼓励企业发展循环经济，大力培育环保节能产业，为企业再生资源技术开发利用给予政策、资金、人才等方面帮助。要推动科技创新公共服务平台建设；完善人才政策，加强人才引进和培育。

(五)完善体制机制这个坚强后盾

首先，完善科学的领导机制和合理的规划机制。在执行层面，政策执行力，尤其是基层执行力是生态经济相关政策规划取得良好效果的保证。建立完善的生态文明建设领导小组，建立"力量整合"的领导机制，确保生态经济发展的正确方向；在主体功能区规划、环境规划和专项资源规划体系的基础上，各地要从实际出发，编制专项规划，严格规划，实施管理。其次，建立完善的法律法规的约束机制。针对法律法规"碎片化"、修订滞后、操作性弱等问题，加强修订和完善工作，同时需要一系列约束机制保驾护航，确保生态经济建设由"软约束"变为"硬杠杆"，如完善生态经济的公共财政制度、资源产权制度，理顺资源性产品价格形成机制，建立绿色税费制度，完善节能减排机制，完善生态补偿机制等。第三，完善考评机制和奖惩制度。职能部门建立目标体系、考核办法和奖惩机制；执法部门依法开展环评，推进绿色问责；对领导干部，要完善政绩考核评价指标体系，增加生态文明建设考核的权重；对企业和公众，要建立完善的奖惩制度，有效调动其积极性。

---

① 褚银良，胡坚.浙江县域生态经济：现状与对策[J].浙江社会科学，2010(7).

参考文献

[1] 王金叶,梁佳,张静.加快我国西部地区生态经济发展的对策研究[J].生态经济,2013(6).

[2] 褚银良,胡坚.浙江县域生态经济:现状与对策[J].浙江社会科学,2010(7).

[3] 厉以宁.环境经济学[M].北京:中国计划出版社,1995.

[4] 刘思华.对可持续发展的理论思考[J].经济研究,1997(3).

[5] 刘冬梅.可持续发展理论框架下的生态足迹研究[M].北京:中国环境科学出版社,2007.

[6] 赖惠能.中国全面小康发展报告·德清样本[M].北京:红旗出版社,2014.

县域推动"互联网＋旅游"发展模式的比较研究

内容提要 旅游作为推动国民经济发展的重要产业,同时又是最适合运用电子商务进行交易的行业之一,与电子商务融合发展是大势所趋。近年来,嘉善重视"互联网＋旅游"发展,积极打造全域旅游,先行先试走"互联网＋全域旅游"发展道路。目前县域内有乡村旅游、古镇旅游、温泉旅游三类旅游项目,发展势头强劲,但是与同样具备乡村旅游的婺源、古镇旅游的桐乡、温泉旅游的武义三大典型城市相比还存在电商重视度不够、电商旅游行业难以整合、专业人才缺乏等问题。因此,站在"互联网＋"的风口上,建议通过先行先试走"互联网＋全域旅游"发展道路;制定政策,真抓实干推动"互联网＋旅游"发展;典型引领,以点带面推动"互联网＋旅游"发展;多方合作,强化能力推动"互联网＋旅游"发展等方式实现县域旅游业的健康发展。

关键词 电商;县域旅游;嘉善;婺源;桐乡;武义

一、县域推动"互联网＋旅游"发展的现状

(一)嘉善:先行先试走"互联网＋全域旅游"发展道路

嘉善是全国首个县域科学发展示范点,在"互联网＋旅游"方面,嘉善充分运用先行先试权,推动县域旅游业转型升级。一是互联网助推古镇旅游锦上添花。2013 年,西塘在天猫上开设西塘古镇景区旗舰店,在同程、携程等网站开展"门票＋酒店"促销活动。2014 年,西塘景区实现电商门票占总

【作者简介】沈洁,中共嘉善县委党校讲师。

门票收入的 10％,2013 至今互联网门票收入每年成倍增长。二是互联网助推乡村旅游快速发展。嘉善巧克力甜蜜小镇获浙江省工业旅游示范基地称号,成为全省特色小镇示范之一,在乡镇旅游的开发中不断满足网络销售需求,助推嘉善走上"电商旅游互助发展"的新型道路。三是互联网助推温泉旅游蓄势待发。大云温泉旅游度假区获批省级旅游度假区,并在淘宝、携程等电商网站上推出相关温泉旅游项目,提升温泉旅游人气。

(二)婺源:与时俱进走"互联网＋乡村旅游"发展道路

婺源被誉为"中国最美乡村",近年来与时俱进,将互联网运用到乡村旅游中。一是加大投入,强化乡村旅游基础设施。婺源为巩固"中国最美乡村"名号,在道路修缮方面投入两百多万元资金,提升路面平坦度,为游客前来游玩铺平了道路。二是加强规划,完善乡村旅游的结构层次。婺源用了8 年时间重点打造景观村、特色村、田园村共 108 个,丰富了乡村旅游的文化内涵。三是融入电商,推动乡村旅游科学发展。2012 年以来婺源重视互联网发展,带动产业融合,打开互联网门票销售渠道,提出"门票经济"概念,包装农产品,包括香菇、茶叶等,运用电商外销,以电商带动农业、服务业的发展。

(三)桐乡:精益求精走"互联网＋古镇旅游"发展道路

桐乡乌镇是全国古镇旅游的热门去处,在"互联网＋旅游"方面采取了一系列措施。一是规范互联网旅游行业。制定相关政策,建立包括物流、信息、支付系统等在内的完整的电商系统。目前乌镇西栅景区实现 WIFI 网络的全覆盖,同时与淘宝、携程等大型旅游电商平台合作,统一景区门票销售、酒店预订等服务的系统化管理。二是引入互联网行业专业人才。强化政策导向,积极引进美工、物流等方面的专业人才,逐渐强化乌镇互联网旅游发展的软、硬实力。三是转变互联网发展传统观念。把握"线上线下、虚实结合"协同发展新趋势,在旅游旺区打造"互联网＋旅游"的模式助推发展。

(四)武义:内外兼修走"互联网＋温泉旅游"发展道路

武义以"温泉之城"著称,在推动温泉旅游方面,武义做了多方面的努力。一是丰富温泉旅游的文化内涵。大力挖掘温泉养身内涵,以温泉养生为目标,使游客在闲暇之余还能强身健体。二是提升温泉服务人员的素质。为弥补特色不足的缺点,武义通过强化管理人员的服务意识等,努力树立高品质服务的温泉旅游形象。三是拓宽宣传渠道。重视互联网旅游项目,在淘宝网、去哪儿网、携程网等电商旅游平台上推出温泉旅游项目,重视搭建电商平台,扩大旅游主体,通过电商平台实现信息提供、导航引路、促销门票等功能,积极拓展温泉旅游的宣传渠道。

二、旅游实践比较中嘉善"互联网＋旅游"发展存在的问题

(一)与婺源相比,嘉善"互联网＋旅游"行业整合困难

婺源开展乡村旅游起步早,在旅游景点、餐馆住宿等方面的发展都较完善,而嘉善近几年才开始推行乡村旅游,存在很多行业整合方面的困难。一是传统行业与互联网旅游的利益难以调和。现存的旅行社、酒店、餐馆等传统旅游行业与旅游网站、手机门户网站等现代互联网式的旅游行业之间仍存在利益冲突。二是网络虚假信息的存在难以取得客户信任。嘉善互联网旅游起步晚且发展慢,缺乏政策的引导,旅游方面的信息发展不全面,给游客带来不便,更降低了使用互联网旅游的需求。三是网络法律体系的不健全导致信息安全问题频发。互联网旅游多以依托实体自生式发展,集聚带动力比较低,零、小、散的现象明显,信息安全存在问题,如游客在通过互联网达成出行协议的过程中提交的身份证号码、账户等基本信息存在安全隐患。

(二)与桐乡市相比,嘉善县对"互联网＋旅游"重视程度不够

桐乡市于2012年出台《关于促进电子商务加快发展的政策意见(试行)》的政策,明确提出要壮大电子商务主体,通过资金补助、技术支持等促进电子商务集聚发展,同时完善电子商务的配套设施。自世界互联网大会召开后,桐乡市相继制定出台了《桐乡市电子商务产业发展规划》《关于深入推进"电商换市"拓市场加快电子商务发展的实施意见》等政策。截至目前,嘉兴其他各县、市已陆续出台推动电子商务发展的政策,鼓励扩大电子商务应用,提出建立健全电子商务发展支撑体系以及大力优化电子商务发展环境等的电商发展目标。而嘉善县是嘉兴地区目前唯一没有出台针对促进电商发展政策的县,嘉善县只在《2015年嘉善县服务业发展工作要点》《嘉善

县实施"互联网＋智能制造"战略加快工业经济转型发展行动方案》上提及助推以工业、服务业等发展为目的的电商企业引进等内容,对电商的重视程度较低。

(三)与武义县相比,嘉善县缺乏"互联网＋旅游"专业人才

武义县为了推动互联网旅游发展,先后制定出台了《武义县电子商务集聚区(园区)认定办法》《武义县电商专业乡镇、专业村评选标准》等政策文件,文件中明确提出发展电子商务要重视电商专业人才的培养和引进,不断健全电商人才培育体系,培养电商专业人才。而嘉善县在电商及电商配套行业的专业人才配备方面还存在很多问题,比如美工、营运人才太少。很多提供电商旅游的企业的美工需要从杭州、上海请,如斯麦乐巧克力乐园的电商的运营团队是从上海引进的,成本费用较高。由于嘉善县缺乏专门从事美工设计、营销策划等方面的人才,导致多数互联网旅游企业有发展网上销售的迫切要求,却没有发展网上销售的能力,多数电商尚处于初级阶段,营运能力较薄弱。一些急切想发展互联网旅游的企业苦于缺乏专业人才,陷入了"不做互联网旅游等死、做互联网旅游找死"的困局。

三、县域推动"互联网＋旅游"发展的对策及建议

(一)转变观念,下大决心推动"互联网＋旅游"发展

一是转变"互联网就是网上购物"的观念。把握"线上线下、虚实结合"协同发展新趋势,为乡村旅游、古镇旅游、温泉旅游等旅游旺区打造"互联网＋特色旅游"平台,并可在旅游资源集中区域设立电商一条街,利用电商的便利促进特色旅游的发展;为旅游地的土特产打造"互联网＋土特产"的销售平台,实现土特产电商衔接产销,借助淘宝、天猫等电商平台,以土特产嫁接电商实现转型升级,助推当地旅游发展。二是转变"电商不是税收主体"的理念。政府要加强规范引导,通过制定相关政策、加强监督检查来规范电商旅游行业,同时实行电商企业税收登记,使互联网旅游行业正式成为税收的一大来源。

(二)制定政策,真抓实干推动"互联网＋旅游"发展

一是制定资金优惠政策以鼓励互联网旅游发展。在引导电商发展方

面,嘉善等县域地区可以借鉴义乌的发展经验,适时出台适合本地的政策。二是制定人才优惠政策鼓励互联网旅游发展。县域地区的互联网旅游行业基本都处于起步阶段,人才引进的土壤并不肥沃,人才往往留不住,政府应加快制定相关的人才优惠政策,解决引进人才的生活津贴、子女入学、社会保障等方面的问题,同时,加强政府牵线搭桥的功能,由政府出面将全县的互联网旅游企业集中展示给专业的运营公司,为两者牵线搭桥,变筑巢引凤到引凤筑巢。

(三)典型引领,以点带面推动"互联网+旅游"发展

一是培育旅游特色景点。参照婺源乡村旅游打造"景观村""特色村""田园村"的理念,县域地区要选取特色旅游景点,积极打造"一景一品"的先行阵地,做好品牌旅游工作。二是扶持专业旅游商务平台。在现有的携程、去哪儿网等专业旅游电商平台的基础上,由政府出面扶持建立县域旅游专业的电商平台,鼓励所有旅游企业在平台建立门户站点,通过平台有序展示、有序咨询,实现资源有效管理。三是选取优秀典型。典型最易鼓舞人,县域地区不乏发展较成熟的互联网企业。因此,要积极发挥斯麦乐等典型企业的引路作用,每年在县域范围内选取 10 家进行表彰奖励,开展典型发展综合示范展示,逐渐形成互联网旅游发展强有力的氛围。

(四)多方合作,强化能力推动"互联网+旅游"发展

一是金融部门要加强信贷支持。积极协调金融部门,加强对成长性好的互联网旅游企业的信贷支持,解决这些企业创业之初的资金瓶颈问题。二是人社部门要营造创业氛围。举办电子商务创业大赛、大学生创业大赛等活动,明确发展互联网旅游的趋势。三是行业协会要发挥引导牵头作用。提供互联网旅游专业技能培训,强化相关从业者的电商旅游意识,提升综合服务能力。建立互联网旅游监管协调机制,加大对网络侵犯知识产权、消费侵权等违法经营行为的打击力度,促进网络交易主体诚信守法经营。

海盐县域经济发展的外贸支持研究

——基于嘉兴五县(市)的比较分析

内容提要 县域经济是国民经济的重要组成部分,而出口贸易是提振县域经济的重要方式。本文通过比较嘉兴五县(市)对外贸易发展的情况,重点分析海盐县与其他县(市)在对外贸易乘数、外贸依存度、对外贸易贡献率上的差距,深入总结其他县(市)近些年在对外贸易发展中的工作亮点,提出,海盐县要以转型升级为关键,以跨境电商为抓手,以"一带一路"为契机,以预警机制为依托,进一步优化对外贸易结构,提高县域经济发展水平。

关键词 县域经济;外贸;比较分析

一、海盐县对外贸易发展现状

自从中国加入 WTO 以来,海盐县一直把出口贸易作为拉动县域经济增长的一驾重要马车,用足用好外贸扶持政策,鼓励企业做大做强,积极融入国际市场。金融危机爆发之前,海盐县进出口贸易一直保持强劲增长势头。2001 年,海盐县进出口总额为 15572 万美元,出口总额为 10853 万美元,占进出口总额的 69.7%。至 2008 年,海盐县进出口总额为 131286 万美元,出口总额达 110255 万美元,占进出口总额的 83.98%,出口年均增长率达 40.25%。2009 年以后,海盐县出口形势好转,总体上呈现波动上升的趋势。近几年出口体量保持在一个稳定的水平。2014—2016 年期间,海盐县出口额略有回落。从出口年增长率来看,自 2001 年以来,海盐县出口增长速度明显趋缓(见图 1)。

【作者简介】许文婷,中共海盐县委党校科员。

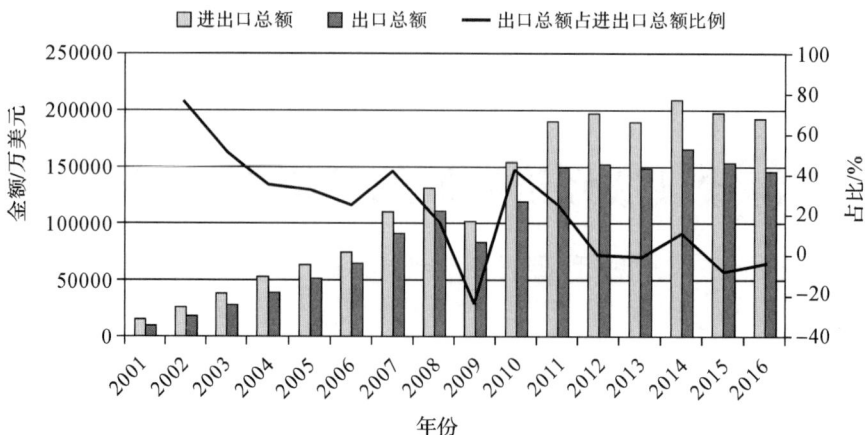

图 1　2001—2016 年海盐县外贸发展趋势

　　海盐县工业经济发展主要聚焦于紧固件、造纸、建材、汽配等行业。因而,在出口商品中,贱金属及其制品、机械、电气设备及零件、纺织原料及纺织制品等低附加值商品占据着绝对优势地位,出口主体也以中小企业为主,尤其是加工贸易出口较少,经济活跃度不高。从数据来看,2016 年贱金属及其制品出口额占全县出口总额的 38.3%,其中主要产品是钢铁制品,同比下降 14.6%。机械、电气设备及零件出口额占全县出口总额的 22.5%,机械类产品同比增长 8.7%。纺织原料及纺织制品出口额占全县出口总额的 20.1%,同比下降 4.4%(见图 2)。

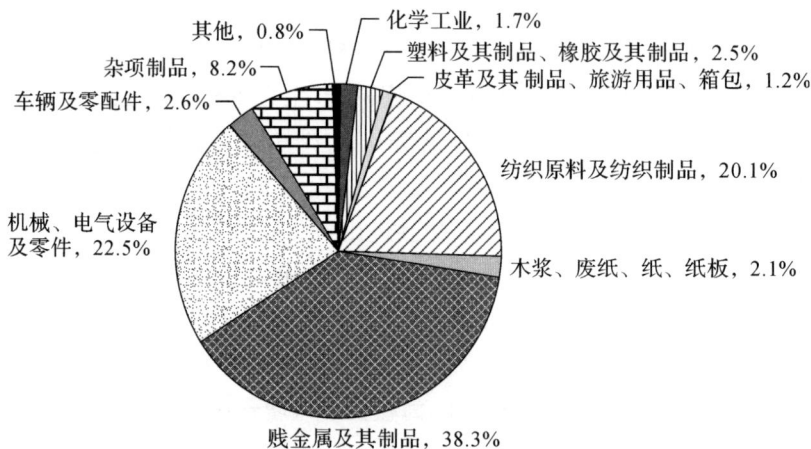

图 2　2016 年海盐县出口主要商品分布

长期来看,北美洲、欧洲、亚洲是海盐县的主要出口市场。数据显示,2016 年海盐县出口至北美洲的份额占 31%,其中出口至美国的份额达28.5%,但同比略有下降,这与美国国内贸易保护主义抬头有一定的关系。其次,海盐县出口至欧洲的份额为 27.3%,但由于欧债危机的持续影响,欧洲市场仍处于"疲软"状态,同比下降 10.7%。亚洲也是海盐县商品出口的主战场,出口份额达 27%(见图 3)。近些年印度市场越来越受青睐,出口比重逐步提高,同比增长 18.8%。总体来说,海盐县出口市场较为集中,多为经济发达且贸易风险较小的国家,还有待开拓新兴市场。

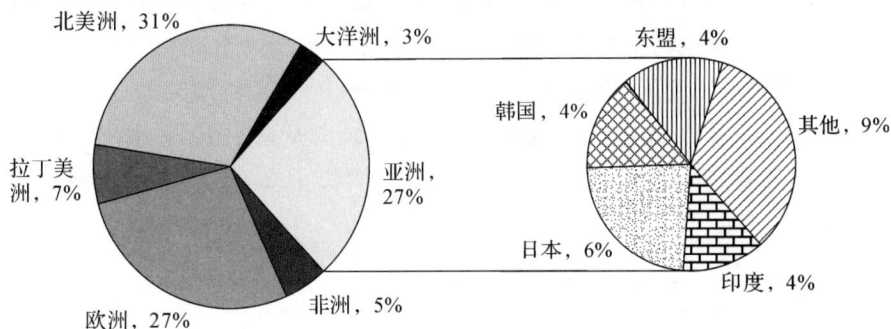

图 3　2016 年海盐县出口主要市场情况

近些年,为了积极应对国外市场需求低迷、传统外贸企业优势削弱的压力,海盐县多措并举,提升外贸企业竞争力,拓宽出口市场新天地。一是政策落地,助力外贸企业发展壮大。海盐县多次出台推进工业强县的政策,引导企业加大技术投入,注重品牌效应,着力提升产品附加值。对于获得国家级或省级品牌称号的企业,给予一次性的物质奖励;对于达到出口额度的生产型出口企业给予补助。二是展会参与,提升外贸企业知名度。政府部门重点组织县内特色产业中的企业抱团参与国际性的展会,充分发挥产业集聚下产生的块状经济效应,提升县内企业在国际市场上的影响力和竞争力。2015 年共组织 330 多家企业参加国际性展会 73 次,其中在拉斯维加斯工业紧固件展会上成交近 700 万美元。三是电商换市,完善外贸出口平台。2015 年海盐县开始试水跨境电子商务,多次组织外贸企业集中培训学习,鼓励外贸企业尝试新型出口模式。截至目前,已有 12 家企业参加环球资源电商平台,131 家企业参加阿里巴巴电商平台,227 家企业参加嘉兴电子商务平台。诚然,海盐县在外贸稳增促调、转型提质工作中仍面临一些困难与问题,诸如政策扶持未覆盖贸易流通企业,外贸专业型人才缺乏,出口商品多集中在劳动力密集型产品导致利润偏低甚至面临倾销风险等。此外,横向对比嘉兴五县(市)出口贸易发展状况,海盐县出口贸易发展明显滞后于其他县(市),仍存在较大的提升空间。

二、海盐县与嘉兴其他四县(市)对外贸易比较分析

(一)基于出口贸易额的比较分析

从嘉兴五县(市)的出口绝对额比较来看,2001—2015年期间,海盐县长期以来在对外贸易上处于劣势。2001年,嘉兴五县(市)的对外出口贸易水平差距较小,而到了2015年,海盐县的对外出口额为153509万美元,仅为海宁市出口额的30%,平湖市出口额的40%。从嘉兴五县(市)的出口相对值比较来看,2001—2015年,海盐县出口增长了2.93倍,远低于嘉兴其他四县(市)的增长水平(见图4)。

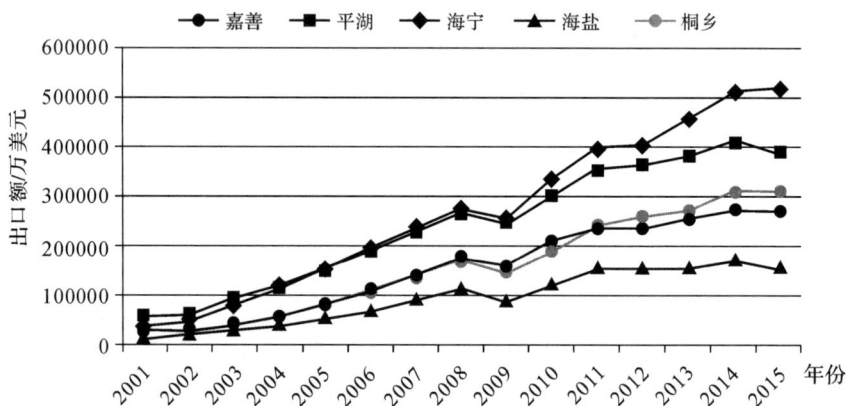

图4　嘉兴五县(市)出口额比较

(二)基于对外贸易乘数的比较分析

对外贸易乘数理论是指在一定的条件下,出口贸易增加会导致一个国家的总收入成倍增加。简单来说,出口贸易增加所产生的收入增量类似于中央银行增发的货币量,这部分收入增量,部分会用于进口支出,部分会用于储蓄,剩余部分才可能对国民收入产生乘数效应,即对外贸易乘数取决于

边际进口倾向和边际储蓄倾向。

假设 IM 代表进口，S 代表储蓄，Y 代表收入，那么对外贸易乘数为

$$K = [(\Delta IM/\Delta Y) + (\Delta S/\Delta Y)]^{-1}$$

在指标计算中，S 取城乡居民储蓄存款，Y 以地区生产总值替代。

本文选取 2004—2015 年的数据，以 2004 年为基期，分别计算 ΔY、ΔIM、ΔS，从而进一步计算嘉兴五县(市)的对外贸易乘数。从表1可以看出，海盐县的对外贸易乘数总体上呈现上升趋势，即出口贸易的增加导致该地区收入成倍增长。2015 年，海盐县的对外贸易乘数为 1.117，即该县出口额每增加 1 美元，地区收入则增加 1.117 美元。2005—2015 年，嘉善、平湖、海宁、桐乡四县(市)对外贸易乘数一直处于较高水平，且均呈波动上涨趋势，但由于这些县(市)原先出口贸易基数庞大，反而对地区收入的作用并不明显(见表1)。

表1　嘉兴五县(市)对外贸易乘数对比

年份	嘉善	平湖	海宁	海盐	桐乡
2005	0.305	1.133	−0.987	0.367	−0.829
2006	4.030	5.327	5.228	11.885	1.378
2007	1.031	1.543	1.685	1.395	0.837
2008	0.792	1.127	1.401	1.126	0.842
2009	0.914	1.080	0.987	0.961	0.867
2010	0.982	1.024	1.088	0.980	0.877
2011	1.069	0.898	1.059	1.078	0.905
2012	1.120	0.847	1.071	1.082	0.928
2013	1.119	0.782	1.019	1.083	0.895
2014	1.025	0.762	1.021	1.076	0.906
2015	1.008	0.872	1.007	1.117	0.981

(三)基于外贸依存度的比较分析

外贸依存度反映了一个国家或地区的对外开放程度，也是衡量该区域出口贸易对于当地经济的影响力。其计算公式表示为

FTD=(EX＋IM)/GDP

其中：EX 为出口额；IM 为进口额。

2004—2015 年期间，嘉兴五县(市)外贸依存度的变化趋势不一。嘉善、海盐、桐乡的外贸依存度呈上涨趋势，表明这些地区在不断扩大与国际市场的贸易往来，而海宁、平湖的外贸依存度稍有下降。从绝对数来看，海盐的外贸依存度数值一直处于五县(市)中最低水平，可见目前海盐县经济发展对外依存度并不高，在出口贸易上仍有一定的提升空间(见表2)。

表 2　嘉兴五县(市)外贸依存度对比

年份	嘉善	平湖	海宁	海盐	桐乡
2004	0.492	1.157	0.567	0.308	0.351
2005	0.686	1.203	0.697	0.362	0.528
2006	0.436	0.672	0.453	0.158	0.439
2007	0.788	1.132	0.713	0.462	0.564
2008	0.848	1.114	0.626	0.451	0.582
2009	0.647	0.968	0.578	0.331	0.409
2010	0.721	1.012	0.612	0.437	0.484
2011	0.674	1.067	0.636	0.451	0.518
2012	0.571	1.039	0.545	0.414	0.463
2013	0.548	1.062	0.563	0.360	0.447
2014	0.551	1.055	0.554	0.366	0.429
2015	0.507	0.878	0.520	0.321	0.406

(四)基于对外贸易贡献率的比较分析

消费、投资、出口是拉动地区经济增长的三驾马车。本文采用灰色关联分析法简要分析消费、投资、出口对地区收入的影响程度，进而确定出口贸易对经济增长的贡献率。灰色关联分析法是分析具有相同或相似变化趋势的因素之间关联性的重要工具。

1.具体计算步骤

(1)确定反应系统行为的参考数列：
$$X_0 = \{x_0(1), x_0(2), \cdots, x_0(n)\}$$

（2）确定影响系统行为的比较数列：

$$X_i = \{x_i(1), x_i(2), \cdots, x_i(n), i = 1, 2, \cdots, m\}$$

（3）对变量进行无量纲化处理：

$$X'_i = X(1) \div X_i(1)$$

（4）求出差序列：

$$\Delta i(k) = \left| x'_1(k) - x'_i(k) \right|_{\text{极值}}$$

$$M = \max_i \max_k \Delta_i(k), m = \min_i \min_k \Delta_i(k)$$

（5）求出灰色关联系数：

$$\xi_i(k) = \frac{\min\limits_i \min\limits_k x_0(k) - x_i(k) + \xi \max\limits_i \max\limits_k x_0(k) - x_i(k)}{x_0(k) - x_i(k) + \xi \max\limits_i \max\limits_k x_0(k) - x_i(k)}$$

（6）求出关联度：

$$r_i = \frac{1}{n} \sum_{k-1}^{m} \xi_i(k)$$

以海盐县为例，计算过程如下：以海盐县生产总值为参考数列，海盐县出口额、城镇居民人均消费支出、全社会固定资产投资总额为比较数列，经无量纲化后处理后，得到表3。

表3　无量纲化数据处理

年份	地区生产总值	出口额	城镇居民人均 消费支出	全社会固定 资产投资总额
2004	1.000	1.000	1.000	1.000
2005	1.028	1.310	1.017	1.070
2006	2.687	1.591	1.217	1.406
2007	1.282	2.151	1.142	1.652
2008	1.439	2.368	1.357	2.344
2009	1.496	1.768	1.486	3.697
2010	1.696	2.500	1.627	4.301
2011	1.948	3.007	2.054	4.076
2012	2.144	2.947	2.294	4.102
2013	2.311	2.863	2.626	4.632
2014	2.496	3.143	2.677	5.371
2015	2.729	2.954	2.727	5.178

通过进一步处理,得到灰色关联系数,见表 4。

表 4 灰色关联系数

灰色关联系数	2004 年	2005 年	2006 年	2007 年	2008 年	2009 年
$\xi[x_0(k), x_1(k)]$	1	0.835951	0.567396	0.623283	0.607365	0.840883
$\xi[x_0(k), x_2(k)]$	1	0.992293	0.494543	0.911477	0.946088	0.993236
$\xi[x_0(k), x_3(k)]$	1	0.971854	0.528915	0.795399	0.613582	0.395108
灰色关联系数	2010 年	2011 年	2012 年	2013 年	2014 年	2015 年
$\xi[x_0(k), x_1(k)]$	0.641253	0.575777	0.641429	0.722617	0.689447	0.864698
$\xi[x_0(k), x_2(k)]$	0.953924	0.93153	0.905576	0.820547	0.888321	0.998684
$\xi[x_0(k), x_3(k)]$	0.355582	0.403234	0.423263	0.382476	0.333333	0.369905

综上分析,可知关联度 $r_1 = 0.697508$,$r_2 = 0.903018$,$r_3 = 0.547721$,$r_2 > r_1 > r_3$,即海盐县出口贸易与当地经济收入的关联度为 0.6975,且与消费对经济增长的拉动作用存在一定差距。同理可得,海宁市的关联度 $r_1 = 0.790361$,$r_2 = 0.901407$,$r_3 = 0.704587$。可见,海宁市的出口贸易对其当地经济发展的影响更加显著,这也是由于海宁市是外贸依存度较高的地区,因而其对外贸易贡献率较大。相较之下,海盐县出口贸易对地区经济的影响较小,对外贸易贡献率偏低。

三、嘉兴四县(市)对外贸易发展的亮点

(一)倚靠技术与品牌,提升出口产品竞争力

技术与品牌是提高产品附加值、提升产品竞争力的重要筹码。平湖市注重优化产业结构,着力提升自主品牌的"含金量"。一是出台科技新政,对创新平台给予补助,大力支持科技企业孵化器建设。二是重推"机器换人",引导企业以技术红利替代日渐削弱的人口红利,将引进设备与技术内化成企业自身的知识产权。2017 年上半年,30 项"机器换人"项目落地,总投资达 17.6 亿元。三是推动外贸转型,从以"薄利多销"取胜向以"量、质并举"推进,提高产品在国际市场上的认可度。2017 年上半年,平湖市出口高新产品 66265 万元,同比上升 0.88%。桐乡市将创新作为外贸企业发展的法宝。"豪华灯饰"公司在面临原材料成本上涨的困境时,团队将重心放在技

术研发与工艺改进上,保证每年都有上百种新产品上市,同时实现生产技术的自动化,由此,在降低成本的同时获得了国外客户量的上升。为了加强对中小微外贸企业的扶持,桐乡市推出了"嘉途通"外贸综合服务平台。截至2016年年底,328家企业加入该平台,累计帮助中小微企业减轻380万元成本。此外,桐乡市也积极推动"进口机器换人",通过巡回宣讲、点对点服务等方式鼓励有能力购置机器设备的企业引进设备,通过组织企业参与国际性展会,及时掌握行业前沿信息,通过政策支持,给予购置设备的企业融资保障、免税政策,以此促进企业提质增效。2016年,20家企业获得544万元进口贴息支持资金。

(二)着眼"一带一路",开辟出口贸易新市场

在美国进一步加快"再工业化"进程、欧盟持续深陷欧债阴影的国际形势下,开辟"一带一路"沿线国家的市场需求是缓解外贸下行压力的一个重要方向。桐乡市鼓励企业大胆"走出去",主动引导优质企业抱团参与"一带一路"的重点国际性展会,抢抓"一带一路"战略机遇。同时,重视完善风险防控体系,搭建全省首个境外投资保险平台,为企业普及风险防范意识,为企业提供及时风险预警。2017年上半年,共有422家企业将产品出口至"一带一路"沿线国家,累计出口额为45.4亿元,同比增长18.1%,有效打开了"一带一路"沿线国家的市场。其中,出口企业以桐昆集团、新凤鸣集团等大企业为主,出口商品主要集中在纺织与机电产品。海宁市与"一带一路"沿线国家的贸易往来涉及出口企业占比高、出口市场范围广、出口产品种类多。2017年1—4月,共有1009家进出口企业与"一带一路"沿线国家有业务往来,占全市进出口企业的近70%,共出口至"一带一路"沿线国家的72个市场,占总出口市场的38.1%,累计出口额为43.87亿元,同比增长11.38%。出口商品涵盖19个产品大类,占比达77.86%。嘉善县同样积极贯彻"一带一路"倡议,为外贸企业建设海外营销渠道,组织外贸企业集中学习如何开拓海外市场。

(三)设立海外机构,布局出口贸易新战略

伴随着金融危机与欧债危机带来的国外市场需求疲软,嘉兴多个县(市)加快了"走出去"的步伐。2017年1—9月,海宁市共投资了10个境外项目,投资额创下历史最高水平。其中,行业龙头企业凭借其在产业上的比

较优势,率先布局海外市场。北美自由贸易区与东南亚经贸合作区都是其重点投资区域。海宁蒙努集团通过并购美国公司,合资设立海外企业,为其开拓北美市场奠基。此外,蒙努集团为应对国内劳动力价格上升、土地资源更加稀缺的情况,将部分生产基地转移至柬埔寨,进一步降低生产成本。再者,设立境外研发中心也成为企业提升研发能力的重要手段。祈德微电子在韩国设立子公司,聘用当地优秀人才,学习借鉴国外先进技术,既为企业实现产品创新、转型升级打下了基础,也为提高企业的海外影响力、提升产品的海外知名度提供了平台。桐乡市政府积极搭建"走出去"的投资服务平台,组织境外投资推介会,为企业海外发展铺平道路。新澳纺织公司主动布局全球市场,在意大利、巴基斯坦等地都设立了分公司或生产研发基地。此外,许多公司开始对接"一带一路"国家,促进产能合作,近三年来累计投资1.79亿美元。巨石集团则是其中的代表性企业之一。

(四)推进跨境电商,探索出口贸易新模式

跨境电子商务通过互联网平台打破了地域限制,为外贸企业提供了更为广阔的国际市场。海宁市立足于当地特色产业,借助"跨境电子商务",走出了"产业集群+电商融合"的创新之路。截至目前,在跨境电商平台上注册营业的店铺占全市企业的近30%左右。2017年上半年,全市通过跨境电商成功出口近6000万美元。海宁市跨境电商取得的显著成效源于:一是产业基础。海宁市产业发展基础扎实,产业集聚现象较为普遍,且外贸依存度高,拥有充分的海外市场需求和海外市场拓展经验。其中,经编产业是海宁市最具特色的传统外贸产业之一,2016年7月,海宁市成立了经编产业园中的"跨境电商产业园"。二是人才基础。海宁存在较多"子承父业"的家族企业,这些企业的继承者有着一定的学历背景,甚至许多人有留学经验,易于接受新型的商业运作模式。同时,加大人才培育与引进力度,成立首个跨境电商人才培育项目,为发展跨境电商提供足够的人才保障。三是模式突破。一方面,逐步建设以"特色产业领头、业内企业抱团"为基础的电商平台,并积极联合阿里国际、天猫等平台实现跨境对接,进一步融合线上线下资源,打造共赢平台。另一方面,创建"B2B2C"模式,即通过联合亚马逊等平台扩建海外仓,将部分未销售的商品暂时储存在海外仓,再通过电商渠道销售,由此建立自主营销渠道,打造自主品牌。平湖市也积极鼓励并引导外贸企业加入发展跨境电子商务的队伍中,健全海外仓运营模式,提供

全方位的出口服务,搭建专业化平台。现已创建了省级箱包产业跨境电商试点县,跨境电商蓬勃发展。

(五)建立预警机制,积极应对出口贸易摩擦

桐乡市在利用对外贸易预警机制、积极应对贸易摩擦上取得了显著成效。其玻璃纤维对外贸易预警示范点已连续 6 年被评为"省级优秀",主要做法:一是事前预警。成立"四级联动"的工作机制,成立专项小组,配备专门人员,为应对贸易摩擦提供组织保障;建立覆盖桐乡市主要产业的对外贸易预警机制,利用微信、QQ 等平台及时交流国际市场中的产品信息、政策新规、价格趋势、进出口统计数据等。二是事中帮扶。专项小组在指导企业应对反倾销诉讼过程中发挥了十分重要的作用,自 2009 年以来共协助企业成功胜诉 12 起国外"双反"案件,挽救经济损失达 2.5 亿美元。三是真抓本质。我国企业之所以经常遭受反倾销、反补贴调查,是因为出口产品大多为劳动密集型产品,出口成本较低。因而桐乡市注重引导企业转型升级,加强科技研发投入,通过延长产业链、提升附加值来拓宽海外市场。嘉善县胶合板预警点同样成绩斐然,连续五年蝉联"省级优秀"。该平台以外贸预警信息为切入点,完善在应对案件、创新工作、规范行业自律等方面的工作,目前已有 60 多家企业注册。平湖市积极配合省级各项监测系统的动态管理工作,切实落实对外贸易风险预警的工作,从而降低企业出口风险。

四、加快海盐县外贸发展,促进县域经济发展的政策建议

(一)以转型升级为关键,夯实外贸企业出口基础

一个地区对外贸易水平的提升,究其本质是该地区产业在创新创优的基础上逐步实现产品竞争力的提升。而产业层次不高、竞争力不强,一直是海盐经济发展的软肋。因此,优化产业结构、提高产业层次是海盐经济发展的重点。一是政策支持。强化政府"看得见的手"的市场调控功能,细化完善扶持企业转型升级的各项政策,加大对科技型企业、创新平台的财政支持力度,积极引导金融企业加大对中小企业的信贷支持,建设有助于降低中小微外贸企业出口风险与成本的综合性平台。二是自主创新。引导企业加大公共研发力度,加快从"制造"向"创造"转变,提升产品国际竞争力,打响"海盐制造""海盐创造"品牌,扩大高新技术产品,特别是成套设备的出口,优化

货物贸易结构。三是"机器换人"。鼓励有一定规模的龙头企业推行"机器换人"工程,尤其是重复性操作多、劳动强度大的行业领域,运用机械化、智能化的生产设备解放劳动力。从长远来说,"机器换人"工程也是助力企业降低生产成本的重要方式。2005年,海盐县职工年平均工资为27223元,而至2015年,职工年平均工资达到77267元,11年的时间里职工年平均工资上涨了3倍,可见,海盐县的劳动力成本不断上涨,而"机器换人"恰好为大型企业降低用工成本提供了一种新思路。四是海外投资。一方面,在劳动力、土地等生产要素价格日益攀升的背景下,鼓励区域内企业,尤其是具有相对比较优势的机械电子、通用设备制造、纺织服装等行业的民营企业开展对东盟、中亚等国家的投资,开展全球化分工。另一方面,鼓励优质企业在美国、日本等主要出口市场建立营销网络,提升企业品牌知名度,或在一些发达国家设立研发中心与生产基地,分享东道国的技术溢出效应。

(二)以跨境电商为抓手,突破外贸企业出口旧模式

海盐县立足于传统产业,发展跨境电子商务,开辟"互联网＋传统产业"的经济新蓝海,需坚持"引进来"与"走出去"相结合的原则,以"引进来"为基础,不断提高本土企业适应跨境电商发展的能力,以"走出去"为手段,从长期来看达到"降低出口成本、减少营销环节、拓宽国际市场"的目标。一是引进较为成熟的电子商务平台。海盐县跨境电商处于起步阶段,且传统产业内多为中小微企业,引入有实力、有经验、有保障的电商平台可帮助企业提高资源配置效率,更好、更快掌握跨境电商的运营模式。二是引进并培育跨境电商的专业性人才。政府与企业合力营造培养跨境电商专业性人才的氛围,制定人才引进的优惠性政策,加强与周边高校的横向对接,吸引相关人才来海盐实习、就业、创业。企业应有意识地打造跨境电商的专业团队,组织人员积极参与专业性的培训,及时把握跨境电商发展的前沿动态,提高企业应对机遇与挑战的能力。三是以传统企业抱团的形式"走出去"。近些年海盐县大力建设产业园区,引领主导产业集聚发展,形成具有一定优势的块状经济。以此为基础,鼓励园区内企业一起"走出去",在降低发展跨境电商业务风险的同时,提升了企业及其产品在国际市场上的影响力。四是健全海外仓的运作模式。通过自建或与第三方平台合作的方式建立海外仓,缓解跨国物流配送周期长、小量配送成本高的问题。同时,从消费国发货,提高了消费者对产品的信任度,有利于建立产品在该国的知名度。

(三)以"一带一路"为契机,开拓外贸企业出口新方向

2015 年 3 月,国家发展改革委、外交部、商务部联合发布了《推动共建丝绸之路经济带和 21 世纪海上丝绸之路的愿景与行动》,为进一步扩大对外贸易、打开新兴市场提供了机遇。"一带一路"沿线包括中亚、东盟、南亚等 65 个国家,有 44 亿人口,经济容量约为 21 万亿美元,分别占全球的 63%和 29%,且主要是发展中国家,经济水平较低,产业基础较弱,传统产业对这些区域具有较大的吸引力。尤其是中亚与东盟国家是极具潜力的海外市场,用工成本低,贸易环境宽松,合作潜力巨大。海盐县应主动融入与沿线国家的经贸合作,开展多元贸易与合作,推动贸易与产业协调发展。建立"一带一路"沿线国家、沿线城市重点展会清单,梳理重要的展会,出台支持政策,鼓励海盐企业参加东盟博览会等沿线国家、城市的重要展会,进一步了解"一带一路"沿线国家的市场需求,同时也将本县企业进一步向海外市场推介。以海盐港区正式成为国家一类开放口岸为契机,主动融入"一带一路"国家发展战略,进一步扩大海盐港区对外开放水平,加快经济转型发展。此外,"一带一路"沿线国家经济政治情况较为复杂,市场交易存在着一定的风险,因而企业在出口贸易中应注重防范风险,加强兄弟企业间的信息互通,保障资金和人身安全。

(四)以预警机制为依托,助力外贸企业合理应对贸易摩擦

国家间的贸易摩擦主要源于以下三方面:一是双方贸易不平衡;二是国家间的贸易制度存在差别;三是技术性贸易壁垒。地区性应对贸易摩擦的重要方法之一即为建立反倾销预警机制。反倾销预警机制是通过对出口目标国市场的相应产品进口量的变化情况、价格行情走势以及进口国家或地区的同类产品生产经营情况等重要参数变化,对出口产品的价格进行跟踪监测,从而为出口企业对产品的定价及出口数量等提供有效的参考依据。健全地方性反倾销预警机制,有利于助力地方政府为外贸企业提供关于出口的政策性指导意见,规范出口企业的出口秩序;有利于为行业协会提供有力证据,指导和协调其所属行业中出口企业的出口行为,避免因竞价出口等无序的出口行为而遭受巨大的损失。在落实该制度过程中,应把握几点要领:一是健全事前沟通机制,加强政府与企业的横向对接,深入了解企业需求,通过网站、微信、微博等多种方式及时传达对外贸易领域的前沿信息;二

是健全事中帮扶机制,鼓励企业积极应诉,设立反倾销应诉基金,培养熟悉国际贸易规则、胜任反倾销诉讼的专业性人才,充分发挥政府、行业协会在反倾销诉讼中的重要作用;三是健全事后总结机制,深入剖析县内企业应对反倾销诉讼的经验教训,重点总结个别企业的成功应诉案例,为其他企业合理应对贸易摩擦提供范本。

参考文献

[1] 唐树伶,岳颖.唐山、烟台、宁波对外开放促进县域经济发展研究[J].唐山职业技术学院学报,2014(3).

[2] 章依凌,陈晓英,虞紫英.嘉兴促进外贸生产企业转型升级研究[J].山东纺织经济,2012(12).

[3] 崔朋飞,郑行行,王晓辉.全球价值链视角下企业转型升级对策研究[J].嘉兴学院学报,2013(25).

[4] 王晓辉.全球价值链视角下我国外贸企业转型升级的障碍分析——以嘉兴外贸企业的调查为例[J].对外经贸实务,2013(1).

[5] 刘冬霞.安徽省庐县开放型经济发展研究[D].合肥:安徽大学,2012.

长三角县级市经济发展比较及对宁波的启示

内容提要 宁波要跻身全国大城市第一方队,其所辖县级市经济发展是重要支撑和有力保障。本文利用相关统计资料,基于 SPASS 统计分析软件,运用因子分析法和聚类分析法,选取了 19 个经济实力比较指标,对长三角都市圈的 37 个县级市的 2016 年经济发展情况进行数据分析和比较,从而找出宁波地区所辖县级市,如慈溪、余姚等,在发展中的优势和存在的问题,并就存在的问题提出相应的政策建议。

关键词 长江三角洲县级市;经济实力;评价指标;因子分析;聚类分析

宁波市第十三次党代会提出要建设国际港口名城、打造东方文明之都,努力跻身全国大城市第一方队,这是新一届宁波市委按照中央唱好"双城记"的要求,对宁波未来发展所做的战略谋划。而宁波要建设"名城名都",离不开所辖各县(市、区)的努力;宁波要跻身大城市第一方队,下辖各县(市、区)就必须首先进入全国县(市、区)发展第一梯队。鉴于长三角五大都市圈建设的国家战略布局,以及慈溪、余姚等县级市在宁波经济发展中的规模和体量占比,本论文以县级市这一层面作为研究对象,通过比较长三角地区 37 个县级市的经济发展状况和举措,找到宁波与其他城市的优势和差距,为宁波统筹都市区北翼建设,夯实城市发展硬实力提供借鉴与启示。

一、县级市在长三角发展的重要地位

作为城市经济与乡村经济、宏观经济与微观经济的结合,县级市具有较

【作者简介】钟一鸣,中共慈溪市委党校科研室副主任、讲师。

强的综合性职能,在国民经济运行和发展过程中起着承上启下的基础性作用,是发展经济、保障民生、维护稳定、促进国家长治久安的重要基础,是国民经济部门行业经济的延伸点,也是统筹城乡发展的平台和切入点。发展县域经济历来是治理县政、安邦定国的根本之策。

(一)县级市的经济发展是支撑大都市圈经济区发展的基础

长三角改革开放三十多年的实践证明,作为中国经济最活跃、增长最具潜力的区域,同时也是中国最大的经济核心区,长三角地区在经济发展过程中最大的特点就是区域内以县级市为代表的县域经济相当发达。以 2016 年全国百强县排名为例,长三角地区就有 43 个县(市)入围。县域经济的发展已成为支撑大都市圈经济发展的重要基础。

然而,随着我国新型工业化和新型城市化进程的加快,一方面县域间、城市间时空距离不断缩小;另一方面,无论是企业的自主创新,还是产业的转型升级,都迫切需要更新、更高端的生产要素。因此,统筹规划、融合发展成为现实。但县域经济以县级行政区划为依托的局限性却越来越明显,如城市功能和资源配置力不强、集聚高端要素难度大、区域间分工协作体系难以成形等。因此,打破县域经济的桎梏,将"县域经济"向"都市圈经济"转型,完善城市发展要素,在更大的平台上实现资源优化配置,是长三角县级市经济转型升级的方向。

(二)县级市是新型城市化背景下承载人口与产业的重要集聚区

一方面,随着长三角各县级市市场化、城镇化、工业化和农村产业化的发展,各县级市已成为长三角产业发展的主要支撑,是长三角都市圈制造业的基础和主体,在实现区域经济一体化战略、促进城市间市场分工协作、有效承接大城市产业结构转移、增强城市群体生产能力集聚以及产业结构布局优化等方面起着基础性作用。另一方面,根据城市化进程的动力机制原理,人口的集聚带来经济的集聚,经济的集聚反过来进一步加剧着人口集聚。县级市是吸纳农村富余劳动力转移的主要渠道,也是统筹城乡协调发展的有力保障,只有县级市经济发展了,才能更有力地推动产业集聚和人口集聚。长三角推进城镇化的实践有力证明着这样一个事实:区域内广大农村正是借助了乡镇企业的发展而推动了城镇化进程。

（三）宁波要实现都市区同城化发展，形成长江经济带龙头、龙眼和"一带一路"战略支点，县级市经济的转型发展是重点也是难点

随着宁波都市区建设上升为国家发展战略和浙江省发展战略，宁波应在现有城市格局中找准定位，通过提升城市极核功能，建设国际港口名城和东方文明之都，打造长江经济带龙头龙眼和"一带一路"战略支点，跻身全国大城市第一方队，从而促进都市区各城市协同发展。然而，由于都市区各辖的各县市的资源禀赋、区位特点和产业基础不同，产业合作和联盟机制、产业协议性分工的发展理念也不尽相同，与此同时，这种差距主要还体现在中心城区能级不高，集聚辐射能力不强上。部分县级市（区）的发展还局限于县域经济的路径依赖，在发展意识上，不能打破行政边界，让城市经济更趋向经济规律，从而不利于资源、要素的共享。此外，宁波都市区内的各县级市在经济转型发展中还面临着环境承载能力不足，市场配置适应力不强，县域经济转型缓慢，县域之间交通互联互通滞后，基建共建共享不力，发展空间布局不合理，城市结构发展不完善等瓶颈。基于此，宁波要实现都市区同城化发展，迎接和破解县级市转型发展所面临的挑战和困难，主动对接融入是前提，也是关键。

二、长三角县级市（区）经济发展比较体系的构建及分析

本文基于因子分析法和聚类分析法，利用 SPASS 软件对于长三角 37 个县级市（区）（昆山、江阴、张家港、常熟、吴江、宜兴、太仓、慈溪、诸暨、余姚、温岭、桐乡、丹阳、海宁、上虞、富阳、平湖、临安、金坛、奉化、扬中、通州、海门、江都、启东、如皋、溧阳、泰兴、临海、兴化、嵊州、姜堰、仪征、句容、高邮、靖江、建德）的经济发展评价指标进行定量分析，并且与定性分析相结合，比较分析长三角各县级市经济发展的差异并对其进行评价，由此找出宁波地区所辖县级市，如慈溪、余姚等城市在发展中的优势和存在的问题，并就存在的问题提出相应的政策建议。

（一）指标构建

对于县级市经济发展水平的评价，不能只选取一个或几个指标，要针对经济实力的内涵，遵循科学性、代表性、可比性、系统性、易获性以及可操作性的原则，进行指标选取。结合统计局发布的十大经济指标，本文选择了

19个指标评价长三角37个县级市(区)的综合经济发展状况,具体如表1所示。

表1 长三角县级市(区)经济发展水平评价指标

目标	指标
长三角县级市经济发展水平评价	地区生产总值(亿元)
	地区生产总值增长率(%)
	第三产业比重(%)
	人均地区生产总值(按户籍人口计算)(元)
	规模以上工业总产值(亿元)
	一般公共预算收入(亿元)
	社会消费品零售总额(亿元)
	全社会固定资产投资额(亿元)
	全市旅游收入
	进出口总额(亿美元)
	实际利用外资(亿美元)
	金融机构本外币存款余额(亿元)
	人均可支配收入(元)
	城镇居民人均可支配收入(元)
	农民居民人均可支配收入(元)
	专利申请量(件)
	授权专利件数(件)
	客运量(万人次)
	货运量(万吨)

本文选取2016年的最新数据进行研究。由于统计年鉴尚未出版,所以本文的数据来源于各县级市国民经济和社会发展统计公报以及各县级市统计局网站。为了降低变量量纲对统计分析的影响,本论文将各指标(地区生产总值增长率和第三产业占GDP的比重除外)的单位都统一调整为万元,进出口总额和实际利用外资也根据汇率进行相应折算。

(二)因子分析法

1.巴特利特球度检验和 KMO 检验

对指标变量进行巴特利特球度检验和 KMO 检验,是看数据是否需要做因子分析,以及是否能进行因子分析的前提条件(见表 2)。

表 2　KMO 检验和 Bartlett's 检验

取样足够度的 Kaiser-Meyer-Olkin 度量。		0.776
Bartlett 的球形度检验	近似卡方	1029.543
	df	171
	Sig.	0.000

巴特利特球度检验统计量的观测值为 1029.543,相应的概率 p 值接近 0,如果显著性水平 α 为 0.05,由于概率 p 值小于显著性水平,则应拒绝原假设,认为相关系数矩阵不太可能是单位阵,原有变量适合做因子分析。同时,KMO 值为 0.776。KMO 值越接近 1,意味着变量间的相关性越强,原有变量越适合做因子分析。综上,本论文 19 个变量适合做因子分析。

2.提取因子

由于一个区域的经济发展水平应该与该区域的宏观经济、产业结构、科技发展水平、居民收入水平等相关,所以本论文假设:考量经济发展水平的公因子至少应包括宏观经济规模因子、产业结构因子、科技发展水平因子、居民收入水平因子等。

运用主成分法求解因子负荷矩阵,进行因子提取。根据表 3 所示的总方差解释表可以看出,提取了 4 个因子,累计解释了 19 个原始变量83.814%的信息,说明这 4 个因子较好地解释了原始变量信息。且因子旋转后,累计方差比没有改变,依然是 83.814%,即没有影响原有变量的共同度,但却重新分配了各个因子解释原有变量的方差,改变了各个因子的方差贡献(旋转后第一因子贡献 40.262%,第二个因子贡献 24.147%,第三个因子贡献 10.138%,第四个因子贡献 9.266%),使得因子更利于解释。

表3 总方差解释

成分	初始特征值			提取平方和载入			旋转平方和载入		
	合计	方差的%	累计%	合计	方差的%	累计%	合计	方差的%	累计%
1	10.772	56.696	56.696	10.772	56.696	56.696	7.650	40.262	40.262
2	2.470	13.001	69.697	2.470	13.001	69.697	4.588	24.147	64.409
3	1.568	8.251	77.948	1.568	8.251	77.948	1.926	10.138	74.547
4	1.114	5.865	83.814	1.114	5.865	83.814	1.761	9.266	83.814
5	0.880	4.633	88.446						
6	0.640	3.367	91.814						
7	0.448	2.358	94.172						
8	0.378	1.989	96.161						
9	0.209	1.098	97.259						
10	0.160	0.843	98.102						
11	0.113	0.597	98.699						
12	0.061	0.321	99.020						
13	0.059	0.308	99.328						
14	0.057	0.298	99.626						
15	0.035	0.184	99.810						
16	0.018	0.097	99.907						
17	0.010	0.051	99.958						
18	0.005	0.027	99.985						
19	0.003	0.015	100.000						

提取方法:主成分分析。

从图1所示的碎石图可以看出,第一个因子的特征值很大,对原有变量的贡献最大,第2、3、4个因子对原有变量的贡献相对较大,但是第五个因子开始特征根都较小,对解释原有变量的贡献较小,已经成为可以被忽略的"高山脚下的碎石",因此提取4个因子比较合适,能很好地反映出原始变量的绝大部分信息。

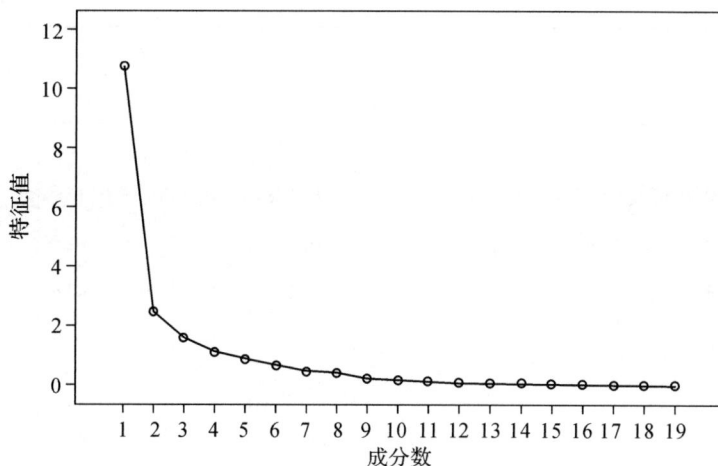

图 1　碎石图

3.因子的命名解释

为了使得各因子具有更加明显的经济意义,并对各个因子的载荷做出合理的解释,本文用最大方差法进行因子旋转,通过旋转对因子负荷起到明显的分离作用。旋转后的因子负荷矩阵如表 4 所示。

表 4　旋转后的因子载荷矩阵[a]

	成分			
	1	2	3	4
规模以上工业总产值	0.925	0.099	0.186	0.146
进出口总额	0.914	0.248	−0.096	0.135
一般公共预算收入	0.891	0.355	0.123	0.198
地区生产总值	0.868	0.295	0.266	0.169
金融机构本外币存款余额	0.851	0.380	0.227	0.178
人均地区生产总值(按户籍人口计算)	0.843	0.396	−0.006	−0.009
实际利用外资	0.819	−0.023	−0.257	0.116
社会消费品零售总额	0.721	0.456	0.280	0.203
专利申请量	0.626	0.298	0.195	0.612
全社会固定资产投资额	0.566	0.065	0.343	0.439

续表

	成分			
	1	2	3	4
客运量	0.545	0.449	0.420	0.063
农村居民人均可支配收入	0.168	0.928	−0.153	0.110
城镇居民人均可支配收入	0.341	0.896	−0.026	0.097
人均可支配收入	0.410	0.837	0.018	0.181
地区生产总值增长率	0.037	−0.737	0.046	−0.405
全市旅游收入	0.436	0.689	0.227	−0.172
货运量	−0.059	0.049	0.825	0.334
第三产业产值占 GDP 的比重	0.199	−0.227	0.713	−0.320
授权专利件数	0.479	0.249	−0.020	0.730

提取方法:主成分。

旋转法:具有 Kaiser 标准化的正交旋转法。

a. 旋转在 8 次迭代后收敛。

从表 4 中可以看出:

公因子 F_1 支配的变量有规模以上工业总产值(万元)、进出口总额(万元)、一般公共预算收入(万元)、地区生产总值(万元)、金融机构本外币存款余额(万元)、人均地区生产总值(按户籍人口计算,万元)、实际利用外资(万元)、社会消费品零售总额(万元)、全社会固定资产投资额(万元)。F_1 反映的是经济规模各方面的综合情况,可称为经济规模综合因子。

公因子 F_2 支配的变量有人均可支配收入(万元)、城镇居民人均可支配收入(万元)、农村居民人均可支配收入(万元)、全市旅游收入(万元)。F_2 反映的是人均收入及旅游收入情况,可以称为收入水平因子。

公因子 F_3 支配的变量有客运量(万元)、货运量(万吨)、第三产业产值占 GDP 的比重(%)。运输业务也属于第三产业,所以 F_3 反映的是产业结构方面的情况,可以称为产业结构因子。

公因子 F_4 支配的变量有专利申请量(件)、授权专利件数(件)。F_4 反映的是专利技术方面的情况,可以称为技术水平因子。

这 4 个公因子较好地支配了原始变量的主要信息,并且验证了原假设,较好地衡量了经济发展水平。

4.计算因子得分

采用回归法估计因子得分系数,并输出因子得分系数,结果如表5所示。

表5　因子得分系数矩阵

	成分			
	1	2	3	4
地区生产总值	0.122	−0.024	0.069	−0.035
人均地区生产总值(按户籍人口计算)	0.156	0.029	−0.077	−0.181
地区生产总值增长率	0.161	−0.211	0.016	−0.249
一般公共预算收入	0.130	−0.015	−0.018	−0.015
进出口总额	0.182	−0.055	−0.151	−0.046
实际利用外资	0.215	−0.142	−0.245	−0.004
社会消费品零售总额	0.058	0.049	0.096	−0.008
规模以上工业总产值	0.173	−0.101	0.010	−0.032
全社会固定资产投资额	0.031	−0.099	0.125	0.263
金融机构本外币存款余额	0.109	0.006	0.050	−0.035
专利申请量	0.006	−0.053	0.031	0.375
授权专利件数	−0.018	−0.075	−0.089	0.512
第三产业产值占 GDP 的比重	0.050	−0.038	0.409	−0.301
人均可支配收入	−0.039	0.219	−0.011	−0.020
城镇居民人均可支配收入	−0.047	0.259	−0.024	−0.086
农村居民人均可支配收入	−0.082	0.287	−0.080	−0.049
客运量	0.021	0.094	0.204	−0.106
货运量	−0.156	0.010	0.481	0.242
全市旅游收入	0.016	0.218	0.122	−0.311

提取方法:主成分。

旋转法:具有 Kaiser 标准化的正交旋转法。

构成得分。

根据因子得分系数表可以写出因子得分函数:

$F_1＝0.122$ 地区生产总值＋0.156 人均地区生产总值（按户籍人口计算）＋0.161 地区生产总值增长率＋0.130 一般公共预算收入＋0.182 进出口总额＋0.215 实际利用外资＋0.058 社会消费品零售总额＋0.173 规模以上工业总产值＋0.031 全社会固定资产投资额＋0.109 金融机构本外币存款余额＋0.006 专利申请量－0.018 授权专利件数＋0.050 第三产业产值占 GDP 比重－0.039 人均可支配收入－0.047 城镇居民人均可支配收入－0.082 农村居民人均可支配收入＋0.021 客运量－0.156 货运量＋0.016 全市旅游收入

$F_2＝-0.024$ 地区生产总值＋0.029 人均地区生产总值（按户籍人口计算）－0.211 地区生产总值增长率－0.015 一般公共预算收入－0.055 进出口总额－0.142 实际利用外资＋0.049 社会消费品零售总额－0.101 规模以上工业总产值－0.099 全社会固定资产投资额＋0.006 金融机构本外币存款余额－0.053 专利申请量－0.075 授权专利件数－0.038 第三产业产值占 GDP 比重＋0.219 人均可支配收入＋0.259 城镇居民人均可支配收入＋0.287 农村居民人均可支配收入＋0.094 客运量＋0.010 货运量＋0.218 全市旅游收入

$F_3＝0.069$ 地区生产总值－0.077 人均地区生产总值（按户籍人口计算）＋0.016 地区生产总值增长率－0.018 一般公共预算收入－0.151 进出口总额－0.245 实际利用外资＋0.096 社会消费品零售总额＋0.010 规模以上工业总产值＋0.125 全社会固定资产投资额＋0.050 金融机构本外币存款余额＋0.031 专利申请量－0.089 授权专利件数＋0.409 第三产业产值占 GDP 比重－0.011 人均可支配收入－0.024 城镇居民人均可支配收入－0.080 农村居民人均可支配收入＋0.204 客运量＋0.481 货运量＋0.122 全市旅游收入

$F_4＝-0.035$ 地区生产总值 0.181 人均地区生产总值（按户籍人口计算）－0.249 地区生产总值增长率－0.015 一般公共预算收入－0.046 进出口总额－0.004 实际利用外资－0.008 社会消费品零售总额－0.032 规模以上工业总产值＋0.263 全社会固定资产投资额 0.035 金融机构本外币存款余额＋0.375 专利申请量＋0.512 授权专利件数－0.301 第三产业产值占 GDP 比重－0.020 人均可支配收入－0.086 城镇居民人均可支配收入－0.049 农村居民人均可支配收入－0.106 客运量＋0.242 货运量－0.311 全市旅游收入

根据函数,算出因子得分,并利用 excel 计算因子加权总分。本文以四个因子的方差贡献率为权数,因此,综合得分计算公式为

$$F=0.40262F_1+0.24147F_2+0.10138F_3+0.09266F_4$$

5. 因子得分分析

根据各县级市(区)综合得分进行排名,结果如表 6 所示。

表 6　长三角各县级市经济发展水平综合得分排名

城市	F_1 得分	F_2 得分	F_3 得分	F_4 得分	综合得分	排名
昆山	4.71984	−0.28163	−1.58851	0.81181	1.746475956	1
江阴	1.52405	0.9995	2.13576	1.47808	1.208444518	2
张家港	1.44382	0.93746	0.55166	−1.0577	0.765600083	3
常熟	1.27984	1.47159	0.65084	−1.94725	0.756183992	4
吴江	0.66372	1.2464	1.12486	0.19388	0.700198382	5
宜兴	−0.08519	0.836	1.77887	0.14952	0.361766086	6
慈溪	−0.07777	0.72366	−1.20497	2.80563	0.28124024	7
太仓	0.183	0.92312	−0.20517	−0.13401	0.263367745	8
诸暨	−0.46688	1.18431	0.35411	0.51053	0.181205492	9
温岭	−0.52521	0.63482	1.65755	0.07167	0.116513296	10
海宁	−0.62194	1.40214	−0.1817	0.13723	0.082464249	11
桐乡	−0.69276	1.26707	0.80919	−0.8515	0.030176054	12
余姚	−0.45715	0.75426	−1.20332	1.2596	−0.00720462	13
丹阳	0.24138	−0.45244	−0.08863	−0.14584	−0.03456512	14
上虞	−0.59861	0.70226	−0.54842	0.85716	−0.04761201	15
平湖	−0.8187	1.00111	−1.0564	0.49931	−0.14871873	16
通州	0.17186	−1.13583	−0.12254	0.71764	−0.15100118	17
靖江	−0.76357	−0.44996	1.54939	0.92105	−0.17365874	18
富阳	−0.35686	0.17734	−0.34516	−0.56527	−0.18822692	19
如皋	−0.10088	−1.10555	0.60707	0.50953	−0.19881566	20
溧阳	−0.07394	−0.11033	−0.35454	−1.22281	−0.20565995	21
扬中	−0.21512	0.28536	−0.25088	−1.84861	−0.21443215	22

续表

城市	F_1 得分	F_2 得分	F_3 得分	F_4 得分	综合得分	排名
嵊州	−0.90893	0.2412	−0.68984	1.48881	−0.23969368	23
金坛	0.23398	−0.60375	−0.31823	−1.7758	−0.24839027	24
泰兴	0.20772	−1.7145	0.56554	0.24969	−0.24989737	25
江都	0.10957	−1.36194	−0.09983	0.48476	−0.24995548	26
海门	0.08003	−0.81371	−0.37883	−0.57446	−0.25590012	27
启东	0.19997	−1.03716	−0.36953	−0.56365	−0.25962186	28
临海	−0.57759	−0.07917	0.55785	−0.86133	−0.27492247	29
临安	−0.53129	0.4101	−1.1913	−1.28664	−0.35487519	30
奉化	−0.97731	0.97514	−2.08858	0.13455	−0.35729033	31
兴化	−0.57626	−1.65336	1.89156	0.71467	−0.37326297	32
姜堰	−0.21888	−1.46733	0.48928	0.09315	−0.38420716	33
句容	−0.25761	−0.86348	−0.5069	−0.63984	−0.42290055	34
仪征	−0.16643	−1.29413	−0.46514	−0.04354	−0.43069193	35
高邮	−0.16728	−1.52511	−0.51488	−0.19567	−0.5059479	36
建德	−0.82262	−0.22345	−0.95022	−0.37436	−0.51618124	37

根据综合得分绘制折线图,直观反映各县市经济发展综合情况,如图 2 所示。

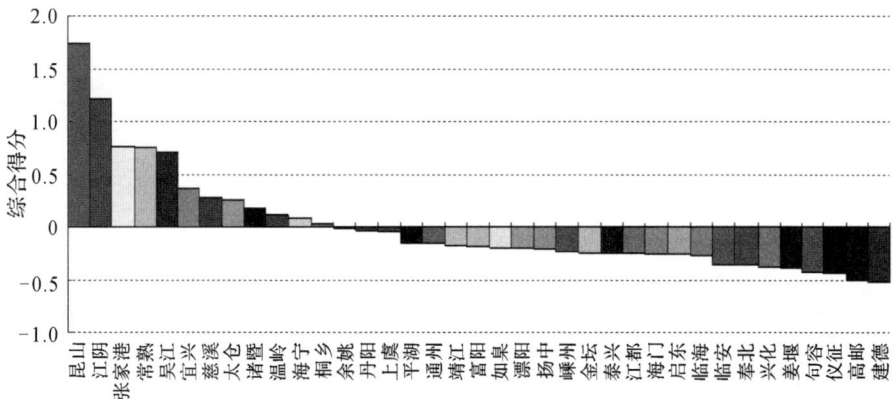

图 2　长三角 37 个县级市(区)经济发展水平综合得分折线

(三)聚类分析

根据长三角 37 个县级市(区)的 4 个公因子得分和综合得分,对各个县级市(区)进行 Q 型聚类分析,其中,个体距离采用平方欧氏距离,类间距离采用平均组间链锁距离,得到如图 3 所示的树状图。

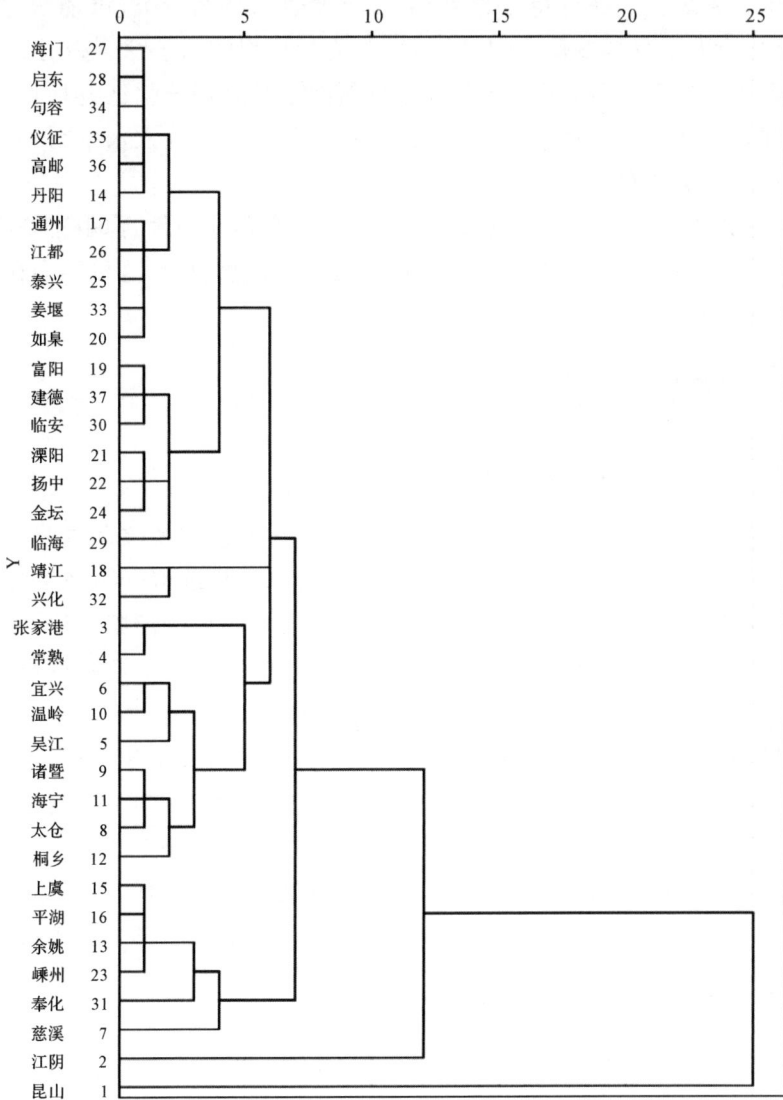

图 3 使用平均链接(组间)的树状图

其中第一类为昆山;第二类为江阴;第三类为张家港、常熟、宜兴、温岭、吴江、诸暨、海宁、太仓、桐乡;第四类为余姚、平湖、上虞、嵊州、奉化、慈溪;第五类为丹阳、通州、靖江、富阳、如皋、溧阳、扬中、金坛、泰兴、江都、海门、启东、临海、临安、兴化、姜堰、句容、仪征、高邮、建德。由此可见,聚类分析的结果与因子综合得分排名相比,基本一致。比较特殊的有慈溪、丹阳、嵊州、奉化。慈溪因子综合得分排名第7,归类时归在第四类,可能跟它第3项产业结构因子得分偏低(−1.20497)有关。丹阳的因子综合得分排名第14,归类时归在第五类,而嵊州和奉化虽然因子综合得分偏低,但归类时却超过丹阳,归在了第四类。这可能跟丹阳的第2因子(收入水平因子)得分(−0.45244)偏低有关。

本论文选用的是2016年的数据,保证了数据的实效性,但由于2017年统计年鉴尚未发行,很多指标由于数据无法获取而被放弃,这可能会在一定程度上影响分析结果。

三、分析及对宁波的启示

(一)总体经济发展水平分析

通过上述因子分析,得到了长三角各县级市经济实力综合得分。从利用聚类分析得到的树状图可以看出,昆山以长三角县级市(区)经济实力综合最高得分1.746475956而位居长三角37个县级市(区)的第一位,体现出其经济实力的优越性,也彰显了其"以优质服务打造外向型经济集聚高地"的发展理念。紧接其后居第二位的江阴,其经济实力综合得分是1.208444518,其中产业结构因子在四大因子中得分最高,为2.13576,产业结构的合理性得益于江阴多年一直努力深耕的产品经营与资本经营相结合的新"苏南模式"。总体来看,处于县级市归类前三类的城市数量以江苏居多,整个江苏省的县级市经济发展水平整体实力要强于浙江省,尤其是苏南地区县级市的经济实力不但比苏中要强,也超过了浙江大部分县级市。

(二)宁波所辖县级市发展水平分析

考虑到宁波所辖奉化市在2016年10月已获批撤县设区,后续分析以慈溪、余姚为主。

慈溪的综合因子得分为0.28124024,在长三角县级市经济发展水平排名中位于第七位,通过聚类分析得出,该城市与余姚、平湖、上虞、嵊州、奉化、慈溪同处于经济发展水平相同层次——第四层次。结合四大因子分析,慈溪第 2 因子(F_2)即收入水平因子得分为 0.72366。说明慈溪整体收入水平尚可,人均收入水平较高,这与慈溪发达的民营经济和藏富于民的经济基础密不可分;第 4 因子(F_4)即技术水平因子为 2.80563,得分也很高,与该市近三年的统计公报中所披露的 R&D 经费支出占 GDP 比重接近 3% 所反映的现象是一致的(我国 R&D 经费支出占 GDP 比重平均为 2%),而 F_4 可支配的变量有专利申请量(件)、授权专利件数(件),可以说明慈溪作为浙江省的制造业基地,是比较重视研发投入的。但是,自主创新不仅仅只能看专利申请量和授权专利件数,更应看原创性、引领性的发明创造,而不只以外形、外观、实用性等专利申请量来衡量一个地区的自主创新程度。所以,对于慈溪的 F_4 因子较高的现象,我们应理性看到,技术水平因子较高,说明慈溪技术水平不能只停留于外观、实用性等专利申请上,更应在核心技术、关键共性技术等能显著代表自主创新水平的专利上有所突破;在第 1 因子——经济规模综合因子(F_1)以及第 3 因子——产业结构因子(F_3)得分上,慈溪得分是比较低的。其中第 1 因子(F_1)即经济规模综合因子的得分为 -0.07777,远低于昆山(4.71984)和江阴(1.52405)。由此可以看出,慈溪在近年来经济转型升级过程中面临的矛盾和问题较突出,地区生产总值、规模以上工业生产总值、出口等方面主要指标与昆山、江阴、张家港等其他县级市相比,存在不少差距。特别是缺少龙头企业引领、困难企业较多、亏损面较大、规上工业增加值低于全市平均、民间投资快速下降、金融风险持续加大等问题应引起关注。在产业结构上,慈溪第 3 因子(F_3),即产业结构因子得分为 -1.20497,远低于江阴、宜兴、温岭等城市,说明慈溪产业结构不尽合理,2016 年该市第一、二、三产业之比为 4.3∶57.2∶38.5。尽管近年来慈溪第三产所占比重有所上升,但通过与长三角江阴、宜兴、温岭等县级市的比较不难发现,慈溪第三产业发展水平仍是比较靠后的。作为衡量经济发展、社会进步的第三产业,在西方发达国家 GDP 所占比重高达 60% 以上,甚至达到 70%。由此可见,慈溪在地区产业结构调整等方面有较大提升空间。

余姚的综合因子得分为 -0.00720462,长三角县级市经济发展水平综合评价排名第十三位。该市与慈溪同处经济发展水平第四层次。四大因子得分情况与慈溪相似:收入水平综合因子 F_2(0.75426)和技术水平综合因

子 F_4(1.2596)得分较高,而经济规模综合因子 F_1（－0.45715)和产业结构综合因子 F_3（－1.20332)得分较低。由于余姚与慈溪地域比邻,无论是要素禀赋还是比较优势都非常相似,两个城市经济发展水平也比较接近,因此对于余姚四大因子得分情况的分析与慈溪大体相同,不再赘述。

（三）关于宁波实现都市区同城化发展,跻身全国大城市第一方队的启示与思考

综上所述,宁波要实现都市区同城化发展,跻身全国大城市第一方队,真正发挥长江经济带龙头龙眼和"一带一路"战略支点作用,不仅需要将自身发展融入长三角城市群的战略定位以及一体化发展视野中进行思考,更应科学统筹规划其所辖县级市的发展,在结合所辖县级市资源要素禀赋、区域产业特点的基础上,统筹规划宁波都市区北翼建设,夯实城市发展的硬实力。为此,本文建议如下:

1.着眼转型升级,加快推进产业迈向"发展中高速,质量中高端"阶段

一是加快推进"一圈三中心"建设。尽快形成行动方案,根据《长三角城市群发展规划》战略定位,开展宁波都市圈战略研究,深化和扩大与台州、绍兴、嘉兴等周边城市的合作,建立区域协调发展机制。在此基础上,各县级市应发挥自身优势,积极参与宁波都市圈建设,主动承接产业转移和高端要素流动,积极谋划实施接轨上海的专项行动,探索区域间深度合作交流机制。二是全面推进"中国制造 2025"试点示范城市建设。强化顶层设计,制定落实相关专项规划、实施方案和扶持政策。加快培育石墨烯、稀土磁性材料等千亿级细分产业,谋划发展智能经济,联动推进传统产业"互联网＋"和"标准化＋"改造。三是大力实施针对性招商引资。加快整合市级层面招商资源,围绕机器人、新材料、新能源、节能环保、文化创意、电子商务等有基础的新兴产业,加快制定完善产业发展规划和"政策包",开展系列招商活动,扎实落实服务保障机制,着力引进一批潜力型引领型优质企业。四是加大特色小镇建设力度。加强市级层面通盘谋划和整体设计,筛选一批产业方向好、发展潜力大的特色小镇,在特色小镇创建上取得更大突破,把特色小镇建成转型升级的新载体。

2.着眼实体经济,推进政策扶持落地

一是要加强政策统筹和研究储备。围绕风险防范应对、新兴产业扶持、开放经济发展、消费需求拓展等重点,推动建立政策储备箱。落实好企业降本减负35条的实施细则。二是增强实体经济金融扶持。拓展直接融资渠道,大力发展多种形式的投资基金,加快推进企业上市,发挥股权交易中心对资本配置的积极作用,构建多层次资本市场。鼓励引导银行业更好地服务实体经济的政策,推动政策性资金由贴息、奖励等直接补助向风险担保、保险补助等形式转变。三是以创新引领实体经济振兴。加快构建以智能经济为引领、先进制造业和现代服务业为支撑的现代产业体系。引导制造企业向产业链两端,如研发设计、品牌营销、售后服务等领域延伸。所辖各县(市)区应积极承接宁波中国制造2025试点示范城市、国家保险创新综合试验区、国家跨境电子商务综合试验区等改革试点,谋划实施专项行动方案。四是鼓励企业通过资本、品牌、渠道等方式开展兼并重组,着力向外引进大项目、大企业,以此为契机,培育行业、产业龙头,帮助企业做大做强。

3.着眼开放合作,积极谋划开放型经济发展新布局

一是要推进实施开放融入战略,主动融入长三角大都市经济圈,加强对上海、杭州等城市的重点产业、重要功能平台的跟踪研究,结合宁波的产业特点,选择合适产业做好承接融入工作。二是要按照市域一体要求,着力打造集城际轨道、高速公路、快速干道、城市公共交通于一体的综合化交通网络,为建立更密切的经济联系提供基础。

4.着眼发展活力,强化重点领域改革突破

一是统筹推进供给侧结构性改革。深入实施国家、省的相关政策,以及市委补短板、创优势、提升城市综合竞争力的意见,围绕短板,加大改革力度,着力提高有效供给。二是强化重大试点示范的谋划落地。在已有试点示范上,加快形成一批先行先试经验。同时继续谋划争取新的国家级试点。三是完善市与县级市管理体制,优化提升城市建设水平和产业布局体系,提高市区资源要素统筹配置能力,增强中心城区极核功能和辐射力。

参考文献

[1] 李小建,李国平,曾刚,等.经济地理学[M].北京:高等教育出版社,1999.

[2] 王立军.长三角地区县域经济发展比较研究[J].农业经济,2006(9).

[3] 王建刚,于英川.城市综合经济实力的主成分分析研究[J].商业研究,2004(1).

[4] 王泽兵,张慧增,康旭升,等.杭州与长三角主要城市经济实力比较研究[J].现代城市,2009(4).

[5] 朱蕾.长三角城市的经济实力:引介一基于主成分聚类分析方法的实证研究[J].时代金融,2013(3).

新常态下余杭产业转型升级的思考

内容提要　在余杭经济发展过程中,产业转型升级一直是余杭经济工作的重心。当前我国宏观经济环境发生了深刻的变化,在经济"新常态"下,余杭迎来了产业结构调整的重要战略机遇期,产业转型升级对于加快推进余杭经济结构调整,进而实现经济科学跨越式发展具有关键作用。当前,余杭三次产业结构呈现"三二一"的结构特征,产业结构实现了一定程度的转型升级,但产业结构方面仍存在一些问题,产业结构调整步伐缓慢,科技创新投入不足,产业投资相对乏力,产业链条培育等方面的"短板"依然不容忽视。从产业发展阶段来分析,余杭已经处于发达经济初级阶段,即将进入以经济结构优化和经济质量提高为主的稳定增长的高级阶段。因此,未来余杭要围绕新动能,打造创新创业生态圈;围绕"互联网+",构建转型升级新格局;围绕产业链,画好平台园区路线图;围绕供给端,踢好要素配置定位球。

关键词　新常态;产业;转型升级

近年来,余杭以信息经济为引领的新经济、新产业蓬勃发展,以三城三镇为龙头的创新创业平台持续升温,"三个一"工作机制不断深化,产业转型发展氛围日益浓厚。与此同时,全区产业发展中的两极分化现象、产业投资相对乏力、产业链条培育不足等"短板"依然不容忽视。本文以统计数据为基础,通过分析余杭区近五年产业结构变化情况,剖析在新常态下余杭区产业转型升级面临的困境,并提出对策建议。

【作者简介】王永刚,余杭区统计局党组成员、总统计师。

一、产业结构现状

(一)近五年总量变化

1.基本单位变化

三产单位数超六成。2015年年末,余杭区有税务库法人单位38319万家,全年税务库营业收入5486.53亿元,单位数量较2010年年末增长117.3%,五年年均增长16.8%。其中,第一、二、三产业法人单位分别有1065家、12647家、24607家,分别占总量的2.8%、33.0%、64.2%。二产仍是就业主蓄水池。全区从业人员76.39万人,五年年均增长1.0%,其中第一、二、三产业从业人员分别占总量的9.9%、51.6%、38.5%,第三产业从业人员五年年均增加3.8%。

2."四上"企业情况

截至2015年年末,全区共有"四上"企业2489家,实现营业收入、利润总额、三项税金、增加值分别为4286.19亿元、519.53亿元、142.22亿元、1040.03亿元,从业人员有39.21万人,企业数量和营业收入分别占全区总量的6.5%和78.1%。

3.GDP总量变化

总量规模不断扩大。2015年,全区实现GDP 1235.66亿元,较上年增长11%。GDP按常住人口计算,人均GDP在2015年达到1.59万美元,按户籍人口计算则为2.09万美元,增速保持较快水平。近五年GDP增速除2011年、2014年低于10%以外,其余年份均实现两位数增长,且五年年均增速达到10.1%,位居全省前列。三产比重超越二产。三次产业结构由"二、三、一"演变为"三、二、一",一、二、三次产业比例由2010年的5.9:51.0:43.1调整为2015年的3.8:36.8:59.4。第三产业占比较2010年提高了16.3个百分点,年均提高3.3个百分点。

(二)近五年产业结构变化

1.三次产业发展情况

(1)一产提升发展。2015年,余杭区第一产业实现增加值47.07亿元,五年年均增长0.3%。农业总产值74.21亿元,年均增长4.3%。(2)二产转型发展。2015年,全区实现工业总产值破2020.96亿元大关,其中规模以上工业产值1458.08亿元,年均增长4.3%和4.5%。在规模以上工业中,战略性新兴产业实现增加值90.32亿元,占规模以上工业总量的28.0%。先进装备制造、绿色能源、生物医药、信息电子产业分别完成规模以上工业产值比重为35.3%、8.5%、3.6%、2.9%。(3)创新驱动能力提升。高新技术产业产值占规模工业比重为45.5%,比2010年提升16.2个百分点。新产品产值率为38.8%,比2010年提升19.4个百分点。(4)骨干企业支撑明显。截至2015年年末,主营业务收入超亿元工业企业达到292家,其中10亿元以上16家,五年间老板电器等6家企业成功实现国内上市。(5)三产加速发展。2015年,第三产业实现增加值733.47亿元,年均增长15.2%,增加值增速从2010年开始连续4年位居省内17强首位。2015年,第三产业对全区GDP增长的贡献率为80.3%。其中列前三位行业的分别是信息软件业、房地产业、金融业,对GDP增长贡献率分别为68.9%、4.4%、3.2%。

2. 主导产业发展情况

(1)信息经济(智慧经济)。2015年,全区信息经济(智慧经济)产业实现增加值(剔重)619.15亿元,增长29.9%,占GDP比重为50.1%,总量、增速位居全市第一,占比位居全市第二,仅次于滨江。(2)家纺服装产业。截至2015年年末,全区有家纺服装企业2638家,其中规上企业304家。全年实现营业收入266.06亿元,其中规上企业205.67亿元。(3)装备制造业。截至2015年年末,全区有装备制造企业3821家,其中规上企业493家。全行业实现营业收入786.21亿元,其中规上企业639.20亿元。(4)生物医药产业。截至2015年年末,全区共有生物医药企业118家,其中规上企业26家,全年实现营业收入62.03亿元,其中规上企业51.10亿元。(5)电子商务产业。全区"四上"企业中,电子商务销售的企业177家,共实现电子商务销售金额845.38亿元。(6)文化创意产业。全区实现文创产业增加值519.40亿元,增长27.7%,占GDP的比重为42.0%,全区共有文创企业6349家,其中"四上"企业182家。

3. 园区分布情况

(1)"三城三镇"发展现状。截至2015年年末,"三城"(含开发区)共有法人企业17504家,占全区的45.7%。"三镇"共有法人企业1278家,占"三城"的 7.3%。"三城"法人企业营业收入共 3435.03 亿元,占全区的 62.6%。(2)工业功能区发展现状。全区 28 个工业功能区共有法人企业 7563 家,其中"四上"企业 736 家,分别占全区总量的 19.7%、29.6%。工业功能区全部法人企业共实现营业收入 2161.77 亿元,占全区的 39.4%。(3)科创园区发展现状。全区 60 个科创园区共有企业 4805 家,其中"四上"企业 167 家,分别占全区总量的 12.5%、6.7%。全部法人企业营业收入 329 亿元,占全区总量的 6.0%。

(三)近五年投资结构变化

近年来,余杭区积极实施项目带动发展战略,不断加大项目建设力度。一是增速保持较快增长。五年累计完成固定资产投资 3263.03 亿元,年均增长 21.5%,高于同期 GDP 增速 11.4 个百分点。二是房产投资贡献突出。近五年完成房产开发投资 1434.21 亿元,年均增长 31.0%,高于投资总量增速 9.5 个百分点,其占投资总量的比重由 2010 年的 33.4%提高至 2015 年的 50.7%。三是工业投资占比下降。五年完成工业投资 630.96 亿元,年均增长 9.0%,占投资总量的比重由 2010 年的 25.1%下降到 2015 年的 15.2%。

(四)横向对比情况

2015 年,余杭区实现生产总值 1235.66 亿元,总量超越诸暨、慈溪和柯桥,由 2010 年的第 6 位提升至第 3 位。按可比价计算,增长 11.0%,增速列全省首位。经济密度由 2010 年的 0.5 亿元/平方公里提高至 2015 年的 1.01 亿元/平方公里,位居全省十七强县(区)第 3 位,较 2010 年提升 4 位。全区第三产业总量和增速均列第 2 位,五年年均增长位居第 1,占比位次保持第 2 位,仅次于义乌。

二、产业发展阶段分析

根据国内外有关经济理论和历史经验,地区的产业发展阶段,大致可以从人均国内生产总值(人均 GDP)、产业结构、就业结构等指标进行分析判断。

(一)人均经济总量

著名经济学家钱纳里等人,把经济增长理解为经济结构的全面转变,并借助多国模型提出了标准模式,即根据人均 GDP 水平,将不发达经济到成熟的工业经济整个变化过程分为三个阶段六个时期。余杭区按常住人口计算 2015 年人均 GDP 达到 1.6 万美元。参照钱纳里的标准模式(见表1),结合余杭产业发展进程的实际情况,可以判断余杭正处于发达经济初级阶段后期,即将进入发达经济高级阶段。

表1　钱纳里人均 GDP 与经济发展阶段的关系(单位:美元)

初级产品生产阶段(1)	工业化阶段			发达经济阶段	
	初级阶段(2)	中级阶段(3)	高级阶段(4)	初级阶段(5)	高级阶段(6)
530～1200	1200～2400	2400～4800	4800～9000	9000～16600	16600～25000

(二)产业结构

产业结构的演进史是沿着以第一产业为主导到第二产业为主导,再到第三产业为主导的方向发展的。产业结构演变与经济增长具有内在联系。余杭区第一产业比重自 2004 年跌破 10% 以来,继续呈稳步下降趋势,第二产业比重表现出由上升到下降的倒 U 形变化,经历了从 20 世纪 90 年代初期近 60% 的比重到 2012 年跌破 50%,再到 2013 年被三产超越的过程,第三产业比重则呈稳步上升的趋势,且 2015 年第三产业占比为 59.4%。

(三)就业结构

劳动力结构的变化与产业结构变化一样,反映了产业发展过程中劳动力由生产率低的部门向生产率高的部门的转移。就业结构是反映经济增长方式的转变过程和一个国家或地区经济发展阶段的重要标志。2015 年,余杭一、二、三次产业的就业比重分别为 9.9%、51.6% 和 38.5%,二、三次产业的从业人员占据绝对比重。

综合以上的比较分析,从产业整体发展水平看,随着三次产业结构、就业结构不断优化,城市化和社会生产力水平逐步提高,余杭已经处于发达经济初级阶段,即将进入以经济结构优化和经济质量提高为主的稳定增长的高级阶段。

三、经济发展"新常态"与产业转型升级的关系

习近平总书记关于经济发展"新常态"的重大战略判断,深刻揭示了中国经济发展阶段的新变化,揭示了中国经济进入了更高层次的发展阶段,经济增速换挡回落,从高速增长转为中高速增长。

因此,在新常态下,经济的最大特点是速度"下台阶"、效益"上台阶"。具体来说:一是产业结构将不断优化。随着资本、土地等要素供给下降,资源环境约束强化,要素投入和能耗污染较少的服务业脱颖而出,农业和制造业比重明显下降,服务业比重明显上升。二是需求结构将不断优化。随着要素价格上涨、储蓄率下降,出口和投资增速放缓,消费需求持续较快增长,消费成为需求增长的主体。三是收入分配结构不断优化。随着劳动力供给减少,人力资源稀缺性凸显,收入结构中的企业收入占比明显下降,居民收入占比明显上升。四是科技创新引领发展。动力结构中的人力、资源粗放投入明显下降,技术进步和创新成为决定成败的"胜负手"。

四、"新常态"下余杭区产业转型升级中存在的问题

(一)产业层次不高、规模不大,产业结构有待优化

(1)大企业支撑不足。余杭区依然没有超百亿企业,仅 3 家企业入围全国民企 500 强,萧山有 19 家;余杭区共有上市企业 11 家,而萧山区达 19家、滨江达 34 家。产业平台拉动不强。未来科技城的辐射带动作用还不是很明显,余杭经济技术开发区产业的量能和贡献度需要进一步提升,工业功能区、科创园区的专业性竞争力普遍偏弱。(2)工业经济"缺高少新"。高新技术产业和战略性新兴产业总量、增速、占比远低于滨江区;生物医药、绿色能源产业产值占比分别为 3.6% 和 8.5%。(3)服务业发展不均衡。2015年,以阿里系为代表的信息软件业和房地产业在服务业增加值中的占比分别为 61.2% 和 9.2%,如果剔除淘宝系的影响,2015 年余杭区的 GDP、第三产业增加值增速仅为 4.6% 和 5.1%。其他服务业的发展层次不高、规模不大,特别是金融服务业、技术服务业等还需大力发展。

(二)科技创新投入不足,主体作用发挥不强

(1)科技创新投入不足。余杭区研究与发展活动(R&D)经费支出占GDP的比例长期处于较低水平,2015年只有1.86%,低于鄞州的3.12%、滨江的13.34%;新产品产值率38.8%,低于滨江的61%。再从企业科技投入来看,2015年余杭区规模以上工业企业R&D投入强度为1.6%,滨江区为5.26%。(2)创新主体作用不强。2015年,规模以上企业中研发机构设置率为17.1%,低于滨江区的34.9%;有R&D活动的企业数占比25.3%,低于滨江区的50.2%。

(三)产业投资占比不高,投资效率趋于下降

2015年与2010年相比,余杭区GDP增长0.88倍,而固定资产投资增长1.64倍,但是结构性问题突出。(1)产业投资占比不高。近三年来,产业投资增速连年下滑,2013年、2014年和2015年分别增长16.2%、9.7%和5.5%,占全区投资总额的比例分别为34.3%、30.2%和27.3%。而房地产开发投资占比由2010年的33.4%上升到2015年的50.7%。(2)投资效果系数逐年下降。固定资产投资效果系数呈逐年下降态势,从2010年的0.330下滑至2015年的0.158,也大大低于萧山、鄞州等强区。(3)民间投资意愿减弱。余杭区民间投资(除房地产)占总投资比重也呈逐年下降趋势,2013年、2014年和2015年民间投资(除房地产)所占比重分别为28.7%、23.4%和18.3%,占产业投资比重分别为83.4%、77.4%和67.2%。

(四)园区发展不够均衡,资源要素亟待整合

以"三城三镇"为代表的重点平台和镇街、园区之间产业引进的承接互补效应不足,差异化发展优势不够明显。全区60个科创园区(电商园区)共有法人企业4805家,其中"四上"企业167家,分别占全区总量的12.5%和6.7%,每年孵化出的"四上"企业较少,园区亩均收入1237.7万元,企业户均收入684.7万元。截至2015年年末,全区镇街(平台)已提供工业用地面积5.97万亩,其中容积率小于等于1.2的面积1.31万亩。全区已批未供面积5237亩,供而未用面积7715亩。

五、对策建议

(一)围绕新动能,打造创新创业生态圈

一是鼓励建设众创空间。鼓励区内龙头骨干企业和平台型企业围绕主营业务方向,利用存量空间建设众创空间,优化配置技术、装备、资本、市场等创新资源,有效发挥引领带动作用。二是完善创新创业服务体系。着力解决创新创业人员在初创企业过程中审批难、缺人、缺钱、缺服务等问题,降低创业成本,提供便利化服务。三是营造创新创业环境。深化与海外知名机构和组织的合作,鼓励并支持有条件的园区及在孵企业开展国际交流、培训及项目合作,在全社会营造创新创业良好氛围,弘扬创新创业文化。

(二)围绕"互联网十",构建转型升级新格局

一是加快推进产业智慧化。组织开展全产业链互联网化试点示范,推动互联网应用从销售环节向生产制造全过程拓展,加快产业互联网服务商的集聚。二是大力发展服务型制造业。推动生产型制造向服务型制造转型,支持制造业企业延伸服务链。三是加快集聚生产性服务业。大力发展工业设计,推动设计成果转化。加快集聚研发设计、科技咨询等科技服务业。四是加大招商选资力度。充分利用产业基金、风险投资、政府和社会资本合作等多种模式,吸引社会资本参与制造业的重大优质项目。五是逐步化解过剩产能。建立企业分类综合评价制度,实施资源、能源要素配置差别化政策,倒逼企业转型。

(三)围绕产业链,画好平台园区路线图

一是大力发展重点产业。重点发展信息经济、高端装备,以及健康、节能环保、时尚、金融等产业。以信息化与工业化深度融合为主线,提升智能化、高端化和集群化水平。二是强化重点平台支撑。围绕杭州城东智造大走廊、城西科创大走廊的发展布局,有序推进余杭经济技术开发区(钱江经济开发区)和未来科技城两大国家级平台建设。三是明确镇街园区定位。优化产业空间结构,强化区域产业布局。加强区域间专业化分工和协作,提升全区产业链整体竞争力,形成功能承接梯度有序、开发利用疏密有致的圈层式空间利用格局。

(四)围绕供给端,踢好要素配置定位球

发挥市场机制在资源配置中的基础性作用,引导资源向优势产业、优势企业和优质项目集中。一是统筹利用土地资源。深入挖掘存量用地潜力,积极盘活利用批而未供、供而未用土地。严格项目准入门槛,确保优质产业项目用地需求。二是鼓励用好资本市场。根据多层次资本市场的不同特点和要求,对不同类型企业加强分类指导和梯度培育。支持企业利用资本市场开展并购重组。三是加强人才资源保障。着力推进高端创新型人才集聚,大力发展职业教育,健全人才服务体系,着力消除人才认定以及引进人才的落户、安居、子女就学就医等方面障碍。四是加快基础配套建设。扎实推进区域通道建设,加快与主城衔接的快速路建设速度。推进信息基础设施建设,促进通信基础设施共建共享,实现网络高效利用。

关于完善浙江省中小微企业
中介服务平台的几点建议

内容提要 中小微企业在参与市场经济的竞争中受传统经济政策和自身局限的影响,往往面临诸多发展问题,迫切需要政府提供公共服务体系等方面的支持。本文以柯桥区、鄞州区、萧山区为比较样本,总结提炼经济发达地区中小微企业中介服务平台的运营模式,并从政策支撑、机制、产业、服务等层面提出完善中介服务平台建设的对策建议。

关键词 中小微企业;中介服务;平台运营

一、当前浙江省中小微企业中介服务平台的模式及其运行特色

经过对浙江省经济发达地区和柯桥区中国轻纺城网络有限公司科技大市场、宁波市鄞创科技孵化器和萧山区信息安全产业园孵化器等三家不同体制的科技中介服务平台的走访调研,笔者总结出以下三种不同的运营模式。

(一)柯桥模式:政府购买型

柯桥区科技大市场是柯桥区科技局向柯桥区中国轻纺城网络公司购买服务的一个为区域中小微企业提供技术中介服务的平台。它集"展示、交易、共享、服务、交流"等五大功能于一体,主要包括线上科技大市场平台的维护及运营,以及实体科技大市场综合服务园的运营。平台服务宗旨是为

【作者简介】李华,中共绍兴市柯桥区委党校教研室主任、高级讲师。

全区中小微企业提降低经营成本,提高企业经营效益。

其运营特色:一是服务内容个性化。柯桥区科技大市场定位为纺织技术类的科技中介服务平台。主要为区域内的纺织科技类中小微企业提供科技咨询、科技转化交易、人才交流培育、知识产权保护等服务。因此,其收集的技术难题、发布的科技成果、收录的专家、举办的对接活动等都是涉及纺织、机械类的领域。二是服务方式多元化。该平台集线上与线下、实体与虚拟服务于一体。柯桥区科技大市场的承担方中国轻纺城网络有限公司是中国轻纺城市场公司的子公司,素有"浙江省网上技术市场"的运营基础,且以"网上轻纺城"纺织电商大平台为技术支撑,技术力量雄厚。平台将延续线下各类活动,为企业在难题解决、品牌保护、项目推广、人才招聘、政策把握等方面提供一对一、面对面、立体式、多方位的保障。三是服务评价绩效化。该中介服务平台机构是受柯桥区科技局委托的一个技术性的中介服务项目。政府每年与运营方柯桥区中国轻纺城网络有限公司(国企性质)签订技术服务合同,服务期限为一年。合同内容主要包括服务项目清单和绩效考核方式,设 6 个考核指标,基础分为 60 分,每分值奖励 1 万元,最高奖励 100 万元。从一年多的运营情况看,基本能完成委托方要求的各项指标。

(二)鄞州模式:政企合作型

鄞创科技企业孵化器是鄞州区科技局下属的中介服务平台,平台注册为国有控股性质的有限责任公司,简称鄞创公司。

其运营特色:首先是角色定位二元化。鄞创公司行政隶属区科技局下属的国有控股企业。其中国有股占 64%,其他 36%的股份由园区内多家民营核心孵化器和社会团队持有。鄞创公司有两个定位。一是政府职能。公司履行科技行政管理部门的有关工作职能,对全区科技孵化器给予资格认定、工作考核、政策兑现等日常管理和服务。二是中介平台。鄞创公司作为一家国有控股的中介服务平台,也要为小微企业提供管理咨询、人才招聘、科技对接、市场推广、资本运作等"妈妈式"的孵育服务。至目前,该公司已累计完成孵化服务创收 1300 万元。其次是服务对象全域化。建设形成以鄞州科技信息孵化园、科技中心孵化器为中心,以中物院宁波军转民科技园、浙江清华长三角研究院宁波科技园为两翼,以鄞州青年创业园、杉杉科创基地、恩科科创园、望春科创中心、集仕芯谷孵化器、首南科创大厦为补充的科技孵化建设格局。最后是服务内容链条化。在鄞创公司的统筹组织下,科研院所、民营企业、社会团体、镇(街)等多元力量均参与公共服务平台建设,从而形成创客空间、创业苗圃、孵化器、加速器、产业园一条龙,通过资源融合,打造中小微企业孵化服务全产业链条。

(三)萧山模式:纯民营服务型

杭州信息安全产业园坐落于杭州萧山区钱江世纪城,是集科技型产业、科技项目转移、孵化、研发、金融、商务等为一体的纯民营中小微企业公共服务平台。平台是以"杭州信息安全"为特色的综合性产业集聚和孵化服务公共平台。

其运营特色:一是主体民企化。杭州信息安全产业园孵化器于 2015 年由三家民营房地产公司共同出资约 9 亿元人民币成立。园区采用"园区主导、企业专业化运营"方式,即投资方和企业合作运营园区,探索实行企业投资建设、专业企业托管的园区创新运营模式。二是运营委托化。作为投资产业园的三家民营房产公司,按照"园区主导,企业专业化运营"的方式,通过成立下属有限公司——杭州市信息安全产业园有限公司对本项目实行委托运营管理,并选中合作机构(浙大网新集团)承担本项目的活动组织、招商、现场等运营管理工作。中选机构愿意承担本项目的运营管理工作,并接受投资方的考核与监督,同时在投资方的支持下,完成项目的运营管理目标。三是投资灵活化。民营孵化器有资金充裕的优势。杭州信息安全产业园孵化器将连续 5 年投入 1000 万元作为孵化器的种子资金,根据入孵项目质量和市场前景对项目投资,既解决了部分孵化企业的资金困难,也增强了园区的造血功能,提高企业的孵化成功率。

二、当前浙江省中小微企业中介服务平台的制约因素

(一)人才支撑不力

从调研的情况看,柯桥区的科技大市场现有服务平台就缺少这方面的专业人才。目前科技大市场项目有工作人员 8 名,其中团队负责人 1 名,服务主管 1 名,市场顾问 2 名,运营专员 2 名,策划推广 1 名,技术人员 1 名。除了服务主管是一位纺织专业类的博士,其他都是普通的工作人员。鄞创公司的工作人员有 12 人,分别在招商部、综合部、辅导部。作为负责孵化基地业务指导和企业服务输送的辅导部,其下工作人员懂辅导服务的也不多。

萧山区的信息产业园服务平台总共只有五六个人,大部分都是招聘来的软件技术方面的普通人员。每位工作人员一个月要跑四五家企业,一年下来不过五六十家。平台负责人坦言,做得非常累。

(二)"二次服务"不够

科技成果和技术难题的对接不够精准,如何实现帮助企业降低运营成本,还有待摸索。中介平台的服务往往停留在"对接"的"初次服务"层面上,对企业技术项目的后期对接,以及相关的深化"二次服务"跟进不够,存在一定程度的脱节现象。如2015年8月,科技大市场把绍兴原色数码印染的技术难题与香港理工大学对接上,当双方签完合同后,即认为大功告成,而对于后续的诸如"项目申报"、知识产权服务、财税、金融等一系列服务,工作人员没有再去仔细用心地去关注,去服务了。

(三)造血功能欠缺

其一,由于科技大市场中介平台是国有体制,运营经费全部靠政府的政策支持,目前一年政府的支持经费在60万至100万元。政策的稳定性和连续性一定程度上会影响平台的思想波动。其二,政府在科技成果转化过程中的配套政策不足,一定程度上也会影响平台作用的进一步发挥。其三,目前还没有投融资的职能,这一定程度上会制约平台的做大做强和超常规发展。因此,平台的自我发展,自我壮大,自我提升还有较大空间。

三、关于完善浙江省中小微企业中介服务平台的几点建议

(一)支持规范优化中介服务平台的外部环境

支持就是政府要进一步转变职能,把该由中介服务的事项转移出来,努力实现向中介平台购买服务事项清单化、工作透明化、运行常态化。规范就是推进中介服务平台机构的法律、法规和政策建设,将中介服务机构的建设纳入法治的程序,对中介服务平台机构,要从法律上明确它的地位和作用。优化就是中介服务平台的发展主要靠政策。从调研的情况来看,特别要强化科技成果转化过程中的中介平台作用,中介平台投融资成效等政策扶持,以促进中介服务平台机构的健康良性发展。

(二)强化信誉评价和优胜劣汰的竞争机制

一是要强化准入的公平化,政府要加大采购服务信息的透明化,形成全行业中介服务平台机构的完全竞争。二是强化考核的科学化,建立中介服务平台的信誉评价考核体系。三是强化管理的社会化,要建立中介服务平台信誉、能力等评价信息发布和查询制度,推动信誉监督管理的社会化。

(三)着力与重点产业相关的科技资源相整合

区域发展具有很强的互补性,区域合作的方式弥补了经济发展的不均衡性。区域经济的发展依靠重点产业的带动,因此科技中介服务必须以重点产业的科技创新服务作为着力点。

(四)提升全程科技中介服务能力

一是要强化"专",中介服务首先要"专",要加大专业人才的引进和培养力度,加强专业素养的积累,根据地域特点、产业特色、企业需求,引进专业化的技术经纪人队伍,并加强业务的培训和考核,提升队伍整体专业素质。二是要强化"深",即服务的全程化。中介服务平台要树立全程服务的理念,从关注科研成果的产生为起点,到技术对接和转让,再到企业采纳技术,实现产业化为止。三是要强化"实",平台的服务实效要体现在区域科技水平的整体提升上,体现在产业的转型升级上,体现在实实在在的销售和税收的增幅上。

社 会 篇

东南沿海新型家庭养老的可行性探索

——以桐乡市为例

内容提要　人口老龄化问题已经成为一个国际性问题,也是当前影响我国政治、经济、社会、文化等多方面发展的一个重要的社会问题。桐乡市作为东南沿海的一个县级市,具有一定的典型性,对于探讨本地区的老龄化现状及由此带来的一系列问题具有一定的参考价值。本文通过分析东南沿海经济较发达地区县级市的老龄化特征,揭示其深层次的问题,重点探讨适合本地区县级市的养老模式——新型家庭养老的可行性,并提出建立和完善新型家庭养老的对策,最终达到为党委政府制定适合本地区的养老制度和政策提供合理化建议的目的。

关键词　人口老龄化;新型家庭养老;现状;对策

当前,人口老龄化问题已经成为一个国际性问题,各国都在积极探索应对人口老龄化问题的良策。随着我国人口老龄化趋势迅速上升,经济社会发展及党的执政能力面临严峻考验。可以这么说,人口老龄化问题已经上升为与计划生育同等重要的基本国策问题了。东南沿海地区经济社会发展领先于全国,作为本地区的县级市,桐乡市既不同于以城市人口为主的大城市,也不同于经济不发达地区的中西部农村,因此,可以在本地区寻求一种既不同于大城市,也不同于不发达地区的养老模式——新型家庭养老。

【作者简介】沈红英,中共桐乡市委党校高级讲师。

一、人口老龄化的涵义及桐乡市人口老龄化的现状和特征

(一)人口老龄化的涵义

人口老龄化是指由于人口出生率下降和死亡率降低引起的老年人口在总人口中的比重越来越大的过程。根据 1956 年联合国《人口老龄化及其社会经济后果》确定的划分标准,通常把 0~14 岁少年儿童人口占总人口比重降到 30% 以下、60 岁及以上老年人口占总人口 10% 以上或 65 岁及以上老年人口占总人口的 7% 的国家或地区,称为"老龄化国家"或"老龄化地区"。

(二)桐乡市人口老龄化的基本状况

1999 年,我国 60 周岁及以上人口占 10.1%,标志着我国开始进入老龄社会阶段。2000 年,桐乡市 60 周岁以上老年人口已占到 10.2%。之后,桐乡市人口老龄化状态日趋严峻,甚至超过全国平均水平。2010 年第六次全国人口普查数据显示,桐乡市 60 岁及以上人口占 15.79%,其中 65 岁及以上人口占 10.51%。同 2000 年第五次全国人口普查的数据相比,60 岁及以上人口的比重上升了 2.3 个百分点,65 岁及以上人口的比重上升了 0.85 个百分点。到 2013 年年末,全市 60 岁及以上人口的比重为 21.58%,65 周岁及以上人口占总人口 14.66%,70 周岁及以上人口占总人口 9.15%,80 周岁及以上人口占总人口 2.95%。

(三)桐乡市的人口老龄化基本特征

1. 老龄化增速快

桐乡市人口老龄化规模大,增速远远高于全国平均水平(见表1)。

表1　桐乡与全国 60 周岁及以上人口比重比较　　　　　　　(%)

年份	2006	2007	2008	2009	2010	2011	2012	2013	2014	2015
桐乡市	16.75	17.39	18.13	18.74	19.21	19.95	20.69	20.58	22.36	23.38
全国	13.18	13.64	14.01	14.59	13.70	13.74	14.3	14.7	15.2	15.5

造成桐乡老龄化程度明显高于全国平均水平的主要原因之一是政策因素。20 世纪 70 年代末,我国开始实行计划生育基本国策。桐乡作为东部

沿海地区,计划生育政策得到有效落实,计划生育率一直处于全国的领先地位(见表2)。

表2 桐乡市计划生育政策执行情况

指标	1979年	20世纪80年代	20世纪90年代	"十五"期间	"十一五"期间	2011年	2012年
期末总人口(万人)	58.31	/	/	66.32	67.40	67.69	67.99
出生人口(人)	7458	73886	80646	27779	22052	4874	5952
出生率(‰)	12.86	/	/	8.42	6.60	7.22	8.77
自然增长率(‰)	5.45	/	/	1.02	−0.65	0.01	0.97
计划生育率(%)	71.09	92.98	99.09	98.48	98.41	98.68	98.56

高计划生育率必然意味着较低的人口自然增长率(见表3)。

表3 桐乡市与全国人口自然增长率比较 (%)

年代	2005	2006	2007	2008	2009	2010	2011	2012	2013
桐乡市	−0.08	−0.07	−1.16	−1.19	−0.57	−0.08	0.01	0.97	0.98
全国	5.89	5.28	5.17	5.08	4.87	4.79	4.79	4.95	4.92

* 以单独两孩政策之前为参考。

2.高龄化趋势明显

随着经济社会的发展,桐乡市人口老龄化的另一个明显特征表现为高龄化趋势越来越严重(见表4)。

表4 桐乡市80周岁及以上人口比重

年份	2004	2005	2006	2007	2008	2009	2010	2011	2012	2013
人数	13257	13645	14454	15237	16586	17340	17644	18677	19374	20152
比率(%)	2.0	2.06	2.18	2.29	2.48	2.59	2.62	2.76	2.85	2.95

表4显示,桐乡市80周岁以上高龄老人的人数和比例都在逐年上升。这是由于随着桐乡经济社会的发展,人民生活水平得到很大提高。较高的收入水平为桐乡市民提供了较优质的物质生活和精神生活保障。同时,随着经济社会的发展,桐乡市的医疗卫生条件也日益改善,城乡居民合作医疗参保率均高于99%,人们的身体健康有了保障,城乡居民的寿命也延长了。

3.正在步入少子老龄化时代

2012年,桐乡市城镇居民每户拥有2.69人,农村每户拥有3.6人,家庭户型越来越小,全市大部分家庭只有一个孩子,独生子女率极高。并且,还出现了一些失独家庭户。从全国来看,桐乡市是执行计划生育政策最早的县市之一,从20世纪70年代末就开始了。目前,第一代生养独生子女的夫妇正在步入60周岁及以上年龄段,因此,桐乡市的少子老龄化现象将越来越突出,这也就意味着老龄人口抚养系数的快速上升。

4.未富先老和未备先老并存

一是未富先老。上文数据显示,桐乡市可能于20世纪90年代末就已进入老龄社会,而1999年,桐乡市人均GDP为14818元,按当时1美元可兑换8.2元人民币的汇率算,仅仅只有1800美元左右。而发达国家进入老龄社会是在人均GDP为5000~10000美元的时候。在2012年年底,桐乡市人均GDP达到1.2万美元,而此时桐乡市已经进入严重的老龄化状态,60周岁及以上老人占比已经高达20.69%。而桐乡市应对老龄化,尤其是如今的较严重老龄化状况的经济能力却有限。

二是未备先老。这首先表现在城乡居民的养老保险方面。2008年,嘉兴地区在全国率先实行了城乡居民养老保险政策。到2013年上半年为止,职工养老保险参保率也还只有80%多,这就意味着大多数农村居民对养老问题还毫无准备,或者至少可以说还没有享受到政府的养老补贴。其次,未备先老也体现在政府对于养老床位数的准备严重不足上。截至2012年年底,桐乡市养老床位数共有量只有3550张,护理床位数更是只有1020张,两个数据都已包括到2014年年底才能投入使用的在建床位数。2012年年底,60周岁及以上老年人口每1000人只有25张养老床位数。经过几年的努力,2015年年底每千位老人的养老床位数达到31.5张。

二、国外养老模式的启示

我国人口老龄化时间还比较短,具有增速快、高龄化、少子化、未富先老、未备先老以及老龄化与工业化和经济转型升级同步化等特点,应对人口老龄化还缺乏经验。因此,有必要参考具有相似文化观念的先进国家的养老方式。

(一)新加坡的家庭养老模式及其启示

1.政府依靠宣传营造良好的社会氛围

新加坡把"忠孝仁爱礼义廉耻"视为儒学思想的核心,认为这是人们的行为准则,这是政府的"治国之纲"。政府认为,"孝道"可以稳固家庭,可以使人类社会得以延续,还可以把每个人塑造成堂堂君子。他们一旦走上社会,必定会忠于职守,忠于国家,成为对社会、对国家有益的人。新加坡领导特别推崇三代同堂的家庭结构。

2.为"赡养父母"立法

为了保持三代同堂的家庭结构,新加坡于1994年制定了"赡养父母"的法律,成为世界上第一个将"赡养父母"立法的国家。1995年11月新加坡颁布的《赡养父母法》规定:凡拒绝赡养或资助贫困的年迈父母者,其父母可以向法院起诉。若发现被告子女确实未遵守《赡养父母法》,法院将判决对其罚款一万新加坡元或判处一年有期徒刑。

3.出台优惠政策,鼓励与老人同住

一是建屋局对与老人同住组屋者提供便利和优惠。在分配政府组屋时,对三代同堂的家庭给予价格上的优惠和优先安排,同时规定单身男女青年不可租赁或购买组屋,但如果愿意与父母或四五十岁以上的老人同住,可优先照顾;对父母遗留下来的那一间房屋可以享受遗产税的减免优待,条件是必须有一个子女同丧偶的父亲或母亲一起居住;如果纳税人和父母或患有残疾的兄妹一起居住,该纳税人可享有"父母及残疾兄弟税务扣除"的优待。为了防止越来越多的老年人家庭出现"空巢现象",在购买组屋时制定了一个优惠政策,即对年轻人愿意和父母亲居住在一起,或购买的房屋与父母亲居住较近的,经有关部门审核、批准后可一次性减少3万新元。二是推出一系列津贴计划,以提高年轻人赡养老人的积极性。政府推出"三代同堂花红",即将与年迈父母同住的纳税人所享有的扣税额增加到5000元,而为祖父母填补公积金退休户头的人,也可扣除税额。

启示:正是因为政府为赡养老人的家庭提供了有力的经济援助,使这些家庭的老人在住房、医疗等方面确实享受到实惠,因此绝大部分新加坡人仍选择家庭养老的方式,而且能够享受爷孙同堂的天伦之乐。

(二)日本的养老模式及其启示

1. 家庭养老在日本具有悠久的社会文化根源

第二次世界大战结束以前,传统家庭制度在日本起主导作用,老年人生活所必需的资源和援助基本上都由家庭来保障。二战以后,日本没有像有些发达国家那样把老人赡养问题从家庭分离开来,而是注意在发挥家庭功能的基础上制定有关社会保障政策和制度。其中之一是制定强制家庭和亲属赡养老人的法律。另一种是在家庭或亲属之间已经形成赡养关系时在制度上给予承认的法律,如国民年金法、厚生年金、健康保险法等都有相关条款。

2. 养老模式多元化

随着日本社会的变化,针对情况不同的老年人,日本有形式多样的老年人福利设施,包括老年人日托服务中心、老年人短期入住设施、养护老人之家、特别养护老人之家等。

3. 回归家庭养老福利化

日本从 20 世纪 80 年代末 90 年代初开始修正偏重建立老人福利设施的倾向,把老人福利的重心转移到居家福利模式上。因为日本从其他西方发达国家老人福利发展的经验教训中看到,由国家大量投资兴建老人福利设施,不仅加大了国家财政的负担,而且,福利设施这种老人集居型的养老方式,隔断了老人与家人及朋友之间的情感联系。日本的调查结果表明,在福利设施中的老人因心情忧郁而死亡的比率高于居家养老的老人。因此,2000 年,日本开始实施护理保险制度,其中一个主要内容就是对老年人提供居家服务。服务种类有:上门护理(家庭服务员)、上门帮助洗浴、上门帮助康复、日托康复、居家疗养指导、日托护理、短期入住设施、痴呆老人生活护理、收费老人福利院护理等。实施这一制度,就是要减轻家庭负担,增强家庭关系。

启示:日本养老模式经历了一个"家庭→家庭与社会并重→家庭"的循环模式。我们要思考与借鉴,以避免走弯路。

三、新型家庭养老的可行性分析

综上所述,随着我国人口老龄化问题的不断加剧,桐乡市作为一个经济社会发展具有典型特征的东南沿海县级市,其人口老龄化问题也具有本地区的县级市的典型特征,并对经济社会的发展带来极大的挑战。因此,如何因地制宜地建立合适的养老模式,成为今天摆在本地区党委政府面前的一个重大课题,也是本文研究的出发点和最终目的。

正所谓"他山之石可以攻玉"。新加坡和日本两个国家均属于亚洲国家,而且其祖先与中华民族有源远流长的关系,具有相似的文化特征,家庭观念都比较重,经济社会发展都比较发达。东部沿海地区也是属于比较发达的地区,在养老模式的探索中,不妨借鉴这两个国家的经验。

(一)传统家庭养老及其面临的问题剖析

1.传统家庭养老模式分析

家庭养老作为中国社会的一种优良传统,是以家庭为核心,以子女为载体,以老年人年老体弱、失去劳动能力而坐享天伦之乐为目标的一种养老模式,它历经千载而不衰,体现了中华民族的特色,也符合中国的国情。家庭养老是一种环环相扣的反馈模式。在经济供养上,家庭养老是代际的经济转移,是以家庭为载体,自然实现保障功能,自然完成保障过程。父母养育儿女,儿女赡养父母,这种下一代对上一代予以反馈的模式在每两代之间的取予是互惠均衡的,在家庭单位内形成一个天然的养老基金的缴纳、积累、增值以及给付过程。

在我国,传统家庭养老通常被解读为由子女供养,并且更多的是指来自儿子的赡养。中国的宪法规定:"父母有抚养教育子女的义务,成年子女有赡养扶助父母的义务。"这是对东方反哺模式的法律解说。中国一直以儒家思想为主导,长期以来形成了"家庭养老"的传统模式,赡养老年人已成为国人责无旁贷的责任,"养儿防老""父母在,不远游""百行孝为先"等都是孝道伦理在人们日常生活中的反映。父母养育了子女,子女就必须赡养年老的父母,否则,将受到道德舆论的谴责。这就是费孝通教授1983年提出的中国养老的"反馈模式"。

2.传统家庭养老的优点

传统家庭养老之所以能够几千年流传至今,是有其独特优势的。

(1)家庭养老能促进代际交流,给予老年人精神归属感。家庭是老年人毕生精力和努力的结晶,保留了老年人整个生命历程的印记,使老年人感到安全和对亲情需求的满足,满足老年人"叶落归根"的心理。老年人能从子女身上获取情感慰藉,"儿女孝顺,含饴弄孙"是中国老年人晚年生活的最高理想和最大精神寄托。

(2)家庭养老降低社会成本。与社会养老相比,家庭养老是把社会的养老负担转化为子女的负担,一旦政府的社会保障职能无法兑现,家庭养老可以规避社会养老在基金管理方面的风险,同时也不存在服务和交易费用支出问题。

(3)家庭养老是中国传统道德强大内在力的必然结果。中国人提倡尊老爱幼,在全社会形成养老尊老的风气,家庭养老自古以来被认为是子女一种理所当然、责无旁贷的义务。

3.当前桐乡市传统家庭养老面临的问题

随着社会经济的高速发展,以子女为核心的传统家庭养老功能面临着冲击和弱化,养老成了家庭难以承受之重。

(1)子女数量减少,家庭养老负担加重。生育率下降、人均寿命延长直接导致家庭供养资源减少,子女养老的人均负担成倍增长。如今,桐乡市第一代独生子女的父母已经开始进入老年。"421"家庭模式作为桐乡市今后几十年的主流家庭模式,是一个风险型的家庭架构,对养老而言更是如此。无论是经济来源、生活照料,还是亲子交往、精神慰藉,他们能从这唯一的孩子身上得到的都是非常有限的。

(2)传统养老观念受到冲击。改革开放以来,中国的经济社会发生了重大变革,对公民的个体价值给予了多方面的承认。个体价值的确立动摇了传统家庭伦理的基础。桐乡市,作为经济社会发展走在全国前列的县级市,交通、通讯越来越发达,信息渠道越来越广,年轻人在更多、更深入地了解外面世界的同时,其观念、生活方式也不断变化,产生了对小家庭的偏好和对大家庭的淡漠,开始走出"养儿防老"的圈子。有些人拒绝承担赡养老年人的义务,甚至虐待、遗弃老年人。渐渐地,几世同堂的家庭就少了其应有的向心力和凝聚力,导致了传统家庭养老功能的弱化。

(二)新型家庭养老及其可行性分析

面对人口老龄化问题的日益严峻和传统家庭养老面临的问题及其难以为继的格局,专家们纷纷探索社区养老、机构养老等多种养老模式,地方党委、政府也高度重视老龄化工作,做了不同程度的尝试。但想要全面、有效地解决养老问题还是力不从心。因此,根据调研分析,笔者提出一种适合本地区特点的养老模式,即新型家庭养老模式。

所谓新型家庭养老模式,就是老人仍然生活在家庭中,享受着传统家庭养老模式中所有的优点,政府出台政策,投入资金到家庭中,以规避传统家庭养老所面临的问题。笔者认为,政府与其投入更大的资金创办不那么受大多数老人欢迎的养老机构,还不如投入资金到每个家庭,以延续几千年来根深蒂固的家庭养老传统,既可减轻老人膝下无儿女承欢的凄苦,也可减轻儿女养老的经济负担。这种新型的家庭养老模式不失为当前乃至未来一段时期内桐乡市养老方式的主要选择,而且也是切实可行的。

1. 本地区经济社会发展特点为其可行性奠定了物质基础

首先,桐乡市具有优越的地域环境基础。桐乡是一个地理位置较为优越的小县城,全市面积只有 727 平方公里。它东距上海 131 公里,北离苏州 74 公里,西邻杭州 65 公里,居沪、杭、苏金三角之中;桐乡地势平坦,河网密布,气候四季分明,自然环境优美,一派江南水乡景象,素有"鱼米之乡、丝绸之府、百花地面、文化之邦"之美誉。因此,桐乡农村外出打工的农民极少,虽有部分农民在县城务工并买了房,但由于全市农村距离梧桐镇均只有半小时路程,交通方便,进城务业农民基本还是生活在老家,老人们依旧不会太孤单。

其次,桐乡具有较好的经济基础。桐乡经济社会文化发展较快,是浙江省 10 个经济发达县(市)和首批小康县(市)之一,连续 14 年跻身全国百强县(市)。2015 年,完成财政总收入 100.27 亿元,城镇居民人均可支配收入 44725 元(全国平均是 31195 元),农村居民人均纯收入 27357 元(全国平均是 11422 元)。可见,桐乡明显高于全国平均水平的农村经济为农村老人的养老提供了物质基础;同时,较高的财政收入也为政府解决民生问题中的重中之重——农村居民的养老问题提供了可能。

2. 良好的文化底蕴为养老敬老爱老提供了精神保障

早在远古时期,"尊高年""亲祖之恩"的思想就已产生,到了春秋时期,这种思想发展成为思想的核心——"孝道"。如《孝经,纪孝行章》规定:"孝子之事亲也,居则致其敬,养则致其乐,疾则致其忧,丧则致其哀,祭则致其严,五者备矣,然后能事亲。"其中讲到老年人的赡养问题、医疗问题、日常家居问题以及后事问题,基本上概括了家庭养老的主要方面。可以说,中国家庭养老因崇老文化得以规范,崇老文化对中国家庭养老具有监控、保证和强化的作用。桐乡历来就有"文化之邦"美称,养老敬老仍然是绝大部分桐乡人心中崇尚的传统美德。

3.新型家庭养老具有其他养老方式无法替代的心理慰藉作用

家庭养老包括三个层次的内容:一是经济上的扶助;二是生活上的照顾;三是精神上的安慰。对于前两点,国家和社会可以给予适当的帮助,但是第三个功能却是国家和社会所无法替代的。在家庭中生活,老人仍可以亲自感受到自己在家庭中从前所做出的贡献,以补偿年老后事业上成就感的缺失。另外,家人更了解老年人的各种需求和生活习惯,与养老机构相比,在保障资金相同的情况下,家庭养老使老年人的生活质量相对更高一些。亲人的精神慰藉和陪伴是减少老年痴呆症的良药。

4.经济学理论为新型家庭养老提供了理论基础

按照亚当·斯密的经济学观点,个人都是理性的经济人,个人之间存在着一种互惠的交换模式,即在人们的交换中双方都会得到自己需要的东西,只有对等互换,交换才能持续下去。我们可以认为,在父母和子女之间也存在一种交换关系,父母抚养子女,子女幼时从父母处得到关爱,成年后以赡养老人作为报答。家庭对老人的照顾是子女将父母的养育之恩,以经济、劳务或精神上安慰的形式回报给他们,形成一种亲人之间特有的交换方式,从而符合互惠原则。

5.老人的养老意愿是新型家庭养老可行性的事实依据

2013年年底,全桐乡市60周岁以上老龄人口有147278人,其中农村老人89251人,城市老人58027人。在这些老人中,只有864人在全市17所社会福利中心供养或寄养,仅仅占0.06%。在入住镇(街道)养老服务中心的569人中,有426人是生活在镇上的非农户籍的三无老人和农村五保老人,还有98人是因重度残疾而托养的老人,只有45人是由于子女不在身边,且年事已高,生活起居不能完全自理的老人。在实际走访中,笔者发现,在必须由政府管理的孤寡老人中,也有多位因身体还算健康而不愿意入住养老中心。可见,在桐乡,尤其是在农村,老人们更愿意待在家里养老,就连孤寡老人也不愿意进养老中心。在访谈中,老人们都有强烈的愿望要在家养老。桐乡有句古话,"金窝银窝不如自家的草窝",这正印证了老人们的心愿。

6.剩余劳动力资源的再利用为其可行性创造了条件

新型家庭养老反而会减轻赡养压力。随着人均寿命的不断提高,一个家庭60周岁以上的老人往往不止一代,通常会有两代老人,下一代相对较年轻的老人照顾上一代老人是目前可倡导的家庭照顾模式,而且大量下岗、退养及提前退休者,也是家庭养老的宝贵资源。同时,老人与孩子们住一起,由于生活快乐,心情愉悦,身体状况通常都不错,还能帮忙带第三代甚至第四代,这样也可省去一笔不菲的带孩子的人工费。因此,这种养老方式在一定程度上来说,是最节省而又最有效的满足各个家庭中的老人赡养和照顾需求的方式。

四、建立和完善新型家庭养老的对策建议

当前,面对严峻的人口老龄化问题,以及多种模式的养老方式,作为决策层的市委市政府,选择建立和完善适合本地的养老模式,无疑是很重要的。因此,笔者将就如何建立和完善新型家庭养老提出相应的对策建议,以使本地区老人们能够幸福地安度晚年,使年轻人既能轻松工作又能赡养老人,人人都能安居乐业,使经济社会发展更上新台阶。

(一)出政策、投资金,支持家庭养老

制定相关优惠政策,鼓励居民积极参与家庭养老,无疑是至关重要的。

1.提高养老补助资金

据上所述,桐乡市农村老人的数量远远大于城市老人,而且,城市老人一般都有退休金。因此,解决养老问题的难点在农村。近几年来,政府已经在对60周岁以上的老人发放一定的生活补助金,但对于没有其他经济来源的农村老人来说,这区区100多元的补助金仍然是杯水车薪。因此,一要加大对农村老人的基本养老金补贴力度;二要适当降低60周岁以上老人的新型农村合作医疗保险的自负基数的比例;三要提高老年人医疗报销比例,从而减轻家庭养老的经济负担。

2.提高养老家庭补助

对赡养老人的家庭户进行财政补贴。可以对赡养老人的纳税人减免税收额度,以提高纳税人赡养老人的积极性。对于农村居民来说,大部分人的收入还达不到缴纳个人所得税的额度,因此,需要通过每月补助家庭养老资

金的办法提高农民养护老人的积极性。

3.提供家庭养老购房补助

如果年轻人购房,出具证明将与老人同住,就给予一定折扣或是一次性资金减免或相应补助。或者用同样的方式鼓励年轻人与老人购买同一小区大小不同的住房,便于赡养老人。总之,要让年轻人因为赡养老人而在经济上得到一定的实惠。

4.调整建房政策

在农村,当前桐乡市的新农村建房政策是一刀切——每户120平方米。这里可借鉴新加坡的做法,对于四代同堂,或是五代同堂的家庭户适当扩大建房面积,以多一代人增加20平方米的尺度递增,这既是实际需要,也可鼓励年轻人善待老人。

5.政府购买服务

要学习日本的经验,给予特殊家庭特殊的养老补助。要以政府购买服务的方式为重病或重度残疾的老人提供免费或低额上门服务,减轻家庭的家务负担。尤其是对特困家庭,可以提高补贴额度,以切实保障部分困难家庭在家庭养老保障中面临的困难。在购买内容方面,要根据养老服务的性质、对象、特点,重点在生活照料、康复护理和养老服务人员培养等方面开展政府购买服务工作,为符合政府资助条件的老年人购买助餐、助浴、助洁、助急、助医、护理等上门服务。

6.招才引智求回归

制定人才回归优惠政策,充分吸纳学有所成的本地人才回本地工作。这一方面可以解决老人的赡养问题;另一方面还能有利于本地的经济社会的发展。社会发展的第一要素是人才,由于本地区经济社会比较发达,教育资源相对较好,培育的人才较多,尤其是进京、上、广和出国的年轻人较多,而且这批人大多是独生子女,如果不回流,几年后就会进一步加剧人口的老龄化程度和养老的社会压力,从而影响本地区的经济发展和社会的稳定。因此,笔者认为,制定相关的优惠政策吸引本地优质人才回归,是当前政府工作的一个重要方面,这将是"一石二鸟"之举。

(二)树典型、重奖励,宣传家庭养老

要充分发挥政府的宣传导向作用。党委政府要把宣传家庭养老与当前的德治、法治和自治相结合,通过各种媒体和宣传渠道,大力宣传赡养老人的家庭美德和义务,让传统的敬老、尊老、爱老的美德得到弘扬。同时,可以通过评选"好媳妇、好儿子、好婆媳"等活动,建立激励机制,弘扬传统美德。

(三)用法律、惩恶行,加强家庭养老

政府部门要通过立法与规制手段,强调保护老年人受赡养的权益,增强养老法制观念,使得《老年人权益保障法》真正得到实施。同时,要对已有的养老法律法规进行大力宣传,宣传"老年人养老主要依靠家庭"的方针,宣传赡养人应履行"对老年人经济上供养、生活上照料和精神上慰藉"的义务,使人们知法、懂法,增强养老的法制观念,要切实维护老人的尊严,对侮辱虐待老人,拒绝赡养老人情节严重者,要依法追究其刑事责任,严惩不贷。

(四)重垂范、树榜样,先行家庭养老

党和政府的领导干部,要以身作则,率先垂范,担当起新型家庭养老的先行者。孔子认为,为政者最要紧的是要有正气。"政者,正也。子帅以正,孰敢不正?""正",是对"政"的最佳诠释。为政者"正"是为政的首要前提。因为为政者具有很强的号召力、影响力,他的一言一行不是个人行为,而是代表着一种风尚、一种榜样,民众不知不觉在模仿学习。《诗经》云,"君子所履,小人所视"。如果为政者侍奉父母,以孝为先,那么上行下效,民众自然跟着仿效。正如子路所说,"其身正,不令而行。其身不正,虽令不从","不能正其身,如正人何?"孔子形象地把为政者的作风比做风,百姓的作为比做草,风向哪边吹,草向哪边倒,"君子之德风,小人之德草。草上之风,必偃"。因此,在提倡新型家庭养老方面,党和政府的领导干部必须率先垂范,尊敬父母、孝敬父母,让老人过上幸福安详的老年生活。这样才能形成孝老、爱老的新风尚。同时,领导干部不仅要在小家中行孝道,而且应推而广之,以为政一方的所有老人为自己父母一样尊老、爱老、孝老,人们才会更加拥护,正如孟子所说,"老吾老以及人之老"。这正是德治的最重要的方面之一。

参考文献

[1] 桐乡统计公报、统计年鉴.

[2] 国家人口统计年鉴.

[3] 张新民,林雪海.养老金管理体制研究[J].西南师范大学学报,2006(2).

［4］陈赛权.中国养老模式研究综述［J］.人口学刊,2000(3).

［5］钟建华.论当代中国"四位一体"的农民养老方式［J］.探索,2011(4).

［6］高法成.孝与养的失衡［D］.北京:中央民族大学,2011.

［7］申美玲.中国家庭养老问题的伦理思考［D］.长沙:湖南师范大学，2006.

国家、社区与家庭：农村养老模式的区域比较

内容提要 农村养老问题是当前中国迫在眉睫的严重社会问题。现阶段的我国农村养老制度中存在着家庭负担过重、国家责任微弱、社区角色缺失等问题。此外，农村老年人的精神需求更是被严重忽视，精神生活极度匮乏。通过对东部发达地区浙东 W 村和中西部欠发达江西 L 村养老模式的区域比较研究发现，尽管两个区域的农村养老都是以家庭养老为主，但是其中仍然存在些许差异和不同，如东部地区农村老年人更加依靠自己，自力更生，而中西部地区的老年人较多地依赖子女养老；同时国家介入程度的不同也导致两地老年人的生活质量的差异。

关键词 国家养老；社区养老；家庭养老；物质养老；精神养老

一、问题的提出

2010 年中央一号文件提出，"把统筹城乡发展作为全面建设小康社会的根本要求，把改善农村民生作为调整国民收入分配格局的重要内容"。养老保障制度是调整国民收入分配的重要手段。然而，在中国这样一个农村人口占半数以上的发展中国家，构建农村养老保障制度是一项异常艰巨和复杂的工程。更致命的是，中国农村老龄化趋势高于城市，农村老年人的养老问题日益突出，而中国的养老保障制度改革的精力大多集中在城镇养老保障的制度安排上，农村养老保障尚未真正破题。

农村养老保障问题一直是中国社会保障制度改革创新的难点和重点。

【作者简介】任华中，中共桐乡市委党校科员。

长期以来,中国农村地区广大农民基本依靠传统的家庭养老的方式进行养老。结合当前我国经济社会发展趋势,"未富先老"已然成为我国的基本国情,尤其是在广大农村地区,社会养老服务体系建设尚处在起步阶段,尚未构建起居家养老与社区养老、机构养老等社会养老相配合的联动机制,广大农村地区养老形势不容乐观。为了建设正规的农村养老保障制度,自改革开放以来,特别是 20 世纪 80 年代中期以来,我国开始在经济相对发达的地区进行农村社会养老保险制度改革试点和探索。随着社会的发展变迁,传统中国家庭结构逐渐趋向核心化与小型化,伴随着大量农民工由农村流向城市,农村留守老人不断增多,且大量农村老年人自养能力不高,家庭养老的基础受到了动摇,传统的家庭成员长期照护老年人的养老方式难以实现,从而推动了我国农村养老模式经历了从一元到多元的发展,逐渐形成家庭供养与社会保障相结合的新养老模式。

由于制度安排的不同,不同地方的农村养老实践践行着不同的逻辑,使得不同地区形成不同的养老模式。本文通过比较东部发达地区的养老模式和中西部欠发达地区的养老模式之间的异同,探讨国家、社区以及家庭在农村养老保障制度之中的关系及作用,进而在此基础上提出一个较为合理的政策建议。

二、相关文献梳理

对农村养老问题的学术研究始于 20 世纪 80 年代中期。经过 30 多年的探索,学者们已达成共识,认为农村养老问题是中国养老事业的关键问题(于景元、袁建华、何林,1992)。养老问题包含四个方面,即"谁来养""养不养""怎么养"以及"养得怎样"。有学者认为:"谁来养"是养老的首要问题,目前针对农村人口在该方面的专门论述不多;"养不养"既是法律、道德问题,又是涉及部分老年人生活甚至生存的现实问题,这一问题在农村养老问题的研究中少有涉及;"怎么养"即养老模式问题,是养老问题研究以及农村养老问题研究中受关注最多的;"养得怎样"是养老质量的问题,应是研究养老问题的根本目的所在,但在目前的研究中常被忽视(王述智、张仕平,2001)。养老主体(谁来养)、养老态度(养不养)、养老方式(怎么养)以及养老效果(养得怎样)是养老问题研究中必不可少的四方面内容,在现有农村养老问题研究中,对此四方面都有涉及,只不过着墨不同,论述重点各异,并且多是在养老方式研究中综合体现出来的。

　　绝大多数学者都认同,目前在我国的大部分农村地区,家庭养老是最主要和最普遍的方式。但对家庭养老的具体涵义、其他辅助养老方式的构成及其作用并未达成一致看法。陈彩霞(2000)认为,家庭养老、集体养老和社会养老保障是目前大部分农村地区的三种基本养老方式。其中,集体养老只涵盖很小一部分老人;社会养老保障虽是今后发展的方向,但对今后一二十年内要进入老年期的老人发挥不了太大作用;家庭养老则存在很多问题。王义才(2000)认为,目前我国农村老人的主要生活来源是家庭赡养和土地收入,在农村经济体制改革,农业经济结构调整,实行计划生育后,这两种养老保障方式在保障能力和保障的可靠性上都发生了变化,其中,家庭养老功能弱化,土地养老风险较大。必须从我国农村实际出发,寻求新的养老办法。王梅等(王梅、夏传玲,2000)认为,中国农村家庭养老保持了相对完整的传统格局,自我供养和子女供养是两种主要形式,但经济供养水平偏低。刘从龙(1996)认为,目前我国农村养老主要有家庭养老、自己养老、社区养老和社会养老等方式。家庭养老指老人在收入来源和生活安排上均依赖于家庭其他成员;如果老人有自己的收入来源,自己料理自己的生活,即为自己养老;社区(含乡镇企业)养老指集体经济实力雄厚的乡村或乡镇企业,仿照城镇企事业单位的退休办法,给老年人发放养老金;社会养老指实行养老保险,由社会统筹解决养老问题。

　　也有学者就各农村养老主体,尤其是政府的责任进行了研究。邱云生(2011)认为,长期以来政府在构建农村养老保障机制中的责任呈隐形化,导致了农村养老问题的凸显。张世青等人(张世青、王文娟、陈岱云,2015)认为,现阶段中国农村养老状况的现状要求强化政府/国家在农村养老中的责任。政府应该在以下各项中扮演更为积极的角色:树立社会契约型的养老;确立政府间的财权事权;培育农村养老服务市场发展;完善农村社会保障制度;统筹以省级为方向的城乡一体化的社会政策。此外,对近年来的农村养老实践的实证研究也产生了诸多丰富的研究成果(张正军、刘玮,2012;杨复兴,2006;许照红,2007;王德文、候慧丽,2010;汪沅、汪继福,2008)。

　　以上这些学者的研究在很大程度上对我国农村养老制度做出了很到位的理解和解释。但是由于其大都是从比较宽泛或比较具象的角度来研究农村养老制度或模式,因此相关研究要么太过宏观,要么太过微观,而缺少中观的视角。本文通过对东部发达地区与中西部欠发达地区的养老模式进行比较,对我国现阶段的养老模式进行研究,进而从实证的角度对我国农村养老制度/模式进行探讨。

三、两个地区的养老模式——以浙东 W 村和江西 L 村为例

在中国广大的农村地区,最主要的养老模式依然是家庭养老,即老年人主要依靠自己以及直系亲属来养老。一方面是由于传统家庭观念习俗的影响,另一方面也是社会养老缺失。无论是经济发达的 W 村还是经济欠发达的 L 村都是如此,概莫能外。目前家庭养老依然是农村最普遍的养老模式,家庭养老的功能体现在对老年人的经济供养、生活照料和精神慰藉三位一体的功能组合上。而在家庭养老之中,物质基础尤为重要,直接关系到老年人的生活水平,而精神方面的需求则事关老年人养老的状态。不同地区农村经济发展水平则造成了区域养老功能组织上的差异。本文通过对浙江的 W 村(位于浙江东部,所属县市名列全国百强县前十)和江西 L 村(位于江西省中部,经济发展水平一般)的实地调研,根据调研所收集到的资料,从物质养老和精神养老两个方面来描述两个不同地区的农村养老模式。

(一)物质养老:老年人的生活来源

浙江 W 村老年人的基本生活来源主要有以下几个:一是老人农业耕种收入。由于 W 村是镇郊村,离镇市场近,离外来打工人口众多的杭州湾新区也近,村内又有相当一部分村民没种地,此外村内还居住着两千多外来人口,这些都为村农业发展提供了巨大的销售市场。W 村种地的虽然都是些六七十岁的老人,但是这种老人农业却十分高效,种植的基本上都是一些产值高、效益好的瓜果蔬菜。很多家庭形成了一种老头子种地、老太婆在市场卖菜的性别分工模式。这种农业生产—销售的性别分工模式能够赚取很高的利润,年景好的话蔬菜套种每亩每年的收益高达一万多元。W 村有相当一部分老人的收入都是来源于农业。二是从事佛事经济收入。W 村五六十岁的老年妇女基本上都会念佛,每念一天佛大概可以有六七十元的收入。这是老年妇女最重要的收入来源,W 村的大多数老年妇女都以念佛为业。三是打工收入。部分老年村民依然会去附近的工厂打小工,每天能赚 130 到 150 块钱不等。也有些老人在工厂里做保安,一个月能有两三千块钱的工资。四是社保和"土保"收入。由于买社保和参加新农合比较积极,60 岁以上的老人又有政府发放的养老津贴,因此 60 岁以上的老人基本上每个月都有好几百块钱的相关收入。此外,由于 W 村为镇郊村,村南被征地数百

亩建设镇工业园区,因此很多老年人都有"土保",获得"土保"资格的农民每个月都有几百块钱的"土保费"。当地较为发达的经济状况为中老年人提供了多种获取收入的途径,足够维持基本生活需要。此外,W村的老人如果实在无法自食其力了,也能够从子女那里获得一定的经济援助。

相比之下,在江西L村,七八十岁的老人仍需要挂着拐杖在菜园里拔草,老年人的生活境遇区域间差异很大。L村的老人同样需要为儿子建房娶妻,为此一般家庭需要花十万元左右,但一个家庭一年扣除开支能够结余一万元就算不错了,因而很大部分父母为了儿子结婚会欠钱,这钱儿子不会帮忙还,因为,在当地儿子分家是分资源不分债的。现在,当地的老人认为生男不如生女好,他们很羡慕那些独女户家庭老人的晚年生活。为了帮助儿子带小孩,一些父母只能从打工地回到村里。可农业型村庄资源贫乏,就业机会少,他们只能在家种地或者有时在附近打零工,收入少且不稳定,还要负担孙子孙女的日常生活、上学等费用,能够为自己以后不能劳动时所储存的资源很少。他们没有别的经济来源,在无法劳动时只能依靠儿子,要依靠村里的价值伦理规范与公共舆论对儿子产生制约作用,从而使儿子能赡养自己。L村60岁以上的老年人虽然也有政府提供的老年人生活补贴,但每个月只有几十元钱,要维持基本生活支出已经很困难,根本难以依此养老。

(二)精神养老:老年人的娱乐休闲活动

在浙江W村,由村委会主持分别在两个自然村修建了两间老年人活动中心。老年人在活动中心打牌、打麻将、下象棋、看电视。老年人活动中心开放期间聚集的老人很多,很热闹。晚上村委会还会组织老年人在广场上看电影和打太极拳。这是W村老年人的公共生活。同年龄段的人们往往有着同样的生命体验,有着同样的兴趣和话题。W村的老年人就在这一公共空间之中感受到社会交往的乐趣,在这种集体活动之中能够找寻找到老年生活的安逸和乐趣。这种公共交往和生活充分利用了农村的乡土性社会资源,加强了村民之间的彼此联系,在很大程度上填补了农村老年人无所事事的生活空白,让他们的生活更加丰富多彩,也让他们的社会性精神需求得到了满足。当然,并不是所有老年人都会经常去老年人活动中心,W村的大部分男性老年人依然躬耕不辍,甚至把种地劳动当作是一种锻炼的方式,这些老年人同样从劳动中获得精神和身体的满足。此外,W村的绝大多数老年妇女都会从事念佛的活动。念佛的老人基本上都是八九人成群,她们能在这种念佛的集体活动中体验到社会性的存在,获得情感上的支持和满足。此外,村里还有比例颇高的村民信仰基督教及天主教,他们从宗教信仰中获得精神的满足。丰富的休闲娱乐活动满足了老人们的精神与情感需求,提升了养老的服务层次与质量。

在江西 L 村,无论男性老年人还是女性老年人,他们的休闲娱乐活动都很少。村里没有浙江 W 村那样的老年人活动中心,村委会也不会组织跳广场舞、打太极拳等活动。老年人一般只能待在家里看电视,或者出去和别人打讲(方言,意为拉闲话、聊天)。也有些年轻一点的老人聚拢起来打打牌。L 村的村民基本上没有宗教信仰,所以没有 W 村那样的老人念佛活动和宗教情感依托。L 村的老人虽然也种地,但是心态却和 W 村的不一样。W 村的老人不把种地作为必不可少的生计,而是为了锻炼身体,满足精神需求,而 L 村的老人则大都把种地当作一项不得不从事的劳动,其中充满了不情愿的味道。因此 L 村的老人并不能从种地劳动中获得情感上的满足。近十年来,L 村中信"东方闪电"等邪教的人越来越多,且以老年妇女为主,这或许与 L 村老年人的精神空虚有很大的关联。

四、思 考

尽管上文的案例只是两个个案,但是个案无疑代表了某一种类型,这一类型中的案例都存在或多或少的同质性。因此,这两个个案在一定程度上代表了东部沿海地区和中西部地区两种类型的农村老年人的生活状态。

由上文的描述可知,沿海发达地区的老人养老主要依靠自力更生,辅之以国家和社区养老。当地基本上每个村都有老年人活动室和开放的公共广场,为老年人打发闲暇时间提供了条件。而中西部地区的农业型村庄因为就业机会的缺乏,中老年人为自己养老储存的资源较为有限,只能维持基本生活,到了其无劳动能力时,只能依靠子女。那里仍然以传统的家庭养老模式为主,国家和社区在老年人养老中的作用尽管在加强但是尚未取得明显的效果。老人保有资源量的差异导致沿海地区老年人晚年生活的丰富多彩与中西部地区老年人晚年的辛勤劳碌形成了巨大的反差。此外,我们可以看到国家以及社区在沿海发达地区农村养老中的积极作用,但在中西部地区的农村,国家以及社区在农村养老中所起的作用却是异常微弱。应当注意到的一个事实是,在广大的中国农村地区,"养儿防老"的家庭养老观念依然是根深蒂固的,农村老人对养老院、福利院等家庭养老之外的养老方式是很排斥的。因此,在未来很长一段时间内家庭养老仍将是我国农村地区老人最愿意接受的养老模式。事实上,无论是经济发达地区,还是经济欠发达地区的老人,都会在相应的时期需要养老机构或社会组织的服务。在实践中,无论是在东部发达地区还是在中西部欠发达地区,国家以及社会在农村养老中所起到的作用都是不大的,家庭承担着最为繁重的养老责任。但是,伴随着城镇化进程的加快,农村劳动力大量外流,必然导致农村地区家庭养老功能的弱化,国家以及社区理应在其中发挥更大的功用,减轻家庭以及老人自己的负担,让他们能够颐养天年。

五、结　语

综上所述,不同地区老人的养老模式的基础有着差异,形成了国家—社区养老与家庭养老两种模式。这两种养老模式共同反映着代际关系的低水平均衡。导致这种代际弱关系的原因是多方面的,主要原因有:父系权威的物质基础与思想意识层面的弱化;女性在婚姻市场以及家庭中的主导与优势地位,从而使得分家模式转变成多次分家,核心家庭倾向增强,父代与子代的居住场域分离,彼此的接触交往减少,从而产生了彼此的疏离与陌生感;维持子代对父代资源的反馈的组织力量的弱化更多要依靠不稳定的主观的子代的道德品质与良心觉悟。

受到西方福利多元主义思想的影响,国内的很多政策研究部门甚至学者认为,应该倡导和促进农村养老主体的多元化。这样的意见事实上是忽视了西方福利多元主义产生的社会背景以及我国现阶段农村养老的现状。西方福利多元主义产生于西方福利国家出现财政危机后,为了减轻国家的负担而倡导强化个人、家庭及社会的责任。而现阶段我国农村养老的现状是家庭承担着绝大部分的责任,国家则基本上没有承担起其最基本的责任。西方福利多元主义是为国家负担做"减法",而中国恰恰要为国家责任做"加法"。

最后,尽管目前在农村老年人连物质需求都不能得到很好的满足的时候去要求满足老年人的精神需求是很奢侈的,但是不得不承认,与物质匮乏相比,农村老年人的精神层面更加匮乏。这是今后农村养老需要加以注意的。政府以及社区在其中应该扮演更为积极的角色。

参考文献

[1] 于景元,袁建华,何林.中国农村养老模式研究[J].中国人口科学,1992(1).

[2] 王述智,张仕平.关于当前农村养老问题及其研究的思考[J].人口学刊,2001(1).

[3] 陈彩霞.经济独立才是农村老年人晚年幸福的首要条件[J].人口研究,2000(2).

[4] 王义才.家庭养老、土地保障与社会保险相结合是解决农村养老的必然选择[J].人口研究,2000(5).

[5] 王梅,夏传玲.北京中青年家庭养老现状分析[J].人口研究,1994(4).

[6] 汪沅,汪继福.制约农村养老社会化发展的因素分析[J].人口学刊,2008(3).

[7] 邱云生.政府在新型农村养老保险机制建构中的角色定位[J].农村经济,2011(6).

[8] 张世青,王文娟,陈岱云.农村养老服务供给中的政府责任再探——以山东省为例[J].山东社会科学,2015(3).

[9] 张正军,刘玮.社会转型期的农村养老:家庭方式需要支持[J].西北大学学报(哲学社会科学版),2012(3).

[10] 杨复兴.论中国农村养老保障模式创新的基本视角和内容[J].经济问题探索,2006(2).

[11] 许照红.我国农村养老模式的历史变革与现实选择[J].特区经济,2007(6).

[12] 王德文,候慧丽.新型农村养老保障制度改革——北京模式的探索意义及其适用条件[J].社会保障研究,2010(1).

[13] 李俏,刘培,顾昱.农村多元养老模式的现实解读:区域比较的视角[J].西北人口,2014(1).

[14] 凌文豪.从一元到多元:中国农村养老模式的变迁逻辑[J].社会主义研究,2011(6).

[15] 郝金磊.区域差异背景下农村养老模式的构建[J].广西社会科学,2012(12).

金华市女性创业就业现状、问题与对策研究①

内容提要 本文通过对金华市下属婺城区、金东区、开发区、义乌市、浦江县及武义县关于女性创业就业政策帮扶实施情况的调研,比较分析了它们在来料加工、资金扶持、技能培训及交流竞赛等方面的优势差异。此外,本文揭示了女性在创业就业过程中遭遇来自"性别""价值观念""社会压力"及"素质能力"等方面差异所产生的困扰。因此,有必要在分析金华市县域间优势差异与现实问题的基础上提出相应的优化对策,以激发女性创业就业的活力,增强女性创业就业的能力,缓减女性创业就业的压力,并挖掘女性创业就业的潜力。

关键词 金华市;女性;创业就业

毋庸置疑,中国女性为中国特色社会主义现代化建设贡献出了一份重要力量,无数的女性创业就业的事实和成功案例最充分地为"巾帼不让须眉"这句古语做出了现代脚注。然而,在现实中,女性在创业就业过程中面临着诸多难题和复杂挑战,这既折损了中国特色社会主义现代化的"共建之力",也阻滞了中国特色社会主义现代化的"共享之途"。因此,加强对女性创业就业的帮扶显得尤为紧迫而必要。在这方面,金华市积极制定并实施了一系列的帮扶政策,使得女性的创业就业环境不断优化,创业就业的结构趋向合理,创业就业的途径日渐丰富,创业就业的质量数量与日俱增。即便

【作者简介】张学华,中共龙游县委党校助理讲师。

① 笔者受金华市法制办、市妇联委托,以金华市下属婺城区、金东区、开发区、义乌市、浦江县及武义县的规范性文件评估座谈调研为基本形式获取了第一手资料,在此基础上撰写了此文。

如此,仍有必要对此进行调研评估,及时了解近年来女性创业就业的基本现状和问题,以提出相应的优化对策。

一、金华市女性创业就业政策实施基本现状

(一)"来料加工"开辟了女性创业就业的广阔天地

来料加工为金华市女性创业就业开辟了一片广阔的天地,成为解决农村妇女和下岗女工就业的一条重要出路,成为引领广大妇女群众增收致富的一项重要举措,成为一项"致富工程"和"民生工程"。

义乌市发挥了来料加工的服务中心优势。在全国妇联、省妇联的领导下,义乌市妇联从2002年开始组织"百万妇女闯市场,来料加工显身手"等活动,为农村妇女发展来料加工牵线搭桥。全国妇女"市场带千村"项目办公室、全国妇女培训基地、浙江省妇女来料加工推广中心等重要平台相继落户义乌。经过多年的发展,妇联的来料加工服务"矩阵"不断扩大。现在义乌共有江苏、山东等5省及浙江省各地设立的33家来料加工联络处,义乌市场的来料加工服务惠及了20多个省市的妇女姐妹。

金东区打造了来料加工的块状优势。金东区以加快发展"块状经济"为主题开展了一系列富有成效的工作,以促进农民增收为出发点,积极采取各项措施大力发展来料加工,实现了来料加工的新发展。截至2016年第三季度,全区共计有加工点1019个,加工人数4.19万人,经纪人1048人。经纪人中有女性642人。加工费达到24023.54万元,完成了全年加工费指标的85.8%,同比增长1.06%。目前,金东区的来料加工特色产品呈块状分布:赤松的假发、头花,澧浦和塘雅的夹砖、手工手链,孝顺的平车,东孝的纸产品系列,江东的仿真花,付村的绣花,源东的饰品配件,曹宅的米珠,鞋塘的发饰等。这些产品都具备一定的竞争优势。2015年,义乌联络处实现500~800个店面洽谈业务量,达成意向产品2000多个,接单产品上千个。

武义县利用制度优势推动来料加工稳步发展。武义县近年来实行妇联组织牵头抓总、有关部门密切配合、广大群众踊跃参与的工作格局。县妇联制定下发了《2015年度来料加工目标责任制考核办法》《2015年度来料加工目标责任制考核任务》,将来料加工工作列入了无工业乡镇工作目标责任制考核内容,把带动从业人员、发放加工费、培育经纪人等指标列入考核内容。截至2016年9月底,该县实现来料加工费收入3亿元,女性从业人员2.9

万人(占比80%),女性经纪人524人(占比48.4%)。主要加工产品有服装、反光背心、文教用品、旅游休闲用品、礼品、饰品、伞、电动工具等上千种。

开发区树立了成功女企业家的典型。开发区现有注册企业11000家,个体商户22000个,其中女性企业家2872人,较为突出的女企业家有绿源电动车董事长夫人胡继红、巴奥米特总经理王雪梅、越尔工艺品总经理戴美英、新农农业发展有限公司总经理陈薇。开发区在来料加工方面以汤溪镇和洋埠镇为代表。汤溪镇有来料加工集中点96个,从业人员3144人,其中女经纪人62个,年发放加工费约4000多万元。洋埠镇有来料加工集中点40个,从业人员1520人,其中女经纪人30个,年发放加工费约800多万元。

(二)"资金扶持"提供了女性创业就业的资金保障

资金不足是限制女性创业就业的一个重要瓶颈。为了促进女性更好地创业就业,金华市武义县、浦江县和义乌市较好地实施了相应的资金扶持政策,为女性创业就业提供了一定的资金支持与社会保障。

一是实施了小额贴息贷款政策。武义县加大对来料加工的金融资金扶持力度,实施扶贫小额贴息贷款政策,对带动低收入农户5~10户以上的来料加工经纪人,在商业银行有贷款的,县政府实施小额贴息贷款政策,按基准利率的40%贴息,近年每年贴息达20多万元。同时针对来料加工点的广泛性及贷款需求的多样性,县妇联与浙江武义建信村镇银行联合下发了《关于开展来料加工贷款的实施意见》,实行来料加工低息贷款政策,每年共发放低息贷款1800多万元。浦江县实施创业融资帮扶,创业者可申请不超过30万元的贴息贷款。义乌市针对高校毕业生及登记失业人员,持有"创业培训合格证书"并在网络平台创业及创办电子商务服务业、物流快递业、服务外包产业的,若自主创业自筹资金不足,可按规定申请不超过30万元的小额担保贷款,并给予全额贷款贴息补助;其他登记失业人员、退役军人可按规定申请不超过15万元的小额担保贷款,其中从事微利项目的,给予全额贷款贴息补助,其他项目给予50%贴息。2016年1月至9月,共向371人放贷9750万元,直接或间接地扶持创业和带动就业2000余人。

二是加强了对企业及个人的资金补贴与奖励。浦江县支持企业稳定女性就业岗位,对于上年度未裁员或裁员率低于县城镇登记失业率、依法参加失业保险且足额缴纳失业保险费的企业,给予上年度缴纳失业保险费总额50%的稳岗补贴。浦江县还放宽市场准入条件,落实税费减免政策,鼓励创业平台建设。对于提供创业孵化的创业园,经审核按每孵化成功 1 家企业给予 1 万元的补贴,累计不超过 10 万元。对于有孵化价值的企业,给予企业连续 2 年每年不超过 10 万元的补贴。给予重点人群一次性 5000 元创业社保补贴。对于带动就业项目给予每年不高于 2 万元的带动就业补助,期限不超过 3 年。对于女性重点人群从事农村电子商务、农村旅游项目、开办民宿创业的,带动就业补贴标准可上浮 20%。武义县积极用好省级来料加工扶持资金,加大来料加工户的奖励政策,重点扶持带动低收入农户增收的来料加工经纪人。义乌市 2016 年 1 月至 9 月,审核发放了用人单位社保补贴 17 家共计 27.88 万元,审核发放了见习、实习、实训生活补贴和留用补贴共 31 家共计 173.19 万元,审核发放了灵活就业社保补贴 891 人共计 351.68 万元,惠及女性 499 人,审核发放了非公有单位就业岗位补贴 2962 人次共计 120.06 万元,审核发放了职业培训补贴 5255 人共计 91.7 万元。婺城区针对 50～60 岁没有工作又需要社保的女性实施一定的补贴,2014 年补贴了 177 人,其中女性 93 人,2015 年补贴了 87 名女性(占比 60%)。

(三)"技能培训"增强了女性创业就业的竞争力

从总体上来看,女性的就业素质、职业技能较弱于男性,在创业培训与辅导环境方面,女性接受培训的机会较少,缺乏现代化企业管理的知识,不适应企业发展的需要。因此,需对女性加强职业技能培训,以增强女性在创业就业方面的竞争力。对此,金华市的义乌市、武义县、浦江县、婺城区、金东区都开展了各有特色的培训活动。

义乌市完善了政府购买职业培训服务机制,充分发挥社会力量来强化创业培训。利用义乌工商学院的资源优势,创办义乌市创业学院,聘请创业导师,开展了集创业知识教育、创业实践指导、创业项目孵化为一体的免费公益培训。目前共开展创业培训 24 期,共计培训 776 人。一是开展了农村创业女能手培训。依托市民大学、农函大等机构,开展了城乡妇女 SYB、家政、烹饪以及养殖技术、茶艺师等创业就业技能培训,近三年累计培训城乡妇女 4995 人次。同时,承担全国妇女培训基地的职能。2006 年以来,承办上级妇联和各地妇联来料加工及农产品经纪人、农产品合作社负责人等创业培训 111 期,共 12692 人次参加。二是开展了巾帼电子商务培训。2009 年以来,组织市场女经营户、女企业家等重点群体 3 万多人次参加了义乌市政府"230 电商培训计划"轮训和"义乌购"操作培训,培育了一批女创客。

承办了全国妇联重点扶贫地区创业妇女电商培训班、全国妇女发展工作研讨班、吉林"网姐"培训班等电商培训 48 期,共 2965 人次参加,协助浙江妇女创客园举办电商、微商培训 24 期,共 944 人次参加。

浦江县依托县就业培训中心,为创业女性提供了计算机、电子商务等方面的培训。根据不同的就业需要和就业意愿,为创业女性开展了多种形式的就业技能培训,实现由体力型就业转向技能型就业的过渡,提高了女性自身的就业素质和就业质量。同时,做好跟踪服务,完善培训人员的学前、学中、学后服务,做到精准培训,使培训与就业紧密结合。

武义县有针对性地对来料加工行业开展技术培训。县妇联与县劳动局、网络经济发展联合局联合举办经纪人培训班,近年培训新经纪人 200 人以上;举办巾帼电商、微商创业培训班,近年共有 100 多名创业女性参加了培训。

金东区、婺城区开办了家政服务、育婴师等新行业的培训。2013 年以来,金东区进行母婴护理、家政服务员等特色人才培训,培训人数达 4830 人次。婺城区 2015 年有 195 人参与培训,其中女性 95 人,考证考出 46 人。据婺城区相关负责人介绍,从事月嫂行业的工作月收入可达 8000～12000 元。

(四)"交流竞赛"拓宽了女性创业就业的信息渠道

近年来,金华市的义乌市、金东区、浦江县、武义县通过就业信息的交流、职业技能比赛、创业活动项目等各种渠道为女性创业就业提供了多样化的就业机会与创业平台,提升了女性创业就业的水准与质量。

义乌市通过竞赛、交流、辅导、实践等手段,引导女性参与创业就业活动。一是建立了创业"孵化基地",目前全市有"网店第一村"青岩刘、工商学院花漾空间、幸福里电商园等 17 家妇女电子商务创业实践基地,累计接纳和辅导 500 多名女大学生、女村干部走上创业发展之路。同时,巩固提升了义乌十大来料加工基地,开展来料加工技术比武。历年来培育了 300 多名女经纪人带动农村姐妹就业。二是举办了"巾帼闯 e 网"系列活动。组建女导师队伍为女创客提供创业辅导。网络商品女设计师、女摄影师及网模等赛事吸引了大批电商人才参与。三是引导女性社团参与创业活动。义乌女企业家协会、美女会等,每月定期组织会员参加创业分享会、创客直播、产品推介会等活动。

金东区利用义乌联络处、义乌展会平台充分发挥来料加工产品的业务量；利用经纪人协会、村妇代会组织、镇三农广播室等途径建立信息渠道，及时传播岗位信息和招工信息，拓宽来料加工信息渠道和营销渠道；利用技能比武扩大来料加工的宣传力度。

浦江县充分运用电视台、电子显示屏、互联网、微信等媒体，鼓励外出女性返乡创业就业，发布了女性创业的相关政策措施，宣传外出女性返乡创业先进典型，增强了外出返乡女性的创业意识，激发创业热情，营造创业氛围；启动了"2016春风行动"，以在外地工作的女性春节回家团聚为契机，充分利用人才市场招聘会、网站、微信公众号、宣传栏、走访等多种形式，广泛开展就业政策和就业信息专项宣传活动。

武义县加强义乌办事处建设，组织经纪人参加义博会，建立QQ群、微信群、来料加工网以促进来料加工信息交流。县妇联充分利用各种新闻媒体和"民生大篷车"广泛宣传来料加工扶持政策和来料加工先进典型，弘扬创业精神，营造创业氛围。武义县每年还举办来料加工技能比武、特色产品巡展、经纪人和从业人员业务对接等活动。

二、困扰女性创业就业的现实难题

(一)女性创业就业观念陈旧

一个人的观念虽然不能决定一个人的行为，但价值观念取向对人的实践行为取向会产生非常重大的影响。从社会总体创业就业情况来看，女性不论是在创业就业的质量还是在创业就业的数量上，都远远不如男性。出现这种状况的重要原因之一就是女性更易受到传统陈旧的职业观念的困扰。一是女性存在就业角色定位错位。受"男主外，女主内""夫贵妻荣""男耕女织"等传统观念的影响，一些女性不愿意去创业就业，更别说去闯荡一番事业。二是依赖心理。女性倾向于把自己托付给政府，还没有从"单位""机关"等职业观念中解放出来。而且，一些妇女认为养老服务业、家政服务业等是伺候人、低人一等的工作，从而不愿从事。三是业定终身的求稳心理。女性总的来说比较保守，冒险、创新意识不强，尤其是一些女大学生的就业期望值较高，都希望找到一份稳定而体面的工作，很少有人主动创业或从事一些基础性的工作。四是女性接受新技术的意识不强，对高新技术的掌握不够。例如，来料加工的机械化、专业化、现代化程度较低，致使女性创办的企业规模普遍不大、实力不强,不利于来料加工的后续发展和转型升级。

(二)女性自身素质条件相对较弱

随着我国现代化水平的提高,各行业对从业人员的职业技能、综合素质的要求也普遍提高。对于那些没有接受过现代化教育、缺乏现代化能力的中老年群体,尤其是女性群体来说,在文化状况、技术水平、知识储备和创新能力方面都显出劣势,因此,她们在创业就业时面临严峻挑战。不少女经纪人欠缺电子商务、外贸出口、营销知识、企业管理知识、法律知识等领域必备的知识;女经纪人自主创新、自主接单意识不强,能独当一面、市场驾驭能力强、经营管理经验丰富的女性人数较少。部分女性职业技能偏低,文化素质偏低,身体条件偏弱,很多情况下只能暂时就业或短期就业。政府尚未形成健全的体系帮扶女性解决长期就业等一系列问题。单一劳动技能和较低的文化水平限制了广大妇女创业就业的机会。在妇女中拥有专业技术的人偏少,存在"有人没事做、有事没人做"的现象。因此,大部分女性从业人员急需根据市场需求不断地调整自身的技能,以适应激烈的市场竞争,实现增收致富。

(三)女性的家庭压力沉重

当前在广大的农村家庭中,依然保持着男主外女主内的生产生活方式。通常农村的男劳动力主要是外出进城打工,妇女则成为留守农村从事生产生活的主力军。因此,农村妇女除了要同城镇妇女一样承担照顾老人、教育小孩、打理家务的责任之外,还要从事农业生产活动。这种沉重的家庭压力使许多妇女难以有精力、有时间、有动力、有条件去找一份工作,更不可能去挑战更大的创业活动。即使部分女性没有如此沉重的家庭压力的困扰,她们在创业就业中依然会遇到资金瓶颈的制约,她们在运用民间借贷以及政策性贷款融资等方面均要弱于男性,致使部分想创业的女性由于资金问题至今没有实现理想,一些创业女性由于资金的制约,只能选择一些投资少、技术含量低的传统产业,她们想扩大规模、提升品质,但又缺乏资金支持。

(四)社会性别差异依然存在

作为一个有着父权制社会历史背景的国家,目前我国依然存在多层面的性别歧视现象,这在创业就业方面屡见不鲜。虽然我国法律规定了妇女享有平等的就业权利,但实际上男女的就业机会并不完全相同。一是在岗位设置上偏向于男性,甚至一些适合女性从事的行业和岗位也有拒绝招收女性的问题,这使妇女就业和再就业比男性更加困难。二是出于岗位工作可持续性的考虑,由于妇女有可能出现请产假、哺乳假等一系列情况,许多用人单位拒绝招收女性或者提高对女性的录用标准。同时,因为这些原因,女性自身的职业发展也受到阻碍。因此,女性创业要承受更多的艰辛。女性进入职场,在语言、态度、形体等交往方面与男性相比存在差异,很难一下打开局面,造成多数女性就业岗位的不固定。三是由于劳动力市场管理不规范,女性就业劳动报酬偏低,男女两性收入差距较大,损害了妇女的劳动权益,社会保障政策不落实的现象也时有发生(包括社会养老保险、失业保险、医疗保险等基本险种参保率较低),成为影响妇女平等享有就业保障和职业健康发展的障碍。

三、优化女性创业就业的对策选择

通过以上分析,我们总体上了解了金华市女性创业就业的基本情况及其面临的诸多难题。针对这些情况和问题,应努力寻求解决路径。在政策的制定和实施过程中,要充分考虑当地的具体情况,在努力发挥自身优势的同时应积极借鉴其他县市的成功做法,达到县域之间优势互补,以激发女性创业就业的活力,增强女性创业就业的能力,缓解女性创业就业的压力,并挖掘女性创业就业的潜力。

(一)激发女性创业就业活力

(1)营造女性创业就业的良好氛围。在全社会加强妇女创业就业的宣传教育,唤起广大妇女的主体意识,增强女性创业就业意识,激发创业就业热情,形成鼓励就业、支持创业、争先创业的良好氛围。使广大妇女树立自尊、自信、自立、自强精神,自主创业,自谋职业。

(2)发挥优秀女企业家的典型示范和带动作用。在"互联网+"背景下,应采取各种途径包括电视节目、门户网站、电话热线、微信公众号、现场宣讲等,大力宣传优秀女企业家的创业经历与经验,充分发挥先进典型的作用。充分利用那些优秀女企业家的引领带动作用,一方面可带动更多的人从事创业,另一方面可提供更多的就业岗位,带动更多的人就业。

（3）促进女性创业就业观念的现代化。通过现场参观学习、召开妇女群众大会、进村入户、个别座谈等形式，深入细致地做好思想动员工作，同时充分利用广播、电视、报纸、网络等各种传媒及群众喜闻乐见的宣传形式，帮助妇女破除"男主外，女主内"的陈旧观念，克服"怕吃亏、怕吃苦、不敢闯、不敢干"的消极意识，鼓励她们到更广阔的领域和空间谋求职业发展。

（4）开展多元化的创业就业活动。近年来，金华市各县（市、区）都开展了多元化的女性创业就业系列活动，成效显著。县域间应互相学习优秀的活动方式，开展更具成效的丰富多彩的活动。如义乌市的创业"孵化基地""巾帼闯 e 网""创业基金项目"等就值得其他地方学习。

（二）增强女性创业就业的能力

技能培训，是提升女性素质，提高女性创业就业能力的根本之策。要自上而下地建立女性培训网络，确保妇女培训工作的常态化、规范化、制度化，增强女性创业就业的能力。

女性创业就业的培训要坚持因人而异。各县市对不同的女性要开展适合相应需要和潜力的技能培训，增强女性创业就业的信心，找到合适的创业项目和就业岗位。对尚未就业的女性，提供必要、系统、全面的创业培训和技能培训，使之尽快掌握一定的自主创业和自谋职业的技能；对初始创业者，开展针对性的业务培训，帮助其改进技术，改善管理，提高效益；对创业有成者，开办更多创业讲座及相关课程，邀请专家、教授前来授课，专门指导，进一步提高其经营管理水平，引领企业向更高层次发展；针对女大学生，要为她们的创业就业提供理论指导和实训基地。

女性创业就业的培训要坚持城乡统筹。目前农村庞大的女性富余劳动力向城市二、三产业转移，城市大量的失业下岗人员与农村潜在的富余劳动力并存，成为城镇化进程中解决女性就业问题的一大难题。因此，政府应给妇联组织增设培训专项经费，专门用于为农村女劳动力转移和城镇下岗失业女性提供就业技能培训。探索城乡统筹就业模式，积极组织劳务输出，鼓励城镇下岗失业妇女到农村开创新业，同时鼓励优秀创业女性返乡创业。婺城区针对农民工的家政服务、育婴师等的培训值得其他县（市、区）学习借鉴。

（三）缓解女性创业就业的压力

资金问题是妇女创业就业的关键问题、瓶颈问题。加大资金扶持力度是缓解女性创业就业压力的现实需要。对此，金华市的武义县、浦江县、义乌市等已经制定了小额贴息贷款政策，实行了在社会保险、就业岗位、培训费等方面的奖励与补贴，大大缓解了这一地区部分女性的创业就业资金压力。然而，在这方面仍有许多需要优化的地方。例如：可以通过简化女性创业的担保贷款手续和程序、对符合贷款条件的女性创业人员优先给予信贷支持、开辟女性创业信贷担保绿色通道等形式为创业女性提供方便快捷的服务。可以通过设立女性创业发展基金、小额贷款利息补助等方式，为创业女性提供资金支持。发挥小额贷款量小、灵活、见效快的特点，进一步健全妇女创业资金扶持体系，完善妇女小额担保贷款的各项政策和业务流程。可以通过加强银企对接，建立女企业家融资恳谈等机制，大力扶持初次创业的女性和中小女企业业主，有方向、有目的地扶持女企业家做好、做大、做强企业。

（四）挖掘女性创业就业的潜力

第一，要充分挖掘女性的独特优势。女性在许多方面、许多行业都优于男性，例如在创意服务类、专业咨询类、科技服务类、补教看护类、生活服务类等方面，女性就占据着独特的优势。对此，要加强引导女性树立正确的职业观，选择适合自身优势的行业进行创业就业。浦江县鼓励女性从事农村电子商务、农村旅游项目、开办民宿创业，义乌市加强对城乡妇女 SYB、家政、烹饪以及养殖、茶艺等方面的创业就业技能培训，金东区、婺城区开辟了家政服务、育婴师等新行业的培训等，这些都体现了对女性优势的挖掘。

第二，要提升对女性的认可度，摒弃性别歧视。对此，可以通过评比表彰、专题演讲、电视专题片、报纸专版等形式加大对女性创业典型的宣传力度，以利社会对她们的了解和认同，带动更多的女性投身创业。对于机关单位内的女性或女领导，要充分认同其工作能力和领导能力，挖掘发挥出她们做领导工作的巨大潜力与独特魅力。

第三，要健全监督机制，完善妇女劳动权益的法律保障。政府应在市场监督管理上加大政策指导和支持力度，规范企业和劳动中介机构的行为，禁止职业进入、工作评估、职位晋升、职业安全等就业全过程的性别歧视，使劳动力市场中的招聘、录用工作更加规范,保护女性的劳动权益。劳动行政部门、就业管理部门要加大法律执行监督力度,受理有关侵害妇女就业权益的投诉,并在各自的职能范围内进行调查核实,依法处理。工会、妇联等非政府组织要依法代表劳动者监督用人单位贯彻实施女性就业权益保障的规定,充分发挥其维权作用。

第四,探索制定更优化的女性弹性退休机制。对于有能力的女性可允许其申请延期退休,充分发挥出部分女性的工作能力;对于由于身体状况等因素无法继续工作的女性可申请提前退休,以保障这部分女性更加健康的生活;在退休保障金方面要充分保障男女的平等公正。

第五,要充分肯定和保护女性作为人类母亲的生育价值。因此,需建立必要的生育补偿制度,将生育成本纳入社会保障体系之中,将女性生育保障社会化,完善相关法律法规。

邻避项目社会风险防控机制及路径选择

——以嘉善县垃圾焚烧发电项目成功落地为例

内容提要　在中国城镇化迅速发展的过程中,邻避冲突常常成为社会治理中矛盾冲突的导火线,并呈现频繁多发态势。提高对社会风险的预防预控水平,对于维护稳定和推进经济发展是必要之举。本文通过对海盐县和嘉善县生活垃圾焚烧发电项目的案例分析,尝试总结我国现阶段可能引发邻避冲突的项目(简称"邻避项目")的社会风险点及其主要特征,对防控系统、组织、方式等方面的现状及不足进行分析,从而探索可能的前置性预防和控制机制,从源头上解决问题,从根本上维护社会稳定。

关键词　邻避冲突风险;风险防控;垃圾焚烧

随着改革的不断深入,公民维权意识的不断提高,近年来诸如针对 PX 项目、垃圾焚烧厂建设等的邻避项目引起的社会风险也不断升级,给项目建设、经济发展和社会运行都造成了不利影响。近五年间中,仅垃圾焚烧项目引发的重大邻避事件就有广州番禺垃圾焚烧发电厂集体上访事件、深圳白鸽湖抗议垃圾焚烧事件、北京阿苏卫抗议建垃圾焚烧厂事件、上海江桥标语游行反对垃圾焚烧事件、江苏吴江万人反垃圾焚烧抗议事件、浙江余杭区反对垃圾焚烧项目的规模性集聚事件等。目前,由于缺乏解决此类问题的有力举措,有关项目建设常常陷入"上马—抗议—暂停"的循环,出现经济与社会双输的局面,是给社会稳定带来了极大挑战。如何合理设置邻避设施,有效化解邻避矛盾,减少冲突,共筑和谐,已成为各级政府必须正视的问题。

【作者简介】张炜,中共嘉善县委党校高级讲师。

通过总结生活垃圾焚烧发电项目"四个全过程"邻避风险的防控,对于分析研究邻避事件的解决对策具有十分重要的意义。本文通过对海盐县和嘉善县两个垃圾焚烧发电项目的不同处置方式和达成效果的比较,进一步对社会风险防控进行研究,从机制路径上进行设计,防患于未然。

一、海盐县邻避项目引发群体性事件的基本情况

海盐经济开发区垃圾焚烧发电厂选址论证报告于 2016 年 4 月 12 日至 2016 年 4 月 21 日在海盐县开发区管委会大楼底楼西侧大厅、建设项目现场及海盐电视台新闻频道 19:00—21:00 电视字幕等进行公告,旋即引发广大网友就垃圾焚烧发电厂是否应该推进以及选址问题的大讨论。有支持的声音,更有反对的声音,邻避运动导致反对声占据多数。起初,网友的反对声音主要是:质疑发电厂选址距离人口密集区过近;认为垃圾焚烧技术已经过时,误信美国和日本因污染问题在 20 世纪就已取缔垃圾焚烧项目的谣言。4 月 21 日晚,事件逐渐发酵恶化,民众将矛头直接指向政府。少数自媒体直接采用恶意嫁接的方式,将原本并非此次事件的图片描述成此次群体事件的现况,煽动群众上街游行;一些自媒体声称政府只顾自身利益,不顾群众死活;另有一些自媒体杜撰政府出动特警、打人抓人、暴力镇压群众、造成流血事件,并配有图片,画面血腥;还有自媒体虚构学校停课、教师被抓、学生走上街头的新闻。短时间内,各类信息错综复杂,歪曲事实的消息开始干扰整个事件的处理,影响事件的发展,加剧事态的严重性。在这一过程中,自媒体起了煽风点火、火上浇油的作用。最终项目无法落地实施,给当地政府的决策带来了沉重的压力,社会影响较为恶劣。

二、嘉善县邻避项目风险防控的主要做法

嘉善县生活垃圾焚烧发电项目,位于嘉善县姚庄镇界泾港村溇上港自然村,总投资 3.93 亿元,占地约 93 亩,项目近期建设规模为日焚烧垃圾 600 吨,是省"十二五"重点建设项目。该项目 2012 年 3 月完成项目土地征迁,搬迁农户 121 户共 363 人,2013 年 3 月开工建设,2015 年上半年建成投产,目前日处理垃圾为 300 吨。在该垃圾焚烧发电项目推进落地的过程中,嘉善县委县政府坚持以人为本,科学决策,循序渐进地做好群众工作,着力把群众工作做到群众心坎上,有效破解了垃圾焚烧发电项目建设的邻避难题,没有引发群体性事件,目前项目进展顺利。

（一）坚持把社会稳定风险评估贯穿全过程，做到预警在先，未雨绸缪

针对垃圾焚烧发电项目存在的稳定风险，嘉善县以稳评探路，预测预知风险，并在此基础上有针对性地做好未雨绸缪工作。一是深入查摆风险点。由县分管领导负责，县维稳办、住建局、环保局、发改委、国土局、财政局及姚庄镇人民政府组成稳评组，采取摸底调查、实地走访、座谈听证、项目参观等多种方式充分进行社会稳定风险评估，查摆出包括大环境影响下群众的"邻避心理"和抵触情绪，集体上访、堵路、阻挠施工、打砸设备甚至围攻政府工作人员等群体性事件，村民不配合征地搬迁、漫天要价的"钉子户"行为，以及由项目引发的网络舆情事件等11项稳定风险点。二是准确把握风险环节。稳评组通过项目研究、案例分析、走访群众等方式，摸排出项目风险的暴发重点在规划选址、环评公示、征地拆迁、设备进场、桩基落地、垃圾进场、点火试车、开工运营等关键环节。要确保项目的顺利推进，必须针对各种风险点，在项目推进到关键环节前周密制定风险化解措施及其工作方案，以及突发群体性事件、网络舆情事件应对处置预案等。三是扎实做好风险化解。稳评组在充分调查研究的基础上，提出了《县生活垃圾焚烧发电项目社会稳定风险评估报告》。县委县政府对项目可能引发的社会稳定风险高度重视，召开书记办公会和县政府常务会议，成立了项目建设领导小组，主要领导亲自负责，统筹做好项目引进和群众工作。领导小组下设项目引进、宣传舆论、征地搬迁、维护稳定等专项组，县相关领导分工包干，实行定风险各类、定包保领导、定工作班子、定化解方案、定稳定责任、定任务时限的"六定"责任制，着力把各种风险隐患化解在未发，制止在萌芽。比如，在"七通一平"基础设施建设过程中，个别征迁户为安置争取更多利益，阻挠筑坝建挢通道工程建设，领导小组立即启动保护性施工预案。一方面，严肃查处阻工、闹事、强揽工程等行为；另一方面，启动舆情应对预案，同步收集本地论坛、微博等舆情信息，第一时间进行舆论引导，确保了项目顺利开工，稳评工作起到了"测压仪、减压阀"的作用。

（二）坚持把好中选优的要求贯穿全过程，做到对群众负责，让百姓放心

嘉善县认真贯彻省委省政府"两美浙江"（美丽环境、美好生活）战略，在

项目建设中树立环保第一、质量第一、群众满意第一的理念,各项工作均按照一流的标准,多种方案比较优选。一是项目选址精心挑。以"三步走"方式,精心选址。第一步,考虑到姚庄镇位于嘉善县中东部,交通便利且镇内有1个县级垃圾填埋场和多处污水处理设施,有利于垃圾的运输和资源化利用,决定将项目选址初定于姚庄镇。第二步,在姚庄镇初选出展丰村、横港村、界泾港村3个备选地址。在综合衡量环境影响、征拆难易、边界条件、远离集镇、交通便利等因素的基础上,又考虑到当地因杭州湾海风影响,全年多半时间刮东南风,而界泾港村的西侧也即下风向为面积近千亩的祥符荡水域,即便是有气味也不会影响群众生活,而且利于气味飘散。最终将项目地点定在界泾港村。第三步,按照征地拆迁与群众生产生活同步转变的原则,反复调整项目建设用地红线,确保项目建成后环境防护距离内涉及征拆的农户为完整的自然村,避免了简单划定红线后套用环境防护距离造成同一自然村落中有拆、有不拆的被动混乱局面。二是技术工艺反复比。围绕如何破解生活垃圾处理难题,对焚烧处理和综合生化处理等技术,一方面邀请国内资深专家进行深入研讨论证,另一方面由县领导带队外出学习取经,并在此基础上制定了一套成熟可行、符合嘉善实际的垃圾处理模式方案。三是投标业主严格选。围绕建设国内一流垃圾焚烧项目的目标,以技术成熟性、稳定性和有把握性为前提,严格对投标人资质进行把关,明确要求参与投标企业不仅要有雄厚的资金实力、先进的技术、良好的信誉,还要有建设运营实例且经验丰富。鉴于原项目施工方在新技术及新排放标准方面没有建设实例,进一步拓宽选择范围,依托省级招投标平台面向全国公开招商,好中选优,确定一家企业作为嘉善县垃圾焚烧项目业主。

(三)坚持把宣传思想工作贯穿全过程,做到讲究策略、入心入脑

受社会大环境,特别是近年来邻避冲突事件频发的影响,群众对垃圾焚烧发电项目异常敏感和抵触。嘉善县讲究策略,做好思想工作,让群众听得进,信得过。一是淡化敏感字眼。在前期上门走访阶段,县镇两级干部淡化"垃圾焚烧"字眼,突出"热电项目"的概念,让群众看到项目引进可以带来的发展机遇和具体实惠,愿意坐下来与县镇干部进行交流沟通。在此基础上,组织项目包括拟选址周边村民代表在内的3批次共100余人次赴海宁、昆山等地的垃圾焚烧厂进行实地考察,让群众切身了解垃圾焚烧企业生产过程中环境管理现状和产生污染情况。二是专家答疑解惑。邀请省内外专家

组成专家团队,深入项目所在的镇村,从技术层面对该项目的重要性、必要性进行分析,从法律和技术角度进行可行性、可靠性论证,回答了为什么采取垃圾焚烧处理、为什么选址姚庄镇的界泾港村、垃圾焚烧项目对周边环境影响如何等一系列问题,并逐一解答项目建设标准、征迁安置、环境污染、绿化意见等群众代表的疑问,破除了将焚烧项目妖魔化的舆论影响,正确宣传垃圾焚烧项目真正的环保效果。三是让群众信任的人做群众工作。县委县政府注重层层做好群众工作,首先做好党员干部的思想工作,做好项目所在地及周边在县级机关工作的干部的工作,再由他们分头去做好普通群众工作。先后召开了镇、村领导班子座谈会、"两代表一委员"座谈会、村民及党员代表座谈会,打消党员干部的顾虑,凝聚工作合力。比如,在项目推进的初始阶段,由于受个别"幕后高参"的蛊惑,有的群众抵触情绪较强,导致项目开工受到很大影响。项目所在村的支部书记带领村干部深入每家每户,还找到"幕后高参",动之以情,晓之以理,讲清政策,解答疑惑。经过两个多月做工作,逐步消除周边农户的疑虑,项目得以顺利开工。

(四)坚持把解决群众合理诉求贯穿全过程,做到群众得实惠、经济得发展

解决群众的实际困难,消除群众的顾虑,是推动项目顺利落地的关键。一是出台惠民政策解民忧。在拟定政策时,从改善民生、帮助就业入手,积极稳妥地解决群众的后顾之忧,减少了对征地拆迁工作的阻力。比如,基于便于生产生活的原则,对界泾港村溇上港自然村进行整体搬迁安置,并由镇政府在该村所在集镇中心地段统一规划设计、高标准代建拆迁换置房,并配套建设幼儿园、农贸市场、文化中心等公共设施。此外,还优化农民征地统筹养老政策,将其与城镇职工养老并轨,将失地农民的养老金从原来的 600元/月提高到 1300 元/月,依托镇村各级平台流转土地,帮助失地农民从事效益农业;对无意务农的,由镇政府协调垃圾焚烧发电项目业主,对符合条件的失地农民予以优先招录。二是发展集体经济助发展。加大项目所在村村级集体投入力度,由县政府一次性给付界泾港村村级集体发展资金 500万元,并每年拨付村级专项生态补偿资金 20 万元。同时,改善水、电、路等村级基础设施,提升项目周边农田的灌溉、防洪能力,让群众在项目推进过程中真正得到实惠。三是保障民意诉求促共识。在项目实施过程中,采取定期走访、座谈等方式,广泛收集民意诉求,主动与业主单位进行协调,最大

限度地保障被征迁农民的切身利益。比如,针对镇村干部走访过程中了解到的"垃圾转运中要做到密闭不滴漏,固定运输路线,尽量绕开集镇和村庄等人口密集区"等意见,及时研究对策。针对群众提出的"厂内垃圾渗沥液预处理要严格达标排放,污水臭味要严格控制,后期生产要严格管理,污染物排放物要动态实时检测,周边生产生活环境影响要定期检测,并予以公示"的合理化建议,及时向建设企业反馈,要求其在厂区门口配备大型视频显示器,实时显示所有烟气排放值等监测数据,便于社会和群众对所有设备的运行情况和排放指标进行监督。

三、目前我国在邻避项目社会风险管理方面存在的不足

虽然我国针对邻避项目已摸索出一套指导性的社会风险管理措施,但对于具体的防控系统、组织、方法等,却还存在理论和实践上的缺失,亟待补充与完善。其不足具体体现在四个方面。

(一)邻避项目社会风险管理的价值取向需要调整

目前,对邻避项目风险的预警仍侧重于技术、环境、财政等方面,社会层面的风险近几年才受到各级管理部门重视,尚未在实践中普遍应用。且社会风险防控存在"项目本位"倾向,即主要目的在于保证项目顺利立项和开工建设,对社会发展和民众利益的考量不够,这使风险管理偏离了应有的价值取向,不易获得百姓的理解与支持。

(二)邻避项目社会风险防控的相关政策法规较为笼统,可操作性有待加强

作为工程项目与社会突发事件的结合体,邻避项目的社会风险受到"工程项目社会风险评估"和"突发事件应对"两方面的宏观规则共同指导和约束。但邻避项目的特殊性以及民众对其风险独有的焦虑与恐惧,决定了需要一套具有针对性和操作性的社会风险管理制度作为参照。因此,在政策方面,还需要有关部门继续努力,推动邻避项目社会风险管理的合法有效。

(三)现有邻避项目社会风险防控的各阶段发展有失均衡

一个完整的风险防控链条应包括"前期预防—中期预警—后期处置"三个阶段。目前,我国对于邻避项目社会风险管理尚集中在后期处置这一阶

段,前期预防性的措施不够,大量的人力、物力与财力用于群体性事件的处理和善后工作。应加强前期对民众心理和行为趋势的关注与引导,以及中期对风险程度的预测与预警,尽可能避免风险爆发后的社会消耗。

(四)民众在邻避项目社会风险管理中的角色仍没有得到足够重视

决策参与、信息公开、教育普及,是减少人们对项目安全担忧、增强接受度进而避免风险行为的有力举措。但有时地方政府基于 GDP 导向,为了保证项目顺利上马,有意削弱民众参与度或用形式性参与代替实质性参与,避免民间反对声音的干扰。这个容易使民众与公权力形成对立,在一定程度上引起人们对项目的抵触,为社会稳定埋下隐患。

四、对邻避项目社会风险防控的对策建议

随着群众环保意识的普遍增强,环境污染纠纷和环境矛盾冲突将会日益凸显,如何积极应对、有效解决重大涉环保项目建设的邻避冲突问题,将会成为各级政府和环保部门面临的一项重大而艰巨的任务。针对这一现状和发展趋势,借鉴嘉善县生活垃圾焚烧发电项目"四个全过程"经验,本文提出以下对策建议。

(一)全程实施稳定风险评估

组织实施全过程的社会稳定风险评估,"预先防范"或"控制消减"不稳定因素,是邻避项目顺利落地开工建设的重要前提和保障。一是全过程实施稳定风险评估。无论是在制定有关经济社会发展和与人民群众切身利益相关的重大项目的决策事项前,还是在项目推进过程中,都必须把社会稳定风险评估贯穿其中,通过有效措施发现、分析、评估、预警和控制风险,最大限度地降低事项的敏感度,不断汇聚重大决策的正能量。二是提高应急处置水平。若邻避项目的社会风险爆发,导致社会秩序突然失控,则需要强有力的应急处置系统进行及时处置。对此,可通过定期举行邻避项目突发社会风险事件的应急演练,实现部门间协同,不断提高应急联动水平,保证对突发社会事件的有序快速反应。

(二)积极搭建信息沟通平台

在某种程度上,信息封闭、决策不透明,让公众的基本诉求无从表达,是

引发邻避冲突的直接导火索。因此,增加项目信息的公开透明度,充分保障群众的知情权和监督权是有效规避和化解邻避矛盾的重要手段。一是建立政府部门的社会风险信息搜集与发布平台。一方面,加强政府风险管理部门与社会大众、新闻媒体、项目企业等的沟通,实时搜集社会的风险信息,作为制定防控方案的现实基础;另一方面,政府通过固定的信息发布渠道定期向社会公布项目的安全信息及应急知识,并建立新闻发布会制度,在社会风险发生时通过发言人统一、及时、准确、全面地公开风险控制进展,减少谣言的传播,解除民众的恐慌心理和从众心理,遏制风险行为的进一步扩散。二是形成邻避项目运营方的安全信息通报制度。笔者曾经对某核电站周边民众进行调研,普遍反映的一个问题是,核电站运营方在乡镇里设置了核辐射监控设备,却很少将数据公之于众,这引起了人们对核安全的猜测与疑虑。因此,企业有必要通过建立安全信息通报制度,定期向政府、大众传媒和民众发布邻避项目的设施安全状况和相应监测数据,让谣言止于公开。三是优化大众媒体的信息传播与沟通桥梁角色。在信息沟通平台中,媒体连接着政府、企业和公众三大主体,承担观察社会风险态势、宣传项目安全知识、引导公众心理行为等多重任务。而媒体的特性致使其可能夸大邻避项目的危害或事故的后果,无形中助推民众对项目的抵制情绪的恶化。因此,提高媒体从业人员的职业素养,保证信息发布真实全面,并优化其桥梁角色,是信息平台建设的重中之重。

(三)探索建立权责分配机制

一是邻避项目社会风险预警的权利划分机制。邻避项目社会风险防控的每一环节都涉及不同主体,也体现了不同的权利分配。首先,要保证风险信息搜集中的公民参与权。民众是邻避项目社会风险的产生主体,也是风险预控的信息来源。只有保证在信息搜集过程中公民的广泛参与,了解其诉求,风险防控才能有的放矢。其次,要重视风险评估中的专家建议权。目前邻避项目的社会风险评估很多是由项目建议方和承建方组建的团队负责开展的,难免存在既当运动员又当裁判员的尴尬,评估结果公开时也缺乏说服力。建议聘请中立、专业的第三方评估队伍,提出综合评估意见呈递给政府决策部门作为参考。最后,要用好紧急状态下地方政府与项目企业的协同执行权。地方政府与项目企业往往最先了解邻避冲突的真实信息,但信息通过层层上传到达最高决策层时,会出现放大、遗漏或歪曲的情况,也会延误处理时间,影响效率。因此,赋予二者适当的决策权与执行权,合理配置,是保证工作效果的必要手段。二是邻避项目社会风险预控的责任共担机制。首先,树立"谁主管、谁负责""谁批准、谁负责"的原则。要求政府管理机构、项目承建方、地方政府民防部门、安全管理部门等各司其职,在社会风险消减中担负起各自的责任,并通过相关法律制度明确规定各方责任,防止推诿扯皮,提高工作效率。其次,建立邻避项目社会风险管理的绩效评估机制。通过在风险防控工作中推行绩效评估,设置相应指标,奖优罚劣,引起有关部门对社会稳定工作的重视,改变方案措施单一、缺乏激励制度的现状。再次,建立邻避项目社会风险管理的责任倒查机制。影响社会稳定的事件发生后,应从源头上查找项目建设时的风险评估机构、应急决策机构、安全管理机构等的责任,通过倒查机制使得整个预警工作串联起来,尽量将每一个环节的疏失降到最小。

(四)保障民众合法利益不受损

即使项目本身总体上有利于增进社会福利,但毕竟谁都不愿意看到垃圾堆放在自己的小区里,因此,"补偿(即该项目的受益方向利益受损方提供补偿)和迁徙自由"就成为重要的解决办法。一是建立损害补偿机制。对重大涉环保项目建设影响周边居民正常生产生活的,由政府出面建立"谁污染谁治理,谁受益谁补偿"的机制,对受邻避项目建设影响的周边居民给予一定合理且充分的经济、物质或公共服务补偿,以缓解周边居民的嫌恶情绪。二是给予居民自由迁徙的权利。邻避运动的最终目的是保护环境而非真正和企业作对,所以在这一过程中我们要尽可能争取企业的"同盟军"支持,使一部分低收入群体可以因为就业机会增加而选择继续在附近居住;而另一部分人则在拿到补偿后迁徙到另外的地方,找一个更适合的区域生活。

参考文献

[1] 何艳玲."中国式"邻避冲突:基于事件的分析[J].开放时代,2009(12):102-114.
[2] 覃晓辉.邻避冲突成因及规避路径选择——以广州李坑垃圾焚烧厂为例[J].辽宁行政学院学报,2012(09):9-11.
[3] 张向和,彭绪亚.基于邻避效应的垃圾处理场选址博弈研究[J].统计与决策,2010(20):45-49.
[4] 谭爽,胡象明.我国邻避项目社会风险防控现状与对策[J].大视野,2013(00):54-57.

提高临平副城首位度问题研究

内容提要 余杭区是杭州九大城区中唯一因特殊地理位置等因素呈现"多中心"发展格局的城区,区委区政府所在地的临平副城并没有明显的首位度,这对于引领余杭区统合发展是不利的。为此,建议一是建立临平副城议事协调机构,提供坚强组织保障;二是实施环山发展战略,实现"双城合一";三是提高临平副城主导产业的占比,打造"创业之城";四是提高临平副城公建档次,打造"魅力之城"。

关键词 多中心;首位度;环山发展;创业之城;魅力之城

在杭州九大城区中,余杭是唯一一个因特殊地理位置等因素呈现"多中心"发展格局的城区,包括以临平创业城为核心的临平副城、以良渚文化城为核心的城北副中心、以未来科技城为核心的城西科创副中心和以大径山生态区为核心的瓶窑组团。其中,临平副城是余杭区委区政府所在地,是配套最为完善的区块,也是离钱塘江——未来的"城中江"最近的余杭区块。不过,由于之前在内部发展上的各自为政、政策资源倾斜力度不够、主导产业占比不高、公建配套层次低等原因,定位更高的临平副城的知名度、GDP、财税收入、招商引才吸引力、上市企业数、新创企业数、对外辐射效应等都不占优。不仅如此,从临平副城、下沙副城、江南副城与城北城市副中心、未来科技城城副中心、大江东城市副中心六大板块划分来看,临平副城也没有领先优势。这与余杭区希望以临平副城作为龙头拉动全区发展、引领余杭走在全市各城区前列的愿望不相适应,也与余杭迎接拥江发展时代

【作者简介】郭人菡,中共杭州市委党校余杭区分校高级讲师,南京师范大学法学院博士研究生。

的机遇与挑战不相适应。因此,余杭区亟待从全新高度和全新视角谋划临平的发展问题,切实提升临平在余杭多中心发展格局和杭州多区域发展格局中的首位度。为此,本文相关人员在前期进行了深入调研,并组织召开了部门和镇街座谈会,形成了提高临平副城首位度的四点建议。

一、建立临平副城议事协调机构,提供坚强组织保障

在区级层面成立临平副城统筹发展领导小组,由区里主要领导担任组长,分管区领导任副组长,相关部门、街道主要负责人担任成员。主要任务:(1)梳理、研究临平副城提高首位度面临的重大问题与困难,并提出相应的针对性对策建议和政策方案,如可考虑临平副城核心区块同步享受未来科技城所享受的区内财政、税收、人才等方面的支持力度(尤其是在区内先行先试举措安排上);(2)统一副城内规划土地的利用,并与杭州市的规划修编对接,使临平副城发展纳入下一步杭州市重大发展战略考量之中,尤其是争取纳入"拥江发展"战略布局以及升格为杭州城市副中心;(3)协调副城内主导产业集聚发展和产业分工合作;(4)协调区内符合临平副城发展定位的产业等资源向临平副城集聚;(5)其他需要协调解决的事项。

二、实施环山发展战略,实现"双城合一"

传统上,临平以临平山为界,被划分为山南和山北两大区块。这样,临平山客观上起到了阻隔临平发展的作用。这一点虽然近年来有很大改观,但并没有根本性变化。因此,实施环山发展战略,将临平山从阻隔点变为连接点、从边缘带变为枢纽带,是破解临平乃至整个临平副城发展难题的关键举措。

(一)整治临平山周边地区,形成山水临平

余杭之名源于大禹泊舟之地,暗含有水即兴;余杭的区位图呈现一个倒写的草书"山"字,意蕴余杭山映水中,山因水而活,水因山而秀。因此,余杭的活力就是要在山水的结合上做文章,处于临平山与运河相交之地的临平副城更是如此。从这个角度看,临平山及山北通河、入江、达海的优势没有有效集聚和发挥,是临平副城首位度不高的关键原因。首先,需要建设一条高标准环山公路,考虑浙江省第二监狱和第四监狱整体搬迁的可能性,形成宝幢路、星光街、沿山路、安平路之间的无缝衔接,环山人行横道设置成彩色

游步道,并与上山通道相连,组成山体公园。其次,结合老城区有机更新、"城中村"改造以及小城镇综合环境整治,腾挪出环境优化空间。在山脚开阔地带开挖人工湖,通过明河和暗河相连接的方式贯通形成环山河慢循环,并与二通道即运河水系相连,直达钱塘江,打造成余杭"通江入海口";与上塘河相连,直达拱墅区,打造成黄金水道。再次,开辟临平山到超山和丁山湖、临平山到运河和塘栖古镇之间的旅游连接线,复挖东湖,形成名山、名湖、名河、名镇联动发展。最后,加强临平山南北通向主城区和区内中西部的地铁、高架、快速路、主干道等工程的对接性建设,争取杭州绕城到临平新城段取消收费,加快推进杭州"三绕"建设,使余杭经济技术开发区能与下沙副城和江南副城无缝衔接。

(二)适当西移副城重心,促进经开区与临平新城双城融合

当前以临平街道和东湖街道为基础的临平周边发展已呈现瓶颈状态,经济开发区与临平新城的结合也缺乏连接带,需要放到更宏大的格局中来考虑侧重点。建议将星桥作为经济开发区与临平新城双城融合"战略会师"的重要节点,在此打造星桥新城,并以此缩短临平副城向西辐射的间距,提高临平对余杭中西部的吸引力。这样,经济开发区、临平新城和星桥新城围绕临平山三足鼎立,就能使临平山真正成为临平副城的"城中山"和临平副城的中心坐标。

三、提高临平副城主导产业的占比,打造"创业之城"

一个地方的发达,与其拥有鲜明的主导产业是密不可分的。未来科技城知名度高,首因是其主导创新,信息经济产业占比高;良渚新城知名度高,首因是其良渚博物馆独一无二;大径山生态区因茶产业和茶文化而闻名中外;大江东城市副中心和下沙副城因现代制造业而声名鹊起。临平副城虽主打"创业之城",但在产业发展上却呈现多元化,经济开发区的制造业风采不及城东制造大走廊,临平新城的时尚产业风采不及未来科技城,且正被良渚设计产业所赶超。因此,我们提出以下建议。

(一)明确临平"创业性产业"的定位与产业内涵

在现有的时尚产业上,如何体现创业性?在现有的经济开发区制造产业上,如何嵌入创业?如何与未来科技城的创业创新特色相区别?笔者认

为，既然主打"创业之城"，就应将重点聚焦在中小微初创型企业的孵化和培育上，创造孵化器孵化、社区孵化、园区孵化、小镇孵化和全民创业等多种模式，大力发展生产性服务业和生活性服务业。

（二）引导区内外具有创业活力的生产性服务业和生活性服务业向临平副城集聚

尤其要注重统筹对接吸收城西科创大走廊和城东制造大走廊等市内平台，海宁、桐乡、德清等周边县域以及上海等周边省市的产业溢出资源和结构性调整资源，做大做强生产性、生活性服务业。

四、提高临平副城公建档次，打造"魅力之城"

相比于城西科创大走廊和城东制造大走廊，临平副城对人才和资本缺乏显著的吸引力，其主要原因是公建配套不够高端。因此，必须建筑一个个高端的"巢"，以吸引人才与资本之"凤"。

（一）建设临平科教城，占领人才制高点

当今社会，科学技术仍然是第一生产力，而21世纪的竞争，说到底是人才的竞争。因此，结合临平副城极度缺乏顶级科研机构和高端名校的实际，适合建设临平科教城，弥补科教"短板"。一是要大力引进顶级科研机构。要引进与临平副城主导产业相配套的1～2所国字头科研院所的分支机构，打造一批国内领先的、与主导产业密切匹配的产学研合成基地。二是引进和创建一批名牌学府。人才喜欢与人才为伍，建设人才集聚平台是各地寻求超常规发展的"杀手锏"。而大学是人才最集中的地方，其落地周边通常能成为繁华之地。建大学城是很多地方都采用的"老套路"，但对临平副城来说这一点完全没有过时，因为临平副城到现在为止还没有一所成建制的全日制大学，更不要说大学城了。因此，建议将建设临平科教城列为临平提高首位度的重中之重。在临平山到超山之间，利用规划预留地块，在浙江理工大学时尚学院的基础上，再引进几所高端学府，引进几所全市乃至全国知名的公办和民办中小学，结合科研机构和基地，促进产、城、人融合。

（二）建设一批高端的医院、商场、酒店、金融街等公共设施

一是在未来的星桥新城引进建立一所全国知名的医疗机构。临平副城

现有的医疗机构虽然发展得很快,但仍不足以满足临平副城日益增长的就医需求,对吸引高端人才就地就医也缺乏足够的吸引力,因此,还需引进建设一所全国知名的医疗机构。建议从上海引进(如上海交通大学医学院附属瑞金医院、复旦大学附属华山医院等),这样也可以加强临平作为沪杭合作桥头堡的地位和作用。二是建设一批高端的商场、酒店、金融街等公共设施。临平的商场,不仅要能吸引余杭区内居民就地消费,也要能吸引海宁、桐乡、德清等临平副城毗连地区居民前来消费,甚至要能以特色吸引部分杭州主城区居民前来消费,这就需要有2～3个商场能集成各大商品品牌。同时配建高档酒店,推出定制旅游等特色旅游服务,吸引中高端游客集聚临平副城。尤为重要的是,金融是经济的血脉,虽然临平没有吸引金融机构总部落地的足够优势,但可以通过打造银行一条街、基金一条街、风投一条街等举措,为实体经济提供强力支持,助推临平副城提升首位度。

科教城^①建设需要破解四个难题

内容提要 城市不缺资本而独缺高端科技人才等创新要素资源,这种"特殊"资源只有高等院校、科研院所独有,体现于它在直接拉动经济增长、引导社会产业方向、改善社区人文环境等方面所发挥的巨大作用。当前余杭区在引进培育高等(基础)教育、科研机构的力度方面,与省内外发达城市的县区相比较,还存在一定的差距,特别是临平副城区块。近年来,余杭区引进了浙江理工大学相关学院、杭州师范大学、中国美术学院等院校到区内办学。但是,从总体上看我们还是缺乏顶级科研机构、高端名校以及技术"蓄水池"。为此,我们提出了弥补科教"短板"的四点建议。

关键词 科教城;做法及经验;四个难题

习近平总书记强调,人才资源是第一资源,也是创新活动中最为活跃、最为积极的因素。当前,城市之间的竞争,根本上是人才资源的竞争。要培育人才、引进人才、留住人才、用好人才,必须为人才工作和生活提供优越的环境条件和"三生融合"的空间载体。"科教城"在此方面具有独特的作用。当前我区特别是临平副城区块在规模化引进人才和培育高等(基础)教育、科研机构方面,还存在一定的差距。为此,我们在前段时间呈送区领导的《提高临平副城首位度的四点建议》课题研究基础上,结合实际情况,进一步

【作者简介】占张明,中共杭州市委党校余杭区分校常务副校长;赵丽萍,中共杭州市委党校余杭区分校副校长;李哲罕,浙江省社会科学院副研究员、博士后;陈华杰(执笔),中共杭州市委党校余杭区分校科研科科长、高级讲师。

① 本文所指的"科教城",是指以高校(优质基础教育)、科研机构、研发单位等为主体的,对现有和未来教育、科研、学术、研发资源,进行开发、重组、整合而构建的新型城市区域。

提出建设余杭"科教城"的设想,以供区委、区政府决策参考。

一、国内科教城建设的主要做法及经验

近年来,各地政府兴建"大学城"(科教城)的热潮方兴未艾,概括总结它们发展的经验,可以为余杭区建设科教城提供有益的借鉴。

(一)在发展规划方面

上海市充分利用当地高等教育资源优势,以资源共享、校区集聚和提高科研创新能力为重点,促进综合性大学向园区集中,专门性高校与产业融合。其中,上海的松江大学城具有统一的管理机构,即松江大学园区管理委员会,大学城内各高校间没有围墙,各类教育资源可以共享,是一座没有"围墙"的大学城。深圳大学城的定位则是在办好研究生教育的基础上着力办好本科教育,力争将大学城办成世界级高水平大学和科研平台聚集区,为深圳高新技术产业留住人才。目前,深圳大学城已引进了北京大学、清华大学、哈尔滨工业大学、中国人民大学(深圳)、中国科学院大学(深圳)、深圳北理莫斯科大学等 20 所左右的国内外名牌高校(科研机构)。南京的仙林大学城则是通过积极构建教育资源共享平台,加大对大学城共享教育资源的扶持力度,达到激励各高校快速优化共享教育资源的目标。

(二)在集聚效应方面

建设科教城对区域经济社会发展具有较大促进作用,能够产生强大的人才聚集效应,是推动城市化建设、提升城市文化品位的重要举措。大学城集聚了大量的师生,少则几万,多则十几万,对区域经济的拉动作用是非常明显的。例如,重庆大学城,起初大学城所在地仅仅只是一个小镇,大学城建成以后,各级各类专家学者学生聚集于此,除了扩大内需、刺激直接消费外,还带动了一系列的相关产业的发展。福州大学城建成后师生入住,为闽侯县带来了 20 万人生活、学习各方面的稳定消费需求,创造了大量的就业机会和岗位。再如,在北京中关村,分布着 80 余所以北大、清华为代表的各类高等院校,200 多家以中国科学院、中国农业科学院及工程院为代表的各级科研机构,中关村科技园因此凭借高等院校和科研院所的区位优势,吸引了近百万的科技人员,从而大大提升了城市的档次和品位。

(三)在融资模式方面

国内科教城建设的成功融资模式主要分为四种。一是完全依靠财政资金的融资模式,如深圳大学城。大学城建设资金主要由政府负担,政府将大学城的硬件基础设施建设完毕后,交由各个入驻高校管理使用,同时为其办学和科研活动提供多方面支持,并为其成果转让和孵化提供优惠政策。二是以财政资金投入为主的融资模式,如珠海大学城。中山大学、暨南大学作为珠海大学园区引进的支撑高校,政府无偿提供校区用地以及教学科研设施,而园区的其他高校则自筹资金,自行建设,自主办学。三是以 BOT(build-operate-transfer)为主的融资模式,如上海松江大学城。所谓 BOT,是指政府对某项特定的公用基础设施,以协议的形式授予私营企业(包括外国企业)以一定期限的特许专营权,许可其进行融资建设和经营。四是多元化的融资模式,如宁波大学城。宁波大学城的开发建设成功地运用了股权融资、BOT 融资、土地融资、教育集团投资、财政投资等多元化融资方式。

(四)在管理体制方面

大学城的管理体制主要分为三种形态。第一种是实行集中管理,政府主导大学城的发展方向,但仅以引导为主,不干涉各高校院所的办学自主权,这是目前国内普遍的做法。例如,上海松江大学城以及深圳大学城。上海松江大学园区管理委员会作为上海市教育委员会的派出机构,主要职能是协调大学园区的资源共享、园区综合管理、促进大学园区文化建设、后勤社会化、对内外联络等方面的工作。深圳大学城的管理架构可概括为大学城领导小组、大学城管理委员会、各入驻高校的研究生院理事会与其母体高校等三大部分,大学城领导小组是大学城最高级别的决策机构,大学城管理委员会属于议事机构,各校理事会代表各校的决策机构,同时接受各母体高校的指导。第二种是实行半集中管理,例如东莞大学城,它是随所在地科技园区规划而建设的,大学城隶属科技园管委会,没有专门设置大学城管委会。第三种是实行自主管理,即在建设过程中成立了大学城建设指挥办公室,建成后由各入驻高校实施自主管理,例如广州大学城。

二、科教城建设需要注意的几个问题

近年来,继"开发区"热之后,中国又兴起了建"科教城"热。"热"的背后,既有必然性的一面,又会有盲目性的一面。我们认为,规划建设科教城,既要看到它的必然性,又要充分考虑它的可行性。为此,余杭在推进科教城规划建设发展中需要注意以下几个问题。

(一)关于规划问题

从全国范围来说,我国科教城建设不仅发展速度快,而且投资规模、占地规模均很大。在这种情况下,相应的硬件建设理念必须具有系统性和前瞻性,同时又要防止土地资源浪费、重复建设和资源封闭等问题。一是要注重前瞻性,站在发展的高度,高起点高水平进行规划,要避免"潮汐城"现象,配套的交通、医疗、幼儿园和中小学等资源必须跟上。二是要注重系统性,在规划过程中要充分考虑衡量产业、生态、人文、历史等因素。三是要注重融合性,注意科教城建设与城市发展的良性互动,实现改善城市空间结构,建设理想城市人居环境的目标。四是要注重阶段性,既要考虑后续发展空间,又要考虑阶段发展的重点,避免影响区域经济的辐射能力。

(二)关于效应问题

科教城建设不能成为一座文化孤岛,科教城建设必须重点考虑能否以及怎样给余杭城市发展带来创新驱动效应、土地补偿效应、投资乘数效应、消费拉动效应、人文扩散效应和生态环境效应等,既要做大正面效应,又要防止负面效应。在正面效应上,需要重点解决如何形成产学研一体化,如何为周边地区提供科技文化服务,如何创建学习型社区等问题。特别是要解决余杭公共基础设施建设相对滞后,体育运动设施较为匮乏的问题。在负面效应上,一是由于学生和研发群体的个性特征,要意识到会增加社会治理难度和成本;二是由于各高校(基层教育)、科研院所的定位、构成不尽相同,需要充分论证和全局规划所在区域各类资源共享等问题。

(三)关于投资问题

无论是哪种投资方式,其最终的资金来源,绝大多数都是银行贷款。由于科教城建设所需资金数额巨大,在地方财政收入状况好的城市,可以依靠政府财政投入,如深圳大学城和珠海大学城等。但是,对于国内大多数城市来说,地方财政则难以负担,巨额债务容易导致沉重负担,甚至难以如期还贷。此外,一些地方通过吸纳社会资金参与投资建设,但是这并不意味着政府就可以撒手不管,如果采取完全由企业独立投资建设的模式,容易导致负债规模过大,造成资金链断裂。因此,余杭在实际融资过程中,需要测算资金需要量,合理控制融资规模,有效规避融资风险。

(四)关于机制问题

地方政府在科教城管理中的定位,不仅是一个实践问题,也是一个理论问题。在宏观管理机制方面,当前余杭尚未设立具有管理科教城规划建设的职能部门,以此负责规划、建设、引进高校、科研院所等方面的事宜,从而没有很好地发挥政府的宏观调控作用,从而容易导致科教城建设的规模和数量缺乏系统考量。特别是在用地管理方面尚需进行长远的考虑。在微观管理机制方面,余杭目前在建成的科教城内,学校与学校之间、学校与科研单位之间、学校与周边社区之间的资源共享能力尚未充分发挥,同时存在后勤服务不到位,缺乏强有力的监督等问题。

三、科教城建设需要破解四个难题

从总体上看,余杭科教资源布局分散,集聚效应不强,缺乏顶级科研机构、高端名校以及技术"蓄水池"。为了更好地弥补余杭的科教"短板",我们提出以下四个建议。

(一)科学布局定位,谋划重点区域

进一步深化校地合作,促进资源共享、优势互补、互利共赢。第一,重点谋划临平副城区块。系统规划临平城北、城西直至塘栖、星桥、崇贤一线,在引进浙江理工大学时尚学院的基础上,再引进几所高端学府,力争建成万人规模的高水平大学(首选985高校)若干。引进与余杭经济技术开发区主导产业相配套的国家级工程中心、重点实验室、工程实验室和企业技术中心,积极对接城东智造大走廊以及沪嘉杭G60科技创新走廊战略,打造产学研科创中心(基地)。同时,在引进杭州市橄榄树学校的基础上,再引进几所全市乃至全国知名的公办和民办中小学。第二,整体推进杭州未来科技城区块。深挖阿里和浙大两座"金矿"资源,加快推进"五新"基地、之江实验室、

阿里巴巴"达摩院"、超重力实验室等重大产学研项目建设,谋划建设中国(杭州)国际名院名校名企联合研究院。积极引进高端培训机构,通过培训向国内外各界人士推介余杭,将目前杭州未来科技城的接待任务转化为"多赢"的工作。第三,深化杭州城北板块(良渚新城等)发展。全力推进中国美院良渚校区、浙江理工大学等重点项目建设,深化仁和先进制造业基地与清华长三角研究院杭州分院战略合作,加大各类工业设计制造类研发机构的招引力度。第四,适时推进西部山区板块发展。引进若干与生态环保、农业科学研究相关的科研机构,打造杭州生态建设与研发高地。

(二)促进融合互动,实现集聚效应

切实引导各区块科教城(筹建)及内部各单位实现资源互动、优势互补、强强联合。第一,最大限度实现科教城内的资源共享。鼓励科教城内的文化体育等设施通过合理途径与社会共享。倡导多元文化共存,不断推进各类机构与周边社区的文化互动,提升区域文化品位。加大临平新城核心区、余杭经济技术开发区中心区两大区块功能分析,避免重复布局。第二,实现与区域外的高校院所资源优势互补。临平新城要主动对接下沙大学城,谋划大学生创业园区。余杭经济技术开发区则要重点规划大学城、研发基地等。推进与区外高校院所联合创办专业、开设课程、提供教育咨询服务,联合建立科研中心、科技园区等。第三,建立产学研一体化基地(平台)。引导企业与包括诺贝尔奖得主在内的世界顶尖科研人才合作,在余杭设立研究机构,聚焦生物、新材料、人工智能、信息技术等前沿领域。重点吸纳院士、"长江学者""百人计划""杰出青年计划""千人计划""万人计划"等高层次人才落户余杭。第四,推进环境融合共生。积极保护和利用自然生态资源,尊重原有地域生态系统,坚持 TOD(公共交通导向型发展)理念,尽量选择离地铁、公交、轻轨等地点建设科教城,发展与环境相协调的交通方式,建立快慢分流、人车分流的交通网络系统,采取环形公交、公共自行车等绿色交通工具以及步行等出行方式。

(三)完善合作模式,加大融资力度

科教城建设不是越大越多越好,要根据地方的经济社会实际情况,实事求是地确定规模,量力、量需而行。余杭在财力不是特别强大的情况下,有必要引入市场机制,广泛吸纳社会资金,采用多元化的融资模式。第一,建立合作联盟。采取"共同投入"的模式,由余杭政府投入资金、提供研发用房,高校院所投入技术、人才、品牌、专利等无形资产,做到对等投入、优势互补、效益共享。同时,鼓励和支持企业与高校、科研机构联合建立研发机构、产业技术联盟、科技园区等创新组织。第二,集聚民间资本。通过财政资助、空间支持和税收优惠等政策杠杆,支持社会资本参与科研机构的引进和建设,鼓励各类企业在余杭设立研发中心。在筹备或者建设各区域的科教城中,通过各种民间融资机构平台的参与,进一步弥补资金的不足,特别是要探索后勤服务社会化、规范化、标准化管理。第三,弥补资金缺口。因地制宜地创建拥有自身特色的高校院所环境,规划设计一些绿色郊野公园,依托绿色郊野公园良好的生态环境优势,创新性地搭建环保型的旅馆或者度假村,力争成为国家 3A 级以上旅游景区,在此基础上所产生的收益可以弥补资金缺口。

(四)完善协同管理,健全工作机制

在建设(筹备)科教城过程中,区级层面要抓好工作的组织统筹。第一,成立综合协调办公室。该办公室由区委、区政府直接领导,专门研究、规划和处理科教城建设工作。同时,柔性引进一些具有科教城办学经验、运营经验的人士作为顾问。综合协调办公室重点聚焦临平副城、杭州未来科技城、良渚新城等区块,并在统筹规划过程中做到分类推进、差异发展。第二,建立规划设计与运行机制。着重根据临平副城、杭州未来科技城以及城北良渚新城等主要板块的区域特点,统筹建立各具特色的发展模式。区委、区政府主要负责基础设施建设,以及统筹科教城区域布局和建设规模,负责管理科教城内的公共事务。第三,构建各方利益协调机制。坚持市场化导向,有效协调各方合作当中的利益诉求,充分发挥市场对各类创新资源要素(如高校、科研单位、企业、民间投资机构等)配置的导向作用。第四,开展系列"走出去""引进来"交流合作活动。主动对接中国科学院、清华大学、北京大学以及省内各类高校院所,采取政产学研结合、校地合作、协同创新等方式,大力招引高校院所来余杭合作建设研发机构或创办分校,以及组建国家级重点实验室、工程中心、检验中心的分支机构等项目。

文化篇

清明节俗活动推动下的江南新村
聚集点文化重心建构研究

内容提要 作为社会文化体系的重要组成部分,我国民俗及习俗文化同时包含着众多文化内涵。然而,随着农村集中拆迁安置和新村聚集点建设进程的加快,传统的以村庄血缘与地缘为纽带的民俗活动也因此支离破碎。通过对桐乡新村聚集点清明节俗活动的考察发现,在例如清明节等传统节俗活动时期,传统的节俗活动同样能把新村聚集点农户聚集在一起,传统文化节俗在新村聚集点依然继续发挥着文化重心建构的功能。

关键词 新村聚集点;文化重心;重构;节俗活动

在农村,村落的集聚产生于血缘,但集聚的延续却来自于价值认同,节俗活动便是这价值认同得以传承的载体。在几千年的村落变迁中,村庄聚散不断,但人们能坚守着这块土地,重大的力量在于节俗活动的纵向维系。从时空两维发展来看,村庄秩序之所以能有条不紊,是因为其具有时空两维的重心。时间的文化重心体现在纵向,是节俗活动的内容重心;空间重心是村落的空间心脏,是村庄所有人集合之处,久而久之,也无形中成为权威的象征。

城市化进程打破了农村的封闭环境,也打破了农村牢固的血缘与地缘结构,大量原有村落的村民被集中安置到新村聚集点,对农村原有文化结构也造成了极大的冲击。在桐乡的基层社会,以法律法规、村组织为代表的正式社会控制力在农村日常实践中经常"失灵",而宗族伦理、民俗活动、乡规

【作者简介】沈林洁,中共桐乡市委党校高级讲师。

民约、民间信仰等改革开放以来逐渐恢复起来,并成为农村社会秩序整合的重要影响力量。但在新一轮的新村聚集点的建设中,民间节俗活动再次遭受冲击,加上农村就业方式的改变,在新村的聚集过程中,人的精神力没有聚集,相反,原先建立在血缘、地缘基础上的精神家园出现崩塌。因敬畏之心丧失而导致的道德滑坡使村庄里年轻一代出现了严重的消极情绪,这对于整个村庄建设和管理是不利的。

对于乡村文化的传承,学界有两种观点:一是乡村文化危机论。2004年年底在上海召开的"城市化进程中乡村文化危机"研讨会上,王晓明表达了对乡村文化的忧虑:"中国特色的现代化是否也应该体现在对全面城市化的单一模式的打破?……相对于物质生活质量的低下,乡村所具有的悠久历史传统和本土气息的文化形态更是匮乏得近乎荡然无存,城市商品社会制造出来的流行文化、不切农村实际的生活方式和价值观却已经渗透到农村的每一个角落。"而贺雪峰更是认为:"农民的本体性价值发生了危机。……尤其是 20 世纪 90 年代以来,中国农村发生了快速的变迁,市场经济的强力渗透、现代传媒的进入和农民的大规模流动,都将现代性的因素强有力地嵌入到了农村社会和农民家庭中。尤其要害的是,这次现代性因素的进入,不像以前仅仅摧毁了农村社会的表层结构,而是在强有力地改变农民的价值和意义系统,这次改变之细密和彻底,是之前任何粗暴的表面改变所不可比拟的。……之前在器物层面被打碎的东西,因为意义系统仍在,而可以重建,现在意义系统发生了改变,器物层面就无重建的理由与可能了。"[①]二是乡村文化存续论。孙庆忠发现,宗族意识虽然经过了历次运动的洗礼,但其没有受到根本性的冲击,仍然在乡土社会生活中产生着持续的影响,以宗祠和祖墓为中心的祭祀仪式仍然在维系着家庭的和睦以及家庭间的团结与联合。台湾学者黄应贵通过对台湾原住民的研究发现,在全球化的背景下,台湾的大部分农村出现了一副看似破败的景象,让人觉得农村社会即将全面崩解。但是,在表象之下,黄应贵发现,一种新的乡村文化形式正在诞生,因此他提出乡土文化的再造和转化理论。日本人类学学者韩敏通过对一个皖北村庄的深度的民族志考察,认为经历了从晚期帝国时期到去集体化改革时期 600 年的社会变迁,中国农村以血缘和婚姻为根基的基本结构、关系网络、观念和认同仍然没有改变。赵旭东认为,在从传统向现代的演变中,

---

① 贺雪峰.为什么要强调农村文化建设——从家庭理性化说起[J].财经,2007(10).

乡村文化的传承变成了一个动态的过程,像万花筒一样呈现出不同的姿态,但其文化的本质会持续存在,因为它的核心深植于经年累月的社会发展之中,以特定的社会功用烙刻着无法言说的文化认同。文化重心的重构对于新的聚集群体的稳定和繁荣至关重要。以往的农村文化传统研究仅仅将节俗活动作为民族文化的象征图式来统一解释,忽略了地方社会中节俗活动的传承对于新村聚集点村民文化重心重构的重要推动和促进作用。传统节俗活动一方面可以提升人们对传统文化的认同感和文化归属感,促进村民的友好往来,形成互敬互爱的高尚乡风;另一方面也可以唤醒人们对村庄的记忆,重构新村聚集点村民的文化重心。

一、清明节俗文化的现实意义

(一)大型节俗活动是村庄的精神文化沉淀

本族中心主义使得特定地域中具有相同习俗和信仰的人们紧密联系在一起,有利于增进共同体成员之间的相互团结,密切共同体内成员之间的人际关系,化解各种矛盾,有效维护社区正常的社会秩序。大型节俗活动一般于农忙前后举行,如乌镇香市是农忙前的狂欢,而桂花村的猛将庙会是农忙后的庆典。在娱乐活动贫乏的农村,这是每个人都能参与、都能消费的活动。这些活动以家庭的形式传承群体所认同的程序,且有鲜明的时间限制。其举行的程序,包括开始和结束的各项内容都是约定俗成、不容更改的。节俗活动的独立性,构成了群体生活的共性,成为区别不同群体生活方式的标志,从而也构成了村庄间的特色,形成独特的文化沉淀。这个独特的文化沉淀便成了村民情感的寄托与纽带。在每年的庆祝活动前,整个村庄氛围因此而变得热烈而亢奋,大家沉浸在庆祝前的分工中,积极做着各种准备工作,一些表演的排演更是促进了几个月间因农忙而日益生疏的交流。快乐、期待、热烈、融洽、交流是这个时期的主要情感表现。

(二)节俗祭祀活动的道德教化功能

教化有两种意思:一是指政教风化的教育感化;二是指环境的影响。人的出生和死亡都是在特定的社会环境中完成的,因此,民俗文化的教化在使一个人成为具体社会群体成员的过程中,起着其他任何文化事象都无法取代的作用。在海华村,"拜斗"也是孩子们过节的日子,出生不久的婴儿也常常由奶奶们抱着到海神庙玩。正如本尼迪克特在《文化模式》中所说的："个人生活史的主轴是对社会所遗留下来的传统模式和准则的顺应。每一个人，从他诞生的那刻起，他所面临的那些风俗便塑造了他的经验和行为。到了孩子能说话的时候，他已成了他所从属的那种文化的小小造物了。待到孩子长大成人，能参与各种活动时，该社会的习惯就成了他的习惯，该社会的信仰就成了他的信仰，该社会的禁忌就成了他的禁忌。"[①]

作为社会文化体系的重要组成部分，我国民俗及习俗文化同时包含着众多文化内涵，对社会发展既有消极作用，又有积极作用。比如民间信仰，尽管在反映的方式上带有一定的幻想性，但其反映的内容却具有现实性和理想性，其中既有人们对现实苦难的抗争，也有对真善美的追求，在必要的时候它能抚慰人们的心灵，给予人们生存下去的勇气，可以说是对人们现实生活存在欠缺的精神补偿。我国众多的民间信仰中所倡导的"公正、仁爱、孝道、财富、健康、长命、消灾、避祸"等精神诉求，有利于在信众中形成比较和谐与稳定的人际关系，有利于维护社会的既有格局和秩序，有利于促进社会的和谐与稳定。

就依然处于社会转型期的中国而言，全能政治时代的政治信仰随着改革开放的深入进行和市场化进程的不断加快而日渐式微，所谓的"道德危机""信仰危机"正是这一过程的直接表现。而民俗、习俗、民间信仰的发展和繁荣可以在一定程度上缓解此种危机。许多民俗、民间信仰中既有对未来的美好虚幻的憧憬，也不乏自律和操守的成分，这些对于缓解民众的心灵痛苦，规范其行为举止，都能起到世俗律法所起不到的作用，既有利于维护社会稳定，提高民众的道德素养，又有利于社会控制的有效实施。

(三)节俗活动的社会整合与维稳功能

社会稳定来自于社会的每一分子对其自己交出的公权利的认同，并严格遵循约定的规则。在村庄中，村民的日常秩序简单而又规律，但在传统的村庄中，村民往往是足不出村的，所以稍复杂的社交规则便较难应对，因此发生矛盾也较难解决。而节俗活动便较好地解决了这个问题，有利于村庄日常秩序的维护。

每项节俗活动都有其固定模式，遵循约定的行为规则。如庙会活动，村

---

① 本尼迪克特. 文化模式[M]. 北京：社会科学出版社，2008.

民称为"迎会",其寓意是迎接庙会队伍,迎接庙会里抬的菩萨,让菩萨在自己村庄甚至是自己的家族祠堂门口停留。但为了能让庙会队伍顺利进入村庄,在庙会前会有庙会的发起人安排人员检查庙会队伍要行进的道路,如果两旁的树木枝丫、断垣残壁等可能会影响庙会通过,检查人员会在这些物件涮上石灰,户主应在接到"石灰"标识的通知后的几天内清除。只要看到这个石灰标识,村里人家都会主动清除,不需要过度强调,否则庙会队伍因此而改道的罪责在全村人面前他是承担不起的。而为了能让菩萨在自己的村庄或家门口多作停留,以获得更多的菩萨赐福和村庄威望,村里人家(一般是富户)会在村口或家族祠堂前准备供台,摆上供品、香烛,当然,给庙会游行队伍里的演出者的"辛苦费"也是少不了的。在庙会活动当天,有时还会发生在不同村庄的演出团体之间的矛盾,甚至会大打出手,这时便需要庙会的临时调停机构来解决纷争。这个机构一般由几个村庄的乡绅组成,他们在当地较有权威,在活动时拥有规则的解释权。

(四)民俗信仰的规范与约束功能

在信息交流不发达的时代,乡村是个闭塞的地方,尤其是一些交通不便的小村。节俗活动也是村民、村庄之间交流的契机。节俗活动相当于一个流动的集市,各种生产、生活物资大量交流,同时交流的还有人与人之间的情感、信息,特别是桐乡地区清明时节的蚕花庙会,更是年轻男女相亲恋爱的平台。

民俗活动中蕴涵的民俗信仰对人们行为和影响的控制类似于道德教化的"软控制",它不像法律、行政等"硬控制"那样具有强制性和"刚性",不可变通,而是具有一定的"弹性",因而能够广泛感染与影响人们。无论何人,无论身处何时何地,其行为方式无不受到所处的特定环境中的习俗及其承载的民间信仰的影响。例如,民间信仰中的许多地方神,大都是由传说中那些扶危济困、见义勇为、匡扶正义、助人为乐的楷模人物转化而来的,江南的许多土地庙,供奉的都是曾在当地有较大影响、对百姓有较大恩泽的人物。如桐乡海华村海神庙的海神老爷是三国时期吴国的陆逊,因陆逊曾在此地休养生息,屯田垦荒;御驾桥村的嘉清庵供奉的是姚文、姚武两兄弟,因为两人对当地百姓有恩;民合村的土地菩萨是南宋最后一位安定郡王——赵伯泽,民合是他的封邑。对他们的崇拜及祭拜的过程,也是一种对崇信群体教化的过程,有利于培养人们树立良好的思想品德,规范和约束自己的言行。

通过将现实生活中"立德、立言、立功"的文化英雄(如关羽、刘猛将军、温元帅等)神化为超自然、超人间的神明加以崇拜,并使其代表的精神和人格超越时空而得以长期传承,无疑会对普通信众产生潜移默化的引导和教化作用,这是法律、行政等正式社会控制力所不能及的。

二、新村聚集点建设导致文化重心缺失现状及影响

农村文化重心的缺失,与网络的普及应用、社会生活商业化密切相关,但村庄的搬迁与重组对其造成的影响更不容忽视,许多残存的民俗因此而淡化、消退。

(一)新村聚集点建设在根本上摧毁了村庄的血缘与地缘的纽带,以村庄为单位的民俗活动也因此支离破碎

江南传统村庄在刚解放时常常是一个家族只有两三户人家,发展成当下的七八户、十几户,是近几十年间的事,所以彼此之间带着亲切的血缘感。这些人家称彼此为"自埭屋里",除了平常的红白喜事经常往来,在节俗活动中尤为团结。一个"自埭屋里"一般住在一起,通常的格局是沿河东西一字排开,有些家族的堂屋还是开门相通的,以共同防贼防盗。村庄上外来独姓的人家往往势单力薄,需要依傍人口众多的大姓家族,获得保护。一个小自然村,基本就是一个"自埭屋里",村坊的名字也是依姓而定,如"李家埭、张家浜、徐家角"等,所以血缘关系就特别突出。而一代代兄弟分家后,房屋建造也是紧密相连,所以一个姓氏在村庄时间久了,就有了前埭、中间埭、后埭等,同一埭血缘近些,但不管怎样,地缘也是非常突出。

在近几十年的发展中,农村经历了三次建房高潮。每一次建房都是对地缘与血缘的突破。20世纪初农村普及了自来水后,农村建房不再坚守在小河浜周围聚集,有些人家开始远离村坊中心,散居在田园里。但基本上还是按着原血缘与地缘点散射。新村点建设则彻底打破了传统的地缘与血缘关系。每户人家按自己的财力与喜好迁入新村点,"李家埭、张家浜、徐家角"也就不复存在。原来以村坊为单位的民俗活动虽有时仍按小组的名义在进行,但就村民自身来说,小组概念已非常弱化,集体凝聚力也因此而减弱。

（二）聚集点农户间邻居的重新排列组合，劳作模式与生活习惯也因房屋的结构而改变，邻里之间利益矛盾减少，但人与人之间的沟通交流也减少并逐渐变得冷漠

劳作模式和生活习惯是节俗活动的基础，节俗活动中的许多娱乐节目本就脱胎于劳作和生活方式，如船是江南百姓出行及生产的主要工具，庙会里还有划单船的表演。清明蚕花庙会上有名的高杆船，则是蚕宝宝上山做茧的形象模仿，其高难度动作堪比杂技。其他如划菱桶、打莲湘等，都是劳作方式的演化。一些节俗本来就是在邻里、自埭屋里才热闹起来的，如清明做圆子、阴历七月半包馄饨等，大家互相赠送圆子、馄饨，节俗氛围浓厚。

田野是个大厂房，农忙时节男女老少都在田间地头，许多笑话、村里故事、劳作竞赛应运而生。虽说各家各忙自家田，但田地相傍、房屋相连，想不搭理都不行，东家吃什么菜、西家忙什么活，彼此了解得一清二楚。

这种如同自家人一般的、带有血缘关系的邻里关系，随着搬迁入新村点而彻底断裂。延续了几十年甚至上百年的邻里情谊需重新培养。新村点的建设完全模仿着城里的小区，而这个小区建设是要求农民慢慢脱离土地劳作，新房的设计构造也无法再适应传统的农业生产需要：房子的面积与结构不适合蚕的饲养、屋内的装修不再适合传统农具的放置。新村点与农户的承包地相距较远，需要开着摩托、带着铁耙去田地。年轻人几乎都进入了附近的企业，村庄的土地或多或少由村里统一出租，农活基本由老人来做，而随着老人年岁增长、农产品与工业品价格拉大，土地对年轻的农民不再具有吸引力。原来在生产、生活中频繁的交流也不复存在。

（三）祭祀活动的淡化减弱了年轻一代对祖先的敬仰，传统道德秩序遭受再次破坏

传统节日的祭祀活动一直是中国人的重要事项，它维系着由古到今的情感，体现着人们对祖先的崇拜与信仰，是民间伦常的基础，也是传统小村道德的起点。在传统的日子里，一年中较大的祭祀活动有清明、中元、冬至、除夕，这四个节俗的祭祀是普遍的，其他各村还有自己的宗族祭祀、庙会祭祀等，各家有祖宗忌日祭祀。从祭祀本身来说，它有一套顺序规范，对于神灵的祭祀和对祖先的祭祀，其规范又大不相同。如祭祀菩萨、六神等神灵，八仙桌需要横向摆放，即桌子上木板的拼纹是东西向的，桌旁不放凳，桌上

供品有水果、糕点,鸡、肉等不必煮熟,更不需切碎。而祭祀祖宗,桌子需南北向摆放,桌子两侧放凳,供品与平常吃的一般。这样的规则是不可以随便更改的,更不可以破坏,否则会遭报应。家族的祠堂祭祀,又有其自身家规,祭祀常由族长主持。但不管是哪种祭祀,都是神圣的、严格的。在磕拜行礼中,按长幼秩序依次进行。所有的规矩都在告诉祭祀者:你从哪里来,你必须对你的根源无限敬畏,了解并遵从长幼尊卑秩序。乡绅族长是地方规则的解释执行者。

一次次土地平整改变了地貌,从而推动了生产方式的改变,但所有的祖先坟茔也因此荡然无存。以前的村坊同族常常是有着共同的墓葬地的,短则上百年,长则几百甚至上千年。这片老坟场是后代的血缘联结点,也是村庄秩序的延伸点。祭祀是一种敬畏,也是一种信仰。而当被崇拜敬仰的源生处消失了时,附之其上的所有活动也失去了依存。当清明祭祀仅为一普通习俗,变得可有可无时,我们失去的不仅仅是敬仰,还有规则秩序。

(四)大型节俗活动的商业化损害了传统信仰,破坏了根植于村民内心的礼仪规则

传统自发的节俗活动在 20 世纪的后半个世纪中淡出了人们的视线,但随着近些年的旅游热及社会经济的发展,人们开始挖掘大型传统活动,如江南庙会。但挖掘的目的基本上是利用来发展旅游业,活动徒有其表,已无其里。以清明庙会例说。

在传统庙会里,庙会持续时间短则两天,长则一周,每个步骤都要有条不紊地进行,每个步骤都蕴含着它的特定含义,尤其是一些搭了供台的小村坊,一方面是富豪的炫耀,但更重要的是村庄的祈福,那些发自内心的恭敬与敬仰,在每个细节都有体现。队伍里常会有一些病者,将自己捆绑起来,以现世之身消除病痛,祈求康复。每个庙会都有它不同的主题,如猛将是消蝗灾、瘟元帅去瘟疫、蚕花庙会为蚕业而祈福,因此庙会的表演活动也有许多不同。庙会里菩萨被人从庙会抬出来是个隆重的过程,而现在的庙会活动,因为商业需要,综合了主题,也综合了不同主题中的精彩点。时间也缩短为一天,专供神灵的红毯上嘉宾也同样行走,蚕花娘子选美产生,不要说不可与菩萨对视亵渎,还可搂着合影,敬畏与信仰荡然无存。

三、桐乡传统清明节俗活动内容及功能

清明在江南农村是个隆重而又热闹的节日,清明过后开始农忙,气候又正宜人,祭祖、祈福、踏青交友,清明时节既肃穆,又放松。清明前天为清明夜,正清明称"头忙日",第二天为"二忙日",第三天是"三忙日"。每一天都有不同的安排。

(一)活动内容

1.清明祭祖

祭祀是重要的事,清明祭祀分两块,一是祭祖,二是扫墓。清明祭祀不祭神灵,只祭祖宗。祭祖在清明夜,近祖、远祖、旁祖都在祭祀之列。原有宗祠的,在宗祠里举行仪式,统一祭祀共同的先祖。祭祀的供品除普通的肉、鱼、炒菜等家常菜外,另有水果、纸钱,纸钱在祭祀后焚化。祭祀过程中必不可少的是子孙的焚香、磕头。在宗祠进行的仪式更为复杂、隆重。整个过程安静肃穆。

扫墓是对墓葬所在的土地菩萨的祭祀。一则为坟墓加土,二则踏青游玩。祭祀的肉是整块的,需放一把刀。白煮蛋、鱼、清明团子、酒、用稻草扎的柴鸡必不可少。在坟前燃上香烛。大户人家的扫墓极考究,坟前常设祭祀台。扫墓时长辈总要小辈记着自己祖坟的方位,培养根源感和责任感。

2.庙会

江南庙会的举行一般集中在三个时间:清明时节、夏收之季、秋收之前,其中清明时节庙会最为热闹隆重,因为是一年播种开始,一是全年的农业祈福,二是农忙前的狂欢。清明庙会的主题基本是蚕花庙会。蚕业是江南农村最重要的副业,农民耕作是为了果腹,蚕业是最主要的收入来源。蚕花庙会一般在正清明那天开始,短则两天,长则一周,游行队伍有基本固定的路线。庙会前期的准备也是个较长的过程,内容包括经费的筹集、游行队伍的组成、游行路线的确定等。一旦路线定下,就要检查沿途的障碍物并及时进行清理。各小村坊有自己的固定表演节目,如舞狮队、独舟队、提灯、送帖、抬菩萨等开支都由村坊自愿承担,要参加也须报名申请并做好充分准备。沿途的小村大户,若想要菩萨在村口或家门口作停留,以祈更多福分,则需搭建供台,准备三牲、水果、糕点,并给演出者以打点费。阔绰的可让游行队

伍停留半天,全村共享热闹,出供人家也获得威信。

庙会游行队伍组成如下:最前面的一组是拎篮换帖的,凡遇供台他们需换帖子,这常由少年小子组成;第二组一般是扛硬牌清道旗组合,由八到十人组成;清道旗后是两人一对双开锣;锣后跟着龙灯队;龙灯队后是香班;香班后是各式地戏,如由孩童展示某一出戏文中的一个家喻户晓的场景、摇塘河船队、舞狮队等;后边是五方、黑白无常;再后就是队伍的主角——菩萨銮驾;銮驾后还有一个特殊的、重要的队伍——六房,或骑马,或坐轿,由地方乡绅富户组成,解决游行过程中临时出现的矛盾。

3.清明食俗

清明前原有寒食节,因与清明相隔没几天,慢慢被清明所兼并,所以清明食俗就更为明显。清明食俗最为突出的是各种各样的小吃点心,最普及的是糯米做的青白两色的清明团子,青色的是加了南瓜叶或清明时节才有的一种野草。清明团子一般有圆形和茧形两种,有小孩的人家还会捏上小狗、小兔等小动物,所以小孩也喜欢过清明节——又有吃,又有玩。清明还有糯米藕、粽子、芽麦塌饼等。清明过后马上农忙了,有时就带了这些小食在田间地头,充作一餐。

这些美食的制作也需要一个较长时间的准备过程,如制作芽麦塌饼,要先让麦子发芽,将它们晒干、磨粉,这不是一天两天就行的。其间经验的传授交流、成果的分享比较,都是熟人社会自发的社会交流方式。

(二)清明民俗所体现的功能

1.认同功能

对村民来说,祭祖活动带来的归属感和认同感不容置疑。庙会活动也会使村民有强烈的归属感和认同感。每年到了清明前,便有村民互相谈论今年的庙会活动的举行,领导者们会自发开会讨论一些细节问题的实施、解决。在清明期间,村里的氛围是友好的、团结的、热烈的,整个村的空气里似乎能听到祖宗血液流动的声音,所有彼此间的恩怨情仇也暂时被隐藏在某个角落了。庙会活动让村民更加感觉到了他们所重复进行的生活方式的相同性,他们的生命纽带是完全连结在一起的。他们的每一个生命个体都拥有自己的"出处"和"身份"背景,每一个人都有"回家"的轻松感觉。迎会是祖宗传承下来的共同的习惯和制度,村民为此而自豪。所以庙会深深地打上了江南农村文化的烙印。

2. 教化功能

教化有两种意思：一是指政教风化的教育感化；二是指环境的影响。人的出生和死亡都是在特定的社会环境中完成的，因此，民俗文化的教化在使一个人成为具体社会群体成员的过程中，起着其他任何文化事象都无法取代的作用。在整个清明节俗活动期间，村民都受着活动规则的影响，祭祀的步骤、顺序，庙会的搭供、请供，一切都有传承，一切皆是成规，在不知不觉中，内化成自律。

3. 规约功能

人们从长辈那儿经过口口相传的形式逐渐接受各种生活规则和行为范式，并在无数次重复中实践这些规则和范式，以至于使它进入你的血液成为你生命的组成部分，最终完成族群当中合格个体的塑造。民俗活动在一定意义上在建立了一种自身的思维和价值体系的同时，也建立了一种防范的机制，以确保自己思维方式和价值体系的传承延续。清明祭祀的规则及整个程序从小到大耳濡目染的浸淫，使村民们对祖先崇拜及长幼尊卑烂熟于心。家族的价值观在子孙身上一览无遗。如果说祭祀活动影响个人的是家族性、个体化，庙会等集体活动则影响个人的公共性、社会化。生活在乌镇附近村庄的人们从小熟悉的是乌镇香市，而在洲泉一带，人们参加的是双庙渚的蚕花庙会，熟悉的是清明岑山轧蚕花。两者的习俗不同，规则也有所不同，但所体现的价值导向却是一致的：祈福、狂欢。两个庙会在不同的空间传承着不同的活动规则，体现着相似的价值体系。

4. 维系功能

清明习俗是现实与历史之间、族群与个体成员之间、不同的民俗文化圈之间的桥梁。首先，它是历史发展过程中上下衔接之间的维系。从形式到内容，清明祭祀活动中整个家族的家族历史、祖宗故事、家训家规等通过各种方式不断灌输，不断复习，代代相传。食俗中的小吃点心，也是上千年一个味。而庙会中关于菩萨的历史、传说，一些农耕活动都通过这短短的几天不断演绎，这从根本上维系了上下代与代之间的文化承袭。人类就是靠着这种重复而不断地认识社会和自然，不断地积累知识和文化，从而使社会不断进步和发展。年复一年的清明习俗中形成的一些规范和准则，也是一种村民间的制约和维系，这种维系能产生一种巨大的抗异力量，使族群成员紧紧地团结在一起,产生强大的向心力、凝聚力。同时,这些活动也是不同村庄、家族、个人间的维系。在自给自足的日子里,信息的交流并不多,活动增加了节日的氛围,也增加了信息传播的频率与广度,庙会也是信息爆炸式交流的平台。

四、文化重心建构的对策措施

人类学对民俗文化所衍生的民俗信仰的研究结论,对文化重心建构的借鉴意义有:第一,民俗信仰是一种文化资产,这种文化资产是中性的,只要我们取其精华、合理引导、结合实际,完全可以提炼出符合时代需要的精神内核;第二,民俗信仰的内容与现代法律、社会道德和科学教育的原则经过良好的协调、整合,多元文化力量的融合,可以产生促进社会进步的巨大力量;第三,社会经济发展到一定阶段,我们更应重视文化资产的保护和使用,结合时代精神的民俗信仰的宣传和引导在这个巨大变革的时代更应大力弘扬,以发挥这个文化重心的作用。鲁可荣、程川在《传统村落公共空间变迁与乡村文化传承》一文中提出:"只有多元主体的文化自觉及协同参与,重构村落公共空间,才能更好地促进乡村文化传承以及为村落可持续发展提供内在的精神动力。"

(一)以融合创新重构农村社会资本,凝结文化重心构建的社会力量

目前,农村基层组织在组织发动农民和整合村落资源,促进农村社区发展方面任务繁重,加之受到组织自身力量不足、财力物力缺乏等多重因素限制,更显得困难重重。因此,应当重视对农村社区内生性民间非正式组织的培育和扶持,努力发挥其特有的组织优势和资源优势,并使之成为农村社区建设的新载体,以节约农村社区治理的成本,提高农村社区自我管理、自我教育和自我服务功能。农村社区的信仰活动作为中国乡村的传统社会资本,通常是由以初级关系为基础的社会网络组建的,其中内含着丰富的传统乡村社区治理的非正式制度,体现着过去有利于促进农村社区秩序建构的各种办法,包括习俗、惯例、内化规则和正式化内在规则。

其实,广泛存在于传统农村社区中的宗教组织、宗族祭祀组织等以地缘、业缘、血缘为基础的民间信仰组织属于低信任度的农村社会资本。一般来说,它反映在地缘、血缘关系范围内信任程度会高一些,而在范围之外信任度则会比较低,甚至会体现出一定的排斥性。(费孝通,1998)显然,这种

低信任的农村社会资本与现代社会的开放性、多元性特征是不相适应的。而传统农村社会和文化制度的惰性,又必然导致这种较低的社会信任状态还会在传统农村社区中持续存在较长的时间。因此,努力挖掘和发挥好民间信仰组织这一传统社会资本的潜力,实际上已成为当下促进农村社区建设的必然选择。(张祝平,2012)一方面,民间信仰组织在成长壮大的同时,必须努力寻求建立服务村落社区建设的联动机制,以彰显自身优势和服务效能;另一方面,农村社区也要为民间信仰组织的成长创设良好的社会空间和制度环境,促进民间信仰组织规范、健康、有序发展,以其志愿精神和组织优势协调农民利益诉求,从而有效整合农村社区的传统资源,完善农村社区的服务功能,增强农村社区的自治能力。

(二)以文化自觉整合农村公共空间,创建文化重心构建平台

乡村社会的公共空间,既不同于私人领域的家庭生活,也不同于行政领域的政治生活,是乡村社会人们的主要公共生活领域和相互交流的场所,共同培养起乡村社会的政治民主基础,也同时促发乡村的经济与文化发展。从传统的文化学意义上来看,公共空间强调一定场所之内的公共精神和归属意识,是乡村社会内部业已存在的一些具有某种公共性并且以特定空间形式相对固定下来的社会关联和人际交往的结构方式。共同空间"是一种具有特定道德、情感意蕴的社会结合形态,它依靠集体意识维系了人们之间的亲密性、社会凝聚力和整合度,人们借此从中获得了道德确定性和本体安全感"。

当前,乡村公共空间呈现出弱化的趋势。尤其是实行家庭联产承包制以来,国家权力退出基层,村民开始进行自我管理。由于社会控制和基层组织弱化,无法形成集体凝聚力,再加上农业市场化的推进,大量青壮年劳动力外出务工,虽然家庭生活水平得以提高,但同时乡村原有的合作空间也被压缩,不再有任何公共财产,不再有公共事务,乡村更失去了其原有的公共权威。

这样的结果就是村民的凝聚力日渐弱化,集体关怀日益减少,人心涣散,很多公共事业和集体活动得不到农民的支持。因此,要想重建乡村文化,我们就要思考如何修复乡村公共空间,营造火热的集体生活,重新塑造其文化魅力,发挥正确的文化引领作用。如庙会所形成的乡村社会的公共交流空间,便是村级治理中发挥积极作用的良好平台。在2017年的个别新

村聚集点,出现了十多户农户共同制作清明节的粽子、芽麦塌饼等的活动,这是一个新村聚集后新的整合,也是新村文化重心建构的良好契机。

(三)注重民俗文化对村民凝聚力的维系与引导,提升传统文化重心内涵

民俗文化活动是乡村生活伦理维系和再生产的载体。我们常常会看到在一些被拆除的农村土庙的庙基上,年老的村民依旧在进行着固有的活动,有时尽管只是一块桑地,但桑树边的小路在固定的时间里依然会有点亮的香烛。我们在感叹这些习俗的强大的凝聚力和根深蒂固的传承力之余,应认识到在民俗活动中村民聚集在一起,不仅增加了相互之间合作的机会,而且也增强了组织成员的共同体意识,强化了群体的同质感和连带感。这种认同感形成一定的不局限于邻里之间的细言碎语和家族中的家长决议,也不局限于村支两委发布的决定的社会舆论,成为公共行动的评判标准和合法依据,在村庄中形成强有力的舆论力量,轻易不敢有人去触碰,从而强化了村庄的内聚力,有助于形成良好的村庄发展秩序。

规模化的民俗文化活动组织,往往在村民中具有较高的声誉,它能够促进人们之间的交往和沟通,增进人际互动,有利于村民彼此间的交往和沟通,增强乡村凝聚力,因此逐步形成共同意识和情感,萌生出文化认同感和凝聚力,使得共同生活的村落成为守望相助、和睦友好的公共社区。如海华村"拜斗"期间的一些民间娱乐活动,丰富和充实了村民的闲暇时间,为更多的村民带来了欢乐。这些公共文化活动在乡村社会营造出健康、积极、向上的精神文化氛围,创造出有利于村庄发展的公共舆论氛围,彻底改变了曾经的一些消极、不良的生活方式,促使农村走出"赌博文化、迷信文化"等文化困境。同时鼓励村民自办文化,并以政策扶持开展各种面向农村、面向村民的公共文化事业和文化经营活动,使广大农民群众真正成为乡村文化建设的主体。

(四)发挥农村民间组织对农村文化建设的引领与塑造作用

杜赞奇认为:"乡村公共空间组织是由乡村社会中多种组织体系以及塑造权力运作的各种规范构成的,既有以地域为基础的有强制义务的团体,又有自愿组成的联合体,还包括非正式的人际关系网。任何追求公共目标的个人和集团都必须在这一网络中活动。正是文化网络,而不是地理区域或其他特别的等级组织构成了乡村社会及其政治的参照坐标和活动范围。"（杜赞奇,2010)在他看来,乡村公共空间组织在乡村文化网络中的意义非同一般。其中,民间组织是乡村公共空间组织中的重要组成部分。因此,重建乡村文化价值同样必须关照到乡村民间组织对乡村文化建设的重要意义。乡村民间组织的培育和发展保护了农民的知情权、参与权、表达权等权利,提高了农民利益表达的组织化程度,拓展了基层民主参与和民主监督的空间,有力地推动着乡村社会的民主政治进程。在本质上,乡村民间组织是一种自主协调、自我管理、自我发展的民间秩序,构成法治秩序的民间基础。在参与乡村民间组织的社会活动中,农民通过遵守组织制度深刻领会行为规范对组织发展的要义,从而自觉接受和认同组织理念,并生发成为一定的组织文化。乡村民间组织的道德规范功能起到扬善抑恶作用,对其周边的村民产生一定的道德规范和约束,同时在相对狭小的乡村社会空间范围内发挥道德调节功能的天然优势,以乡村社会的公序良俗进行细致说理,来公平、公正地处理村民之间的矛盾。

五、结　语

在新村建设和重新熟人化的过程中,文化重心建构是一条必不可少的途径,它是村民归属感与认同感的载体,也是乡村民俗文化得以传承的载体。新村建设不仅是一个村庄空间整合和物质条件改善过程,更重要的是一个村庄继续发展的过程。没有历史的承托,人类无法走远。在村庄搬迁入新村点后,不应该出现文化断层,而是需要更好地承接。从现实看,每个村都有它的历史发展轨迹和它的文化特色,并形成了它自身特征的一些民俗活动。这些活动所包含的规则是每位村民从小得以遵守的规范,内化为村民内心的准则。所以,在农村社区生活共同体的构筑中,这个内生动力的作用是不容忽视的。政府在自上而下推动社会秩序的建构中,发挥民间内生动力的内拉力便是事半功倍的选择。

参考文献

[1] 克里斯.社会控制[M].纳雪沙,译.北京:电子工业出版社,2012.

[2] 苏力.法制及其本土资源[M].北京:中国政法大学出版社,2004.

[3] 贺雪峰,徐扬.村级治理:要解决的问题和可借用的资源[J].中国农村观察,1999(3).

[4] 贺雪峰.乡村治理的社会基础——转型期乡村社会性质研究[M].北京:中国社会科学

出版社,2003.

[5] 李小云,赵旭东,叶敬忠.乡村文化与新农村建设[M].北京:社会科学文献出版
社,2008.

[6] 王存奎.民间信仰与社会和谐:民俗学视角下的社会控制[J].中国人民公安大学学报,
2009(2).

[7] 叶涛,吴存浩.民俗学导论[M].济南:山东教育出版社,2002.

[8] 高丙中.中国民俗概论[M].北京:北京大学出版社,2009.

[9] 费孝通.乡土中国生育制度[M].北京:北京大学出版社,1998.

[10] 杜赞奇.文化、权力与国家[M].王福明,译.南京:江苏人民出版社,2010.

[11] 王启梁.作为生存之道的非正式社会控制[J].山东大学学报(哲学社科版),2010(5):
75-82.

[12] 本尼迪克特.文化模式[M].王炜,译.北京:社会科学文献出版社,2008.

[13] 张祝平.村庙组织成长与农村社区治理[J].甘肃社会科学,2012(5).

[14] 费正清.美国与中国[M].张理京,译.北京三联出版社,1956.

[15] 布朗.社会人类学方法[M].夏建中,译.北京:华夏出版社,2002.

松阳畲族民宿资源体系研究

内容提要　本文以松阳畲族民宿为研究对象,使用层次分析法对松阳畲族民宿资源体系进行分析,基于调研现状的定性描述,将畲族民宿业存在的问题转化成直观明了的数字权重分析,为他们在发展资源条件、认识经营现状、解决发展困境等方面提供更加生动形象的判断依据,并且借鉴景宁畲族民宿经济的先进经验以优化松阳"畲风居"的民宿发展,探索松阳民宿经济发展推动资源环境可承载的区域可持续发展的新格局。

关键词　松阳畲族民宿;数字分析;比较;优化

为了贯彻落实浙江省第十四次党代会的精神,建好浙江"大花园"。松阳县将进一步推进松阳畲族民宿的经济发展,整合松阳畲族民宿优质资源,优化"江南秘境"全域旅游示范区建设的路径。松阳畲族民居具有"以树木培荫风水""以心灵营造风水"的特点,它们的存在为景色别致、"看得养眼、游得自在"的处州大地上的大花园画上了浓墨重彩的一笔。本文运用直观明了的数字权重方法对松阳畲族民宿业存在的问题进行分析,比较并借鉴景宁畲族民宿经济的先进经验,为两县合作开发优质资源和实现协作共赢提供理论基础,也为松阳畲族民宿了解经营现状和解决发展困境提供判断依据。

一、松阳畲族民宿发展现状概述

畲族民宿在建筑载体、住宿设施、餐饮结构等硬件设施上有独特的民族风情设计元素,同时其风俗自身蕴含丰富多彩的文化信仰和历史沉淀,近年

【作者简介】胡琳玉,中共松阳县委党校教研室助理讲师。

来深受游客喜爱。笔者在基本了解了松阳畲族民宿发展的概况后，听取了民宿业主在民宿经营中遇到的瓶颈问题，将其归纳如下：

第一，民宿改造概念模糊。大部分畲族民宿业主是首次参与民宿改造，对民宿的具体要求和标准掌握不够准确，对民宿业的发展缺乏一个整体的认识和规划，导致在民宿改造中许多地方不符合民宿要求，为后期整改增加了难度。

第二，市场效益认识不足。部分民宿周边环境较差，门口和民宿内部乱堆乱放，降低民宿品质，严重影响游客第一印象。部分墙面、地面未进行改造，存在卫生条件不达标等问题。

第三，配套设施有待完善。民宿配套设施未能同步跟进，如民宿内部走廊过道未存放灭火器，未安装应急灯和逃生指示牌，部分村无线网络并未实现全覆盖等，硬件设施需要进一步完善。

第四，民宿设计缺乏特色。缺少民宿整体规划设计，对本村特色、文化内涵挖掘不足，一味模仿，容易造成同质化，难以展现畲寨风情特色。

二、对畲族民宿资源量化分析的理论基础

将以上存在的问题转化成直观明了的数字权重分析，将发展资源条件、认识经营现状、解决发展困境等问题转化成直观形象的判断依据，故选择了层次分析法（analytic hierarchy process，AHP）。

1.民宿资源评价模型的基本原理

本文采用层次分析法，其具体的评价方法和步骤如下：

（1）确定评价指标集、权重向量、评语集及加权向量。所有评价指标组成指标集 X，各指标对于上一层对应指标重要性复制的向量为权重向量 W。评语集 U 为各指标可能得到的各种评判的集合，$U=\{U_1, U_2, U_3, \cdots, U_m\}$。在此设定 $U=\{U_1, U_2, U_3, U_4, U_5, U_6, U_7, U_8, U_9\}=\{$极端重要，强烈重要，明显重要，稍微重要，相等重要，稍微不重要，明显不重要，强烈不重要，极端不重要$\}$，分成9个等级，采用梯度值进行定量。极端重要为9分，强烈重要为7分，明显重要为5分，稍微重要为3分，相等重要为1分，稍微不重要为 $1/3$ 分，明显不重要 $1/5$ 分，强烈不重要 $1/7$ 分，极端不重要 $1/9$ 分。即9个等级所对应的向量为 $U'=(9, 7, 5, 3, 1, \frac{1}{3}, \frac{1}{5}, \frac{1}{7}, \frac{1}{9})$。

（2）建立评价指标的权重分配矩阵。由于各指标的影响作用不同，因此

可用权重向量 $W = (w_1, w_2, w_3, \cdots, w_n)$ 来描述民宿资源评价中各指标的相对重要程度。

（3）判断矩阵的一致性检测。判断矩阵的一致性指标 C.R＝C.I/R.I，其中，R.I 是平均随机一致性指标，与矩阵阶数相关联（见表1）。当完全一致时，C.R＝0，C.R 越大，矩阵的一致性越低。一般来说，若 C.R＜0.1，则判断矩阵可接受，否则需调整判断矩阵。

表1　1～10 阶矩阵的平均随机一致性指标 R.I 值

阶数(n)	1	2	3	4	5	6	7	8	9	10
R.I	0	0	0.58	0.90	1.12	1.24	1.32	1.41	1.46	1.49

2.民宿资源评价指标体系的构建

笔者参考了其他学者对于民宿与旅馆的评价和管理方法，并积极征询专家意见，选择了24项指标（d_n 的指代内容可参见表2）用于设计能够反映国内发展趋势的畲族民宿资源评价指标体系（见图1）。

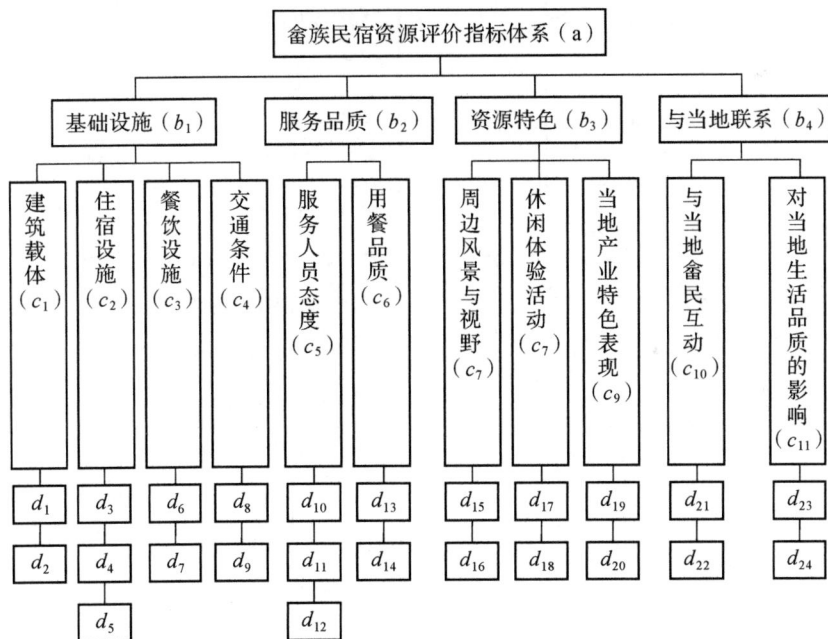

图1　畲族民宿资源评价指标体系

3.民宿资源评价指标权重的计算

在建立畲族民宿资源评价指标体系之后，要确定各个指标之间的从属关系。邀请旅游专业的相关专家以不记名的方式进行逐层打分，在保证各层判断矩阵一致性指标 C.R 均小于 0.10 的前提下，确定各层指标针对目标层的绝对权重值，进而得到畲族民宿资源评价指标权重表（见表2）。

表 2　畲族民宿资源评价指标权重

准则层 （b 层）	权重	子准则层 （c 层）	权重	排序	因子评价层 （d 层）	权重	排序
基础设施 （b_1）	0.3859	建筑载体 （c_1）	0.0757	8	建筑特色（d_1）	0.0379	12
					室内外景观与环境组合 （d_2）	0.0378	13
		住宿设施 （c_2）	0.0884	6	客房浴厕卫生（d_3）	0.0326	15
					舒适性（d_4）	0.0331	14
					隐私性（d_5）	0.0227	21
		餐饮设施 （c_3）	0.0914	5	厨房卫生（d_6）	0.0502	8
					餐具消毒（d_7）	0.0412	11
		交通条件 （c_4）	0.1304	3	交通通达性（d_8）	0.0776	2
					停车空间（d_9）	0.0528	6
服务品质 （b_2）	0.1859	服务员态度 （c_5）	0.0855	7	亲切有礼貌（d_{10}）	0.0324	16
					满足游客特殊要求（d_{11}）	0.0285	18
					周边环境的导览解读（d_{12}）	0.0246	20
		用餐品质 （c_6）	0.1004	4	餐饮展现畲族特色（d_{13}）	0.0488	9
					用餐具有农家气氛（d_{14}）	0.0516	7
资源特色 （b_3）	0.3229	周边风景与视野（c_7）	0.1448	1	当地整体景观优美（d_{15}）	0.0814	1
					景观特殊性（d_{16}）	0.0634	4
		休闲体验活动（c_8）	0.1328	2	提供休闲体验活动（d_{17}）	0.0616	5
					体现当地畲族特色（d_{18}）	0.0712	3
		当地产业特色表现（c_9）	0.0453	10	民宿使用当地产品（d_{19}）	0.0275	19
					当地产业推动（d_{20}）	0.0178	23

准则层 （b 层）	权重	子准则层 （c 层）	权重	排序	因子评价层 （d 层）	权重	排序
与当地联系 （b_4）	0.1053	与当地畲民 互动（c_{10}）	0.0713	9	当地畲民从游客互动中 获利（d_{21}）	0.0426	10
					对当地畲民文明素质的 影响（d_{22}）	0.0287	17
		对当地生活 品质的影响 （c_{11}）	0.034	11	对当地的回馈（d_{23}）	0.0135	24
					游客对当地干扰程度之 避免（d_{24}）	0.0205	22

三、实证对比论述

景宁县与松阳县同隶属于丽水市，景宁是全国唯一的畲族自治县，快捷便利的交通为松阳与景宁两地之间经济与文化的沟通合作提供了更多的可能性。随着中国内地民宿旅游业的兴起，景宁县部分村落凭借优美的自然环境及丰富的人文资源，涌现了大批特色民宿，在旅游旺季民宿经营者收入尤为可观。通过对景宁畲族民宿管理的调研后发现，可以借鉴景宁民宿经济的先进经验以优化松阳"畲风居"的民宿发展，为扮靓处州"大花园"增光添彩。

由表 2 可知，排名在子准则层前面的有五个主要要素，分别是周边风景与视野（c_7）、休闲体验活动（c_8）、交通条件（c_4）、用餐品质（c_6）、餐饮设施（c_3），它们都属于"硬"实力的范畴。针对这些要素，提出以下建议。

第一，改善硬件设施条件，增强游客舒适感。

松阳大多数畲族民宿在餐饮卫生条件、洗浴条件、住宿条件、交通条件上都有不足，与城市居民的实际需求有一定的差距。再加上民宿周边的道路、水电设施、网络线路、停车场、公共厕所、消防设施、安全监管等系统的相对滞后，也会影响游客对畲族民宿的真实体验感、舒适度和安全感。为了保证游客日常所需水、电等的正常供应，景宁县政府对畲族民宿基础设施的投入都会列入每年的规划中，在硬件设施水平的把控上比较成熟，且针对民宿的卫生水平与服务质量定期开展考核。对此，松阳县可以考虑按照当地畲族民宿的规模和质量等水平，发放补助金，并确保每份补助金能得到有效监督；实行星级评定制度，对部分民宿及周边地区进行长远性、整体性的地域规划。

第二,摸索调整商业模式,吸引外来资金注入。

硬件设施条件的改善,必然需要资金支持,对于畲族村寨来说,调整商业模式尤其重要。畲族村寨绝大部分属于欠发达山区,村寨的自我发展力量非常薄弱,引进外来资金或者政府投资是必然选择。在调查景宁民宿管理的过程中笔者发现,引进资金是解决当前民宿经济发展瓶颈的重要一步,但是如何谨慎地处理好外来资金引发的愿望与利益诉求之间的张力的问题是景宁畲族民宿行业发展给我们的前车之鉴。如何避免引进资金激发松阳民族村寨内部成员之间的利益冲突,这是少数民族村寨民宿产业商业模式确立前应该考虑的重要因素。

第三,发挥资金撬动功能,激发畲寨内生发展。

发挥外援式资金的撬动功能,在小部分改善资金启动后,激发畲村民宿的内生发展力。小额的改善资金为民宿行业打造一个较为优越的发展环境,大大减少因第一桶金的缺少而导致的失败率。一旦民宿开始升级转型,客源带来的收入也将随之增加,良性循环将实现更大程度的自我升级与优化,其自身发展内生性也将得到更大程度的发挥。景宁民宿的快速发展与充分利用当地的各种优势资源分不开,不论是民族农家乐餐饮,还是民俗休闲娱乐项目。对比景宁畲族民宿,松阳畲族民宿经营者同样以畲民为主,也同样拥有高山农田、高山菜园、高山果树等纯天然绿色农业资源,但这些资源仅用于提供食材,并未充分实现其价值。为此,松阳当地政府可以围绕高山地区开展全面的农业资源普查,就如何保护、开发、利用农业资源进行专项调研,针对当地的具体情况制定农业资源开发利用的详细规划,并将调研成果用于指导当地畲民的民宿经营与管理的实践。

子准则层排名第 7 位的是服务员态度(c_5),权重为 0.0855,这是"软"实力中的第一要素,其次是与当地畲民互动(c_{10})和对当地生活品质的影响(c_{11})这两个子准则层。对此本文提出以下建议。

第一,提倡专业服务管理,加大人员培训力度。

就这一"软"实力方面而言,多层次、多渠道、多样化地开展针对服务态度、服务流程、服务内容等环节的培训;从服务人员的着装服饰、服务语言、民俗演艺等多方面,差异化、特色化、人本化地开展突出畲族民宿特有服务方式的培养和辅导。可邀请景宁县的相关专家来松阳县对民宿经营者开展相关培训课程。例如,结合国内外优秀民宿管理者的管理经验与实际案例,对经营者的管理方式与服务水平等方面培训。鼓励两县畲族民宿的经营者互相到邻县看一看、住一住,交流和切磋两县之间的民宿经营经验。

第二,鼓励"二代"归来,打造乡愁情结元素。

在调查中发现,管理服务专业化程度较低,人才欠缺的问题较为严重。松阳畲村中众多低端民宿经营业主大都是年纪偏大、缺乏经营理念和审美情趣的第一代畲民,他们在顾客招待、产品经营设计、营销推广上有明显的不足,想做更为深入的人文历史的介绍更是困难。需要有乡愁情结的"农二代""畲三代"等参与才有可能实现大发展。景宁畲族民宿发展的前期,也出现这样的问题,但是通过资金吸引的方式解决了这个问题,即设置鼓励资金以鼓励青年回归故乡,民宿经营者中青年所占比例有逐年升高的趋势。松阳畲族民宿经营者趋于老龄化,自主学习和改变创新的能动性较小。可以借鉴景宁地区对于年轻人的吸引政策,将年轻人吸引到民族特色民宿行业中来,从而不断地提高松阳畲族民宿经营者的管理能力和服务水平。用政策引导回乡青年对民宿实施科学有效的经营管理。人才资源是第一资源,只有充分调动人才资源的优势,才能不断地促进民宿产业优化升级。

第三,发挥独特人文优势,打造民俗体验产业。

畲族民宿的共同点是靠山吃山、靠水吃水,充分利用了青山绿水的天然优势。除上述的差异之外,我们还能够从景宁民宿的高质量发展中借鉴哪些经验呢?大部分游客们来到一个景点后,都会有购买当地特产的冲动和习惯,在这一点上,景宁畲族民宿产业结构中就有较成熟的土特产消费环节,相比较而言,松阳畲族的土特产销售还有很大的发展空间。同时,后期也可以考虑将富有纪念价值的特色手工艺产品纳入民宿经营项目中。

四、小　结

畲族民宿资源评价指标权重系统让我们更清楚地看到了松阳"畲风居"发展的现状与困境。应该多出去看看,积极地向发展得更早、更快、更好的周边县市取经学习,在对比中寻找差距,在改善中寻找自信,在自信中寻求突破。要走出这一关键性的一步,不仅需要政府的扶持与指导,还需要民宿经营者自己的不懈努力。

遂昌王村口红色旅游与井冈山
红色旅游比较与协作研究

内容提要　本文比较分析了浙江遂昌王村口红色旅游与井冈山红色旅游的发展的内部优势、劣势和外部机遇、挑战。提出浙西南红色旅游项目存在开发深度不够、生态环境有待进一步改善和资金投入严重不足等问题。必须改变目前的经营思路,走可持续发展的道路。应学习井冈山的旅游管理理念,形成"红色基地、绿色家园、古色文化、土色民风"相结合的红色旅游新格局。

关键词　红色旅游;浙西南;井冈山;比较;协作

　　浙西南革命根据地是浙江革命的星火之源,在中国革命史上有着极其重要的地位,遂昌县又是浙西南革命根据地的中心所在地。遂昌还拥有极佳的旅游发展基础,"五行遂昌,一诺千金"的旅游品牌在长三角地区拥有一定的知名度,具备抢占浙江乃至长三角红色旅游市场制高点的能力。遂昌发展红色旅游的文化基础较好,王村口镇作为浙西南革命根据地的核心区域,当仁不让地成为遂昌县发展红色旅游的主战场,近年来也开发了部分红色旅游产品,但由于配套产业不完善、与周边旅游景区未形成环线等种种原因,目前遂昌县红色旅游尚未形成氛围,红色旅游在县域旅游市场中所占的份额还非常小。那么,如何才能走出困境? 笔者认为,只有取井冈山红色教育之经验,才能打开浙西南红色旅游之新局。

【作者简介】张春余,遂昌县委党校教研处主任,高级讲师。

一、遂昌王村口红色旅游与井冈山红色旅游之比较分析

(一)井冈山的成功经验

井冈山是中国革命的摇篮,以毛泽东、朱德为代表的老一辈无产阶级革命家在这块红色土地上进行了建党、建军、建政等一系列伟大革命实践活动,开辟了"农村包围城市,武装夺取政权"的中国式革命道路,"井冈山精神"从此成为全国人民宝贵的精神财富。近年来,红色旅游开发在全国风起云涌,作为"中国红色旅游基地之首"的井冈山,主打"红色旅游"的牌子,同时整合"绿色旅游"资源,旅游业不断壮大,井冈山在全国红色旅游开发中成为"中国红色旅游领跑者"。井冈山的成功在于:管理机制顺畅、红色精神的总结和宣传到位、红色旅游与生态旅游、民俗旅游相结合,以红色为基,发展全域旅游。

(二)遂昌王村口红色旅游的优势与问题

遂昌县拥有浙西南革命根据地王村口苏维埃旧址、泉湖寺、门阵等一批红色资源,其中王村口苏维埃旧址被列入全国红色旅游经典景区名录。王村口镇一直是遂昌县发展红色旅游的主要景点,近年来陆续推出了一些旅游产品,取得了一定成绩。红色旅游是新时期、新形势下开展思想政治工作的新方法、新途径,是教育人们,尤其是青少年的特殊课堂和鲜活教材,是新时期进行爱国主义教育的独特载体。发展红色旅游不仅仅是一项单一化的旅游产业,更是一项综合化的社会系统工程,随着其本身的不断发展,它所具有的政治教育、经济发展、文化传播三方面的功能将日益凸显和完善。但目前王村口镇除浙西南干部培训学院有一些培训、学习团队外,其他游客几乎很少,现有的旅游产品并不具有市场吸引力。同时对比井冈山等红色旅游发展先行区经验,认为王村口镇红色旅游发展存在以下几个方面的不足。

1. 王村口镇发展红色旅游思想认识不统一,红色氛围不浓

从周边及遂昌县的一些区域旅游发展经验来看,一个区域旅游发展的首要条件就是区域内统一思想,形成良好的发展氛围,尤其是要统一区域内群众的思想,他们才是旅游活动的主要参与者和受益者。这也是全域旅游的核心要义,即"全民共建、全民共享"。王村口镇党委政府对红色旅游发展充满激情和信心,可是通过实地走访村民,发现他们对本镇红色旅游发展认

识不够,参与的积极性不高,当我们身着红军服走在古街上时,大部分的群众都是事不关己,甚至讥讽嘲笑。我们随机采访了几家农家乐经营户和商户,他们都对红色旅游发展有期待,但是目前来说并不愿意参与进去,也不知道如何参与进去,同时对现状还有一些看法和意见。这些意见主要集中在干部培训中心发展后只有少数几家宾馆、饭店享受到做大做强红色古镇的收益,而大部分群众还没从中收获到好处,不能共享成果。红色旅游发展是一个系统工程,不仅需要党委政府的顶层设计,更需要群众的广泛理解与参与,这样才能形成浓厚的"红色"氛围。

2. 王村口镇发展红色旅游核心不突出,产业整合不够深

目前王村口镇发展红色旅游最大的问题就是核心不突出,核心产业缺乏品牌,市场知名度小。目前浙西南干部培训学院具有培育成王村口红色古镇核心产品的潜质,但目前培训中心发展还存在以下几方面的问题。

(1)管理体制不完善。作为一个红色干部培训学校,没有经过审批注册,不具备合法身份,名不正,言不顺。也没有懂培训的内行领导,难以对外开拓市场和对接资源。同时目前在财务管理、培训内容安排、内部管理上都存在一定问题,存在"多头管理、责权不明"的现象,学院各项服务未能明码标价不利于对外营销等。

(2)产业链不完善。如在青干班培训期间,一些活动的安排、组织、物品采购、外出学习等系列活动都是由委托培训的单位自行组织安排的,学院都无法完成策划任务。

(3)红色氛围营造不够。走进学院除了门口一些标语能看出一些红色文化痕迹外,整个学院无论是硬件还是软件红色氛围都营造不够。

(4)师资力量构成有问题。目前学院所有教练都是团队拓展训练方面的教官,不能满足红色干部培训学院主题教育的需求。

3. 王村口镇红色旅游产业产品较单一

众所周知,我国已经进入了全域旅游和全民休闲度假时代,但目前王村口红色古镇发展还是红色旅游景区的1.0版本,即"培训中心、纪念馆、博物馆、旧遗址"老四样,王村口镇产业融合文章做得不好,主要体现在"红色+古镇"融合不足、"红色+绿色"融合不足、"红色+土色"融合不足。产业融合不足的直接后果就是旅游产品单一,对游客缺乏吸引力。

同时,王村口镇红色旅游开发还存在资源整合不够的问题。镇内苏维

埃旧址、挺进师纪念馆、月光山公园、天后宫等红色景点资源,较为分散,未能形成整体冲击力;对红色文化挖掘不够,对挺进师在王村口期间的历史整理不足,缺乏深度开发;没有自己的专业团队,没有自己的教材,没有自己的精品课程,没有自己的品牌。同时还存在基础设施投入不足、招商引资力度不够等问题。

二、王村口红色古镇旅游发展思路与对策

井冈山红色资源具有历史文化价值高、数量多、分布集中和开发维护好等特点,是进行爱国主义教育和革命传统教育的重要载体。随着红色旅游风情小镇项目和小城镇综合整治项目的不断推进,王村口红色古镇发展走到了关键的十字路口。通过调研分析,笔者认为,王村口红色古镇应该树立"产业融合、共建共享"的发展理念,坚持"红色为本、绿色为基、古色为屏、土色为渠"的指导思想,实施"红色+培训、红色+绿色、红色+古镇、红色+民俗"的发展路径,推动王村口镇从红色观光景区向红色度假休闲古镇转型升级。

(一)多措并举,营造红色旅游发展氛围

1.多规合一,明确王村口风情小镇发展目标

目前王村口镇有《王村口风情小镇发展规划》《浙西南干部培训中心发展规划》《小城镇综合整治规划》等多份发展规划,建议多规合一,明确《王村口风情小镇发展规划》为王村口红色古镇发展总规,从规划层面明确今后的发展方向。"一任接着一任干,一张蓝图干到底",始终坚持红色休闲度假古镇建设这个方向不动摇,始终围绕红色、休闲度假元素推进古镇各类项目,从视觉景观上营造红色旅游发展氛围。

2.创新机制,建立职责明确利益共享的体制机制

针对王村口红色古镇发展存在多头管理、"景镇合一"等现状,如何破解多头管理的弊端?如何协调开发商与本地居民与政府之间的利益关系?建议创新管理体制和利益分配机制。一是在管理体制上针对目前组织部(干部培训学院)、旅委(旅游风情小镇创建)、党校(干部培训学习管理)、王村口镇(古镇建设)多头管理的弊端,归口一个单位集中管理,明确职责;二是在利益分配机制上,要协调好政府部门、企业和古镇居民的利益关系,在项目

设置上餐饮住宿等配套服务业尽量交由古镇居民发展经营,带动古镇居民增收致富;重点盈利项目上如培训学院和今后招商引资的项目,创新利益分配机制,项目给予古镇村集体3%～5%的利益共享,用于反哺古镇居民,目前计划实施的浙西南干部培训学院提升项目已经开始了这方面的有益尝试,充分调动古镇居民参与红色旅游发展积极性,从体制机制上营造红色旅游发展氛围。

3.建议凸显干部培训学院的核心作用,努力打造"红色品牌"

坚持"红色为本、绿色为基、古色为屏、土色为渠"的指导思想,实施"红色＋培训、红色＋绿色、红色＋古镇、红色＋民俗"发展路径,推动王村口镇从红色观光景区向红色度假休闲古镇转型升级。关键在于发挥干部培训学院的作用。

第一,学院在管理体制上,实行的是"政府监管、公司运营、市场运作"的模式,实际上是"多头管理却是无人管理",没有明确的管理部门,管理机制错位。如学院是旅游开发公司的下属单位,但是学院挂牌后,由于缺乏相应的管理制度和牵头单位,学院至今未确定正式的名称,暂时都用"浙西南干部培训学院"对外宣传,学院接到的订单和上级指示来自不同的渠道,导致信息传达不够畅通。学院主要负责人对红色培训不专业,出现外行领导内行的现象。

第二,引进井冈山先进的管理团队,走合作共赢的道路。目前王村口镇使用的"浙西南干部培训学院"还未获审批,而且就其目前的条件,一时也不可能审批成功。那么学院可否挂靠别人的品牌呢?学院刚起步,困难重重,可以借力助跑。经过初步协商,井冈山红色文化教育学院有合作意向。井冈山红色文化教育学院是井冈山规模最大的培训机构,事业单位,采用市场运营管理模式。他们2015年在延安设分院,非常成功。王村口镇也可以挂"井冈山红色文化教育学院遂昌分院"的牌子,由他们培训教师,拓展市场,建设精品课程,协助策划培训方案等。而浙西南干部培训学院仍然是独立法人。笔者认为这是加快遂昌红色旅游发展的短平快有效途径。

4.深挖文化,形成王村口镇独有的红色文化标签

红色文化挖掘深度不够,这是遂昌县所有红色旅游景点的普遍现象,王村口镇也不例外。建议王村口镇深挖挺进师红色文化,进一步加强王村口镇与浙西南挺进师,与粟裕、刘英的血脉联系,整理挺进师战史,编写一些耳

熟能详的小故事,形成王村口镇独有的红色文化标签。同时,红色旅游传承不能没有仪式感,建议红色古镇设置一场庄严、隆重的祭奠仪式,每一批到王村口镇培训的学员或者团队游客,都能参与其中,缅怀挺进师革命先烈(目前王村口镇只有简单地给粟裕将军进献花圈的环节,仪式感、现场感较差),用固化的仪式进一步烘托红色旅游氛围。目前在游客尚不是太多的情况下可以尝试性地开发部分如挺进师故事的连环画等简单的旅游文化商品。

(二)产业融合,打开红色休闲度假旅游新局面

1. "红色＋培训",打造红色干部培训龙头产业

"火车跑得快,全靠车头带",王村口镇红色旅游发展也需要一个龙头产品和核心引擎来带动。综合目前王村口镇发展现状和市场潜力,浙西南干部培训学院是这个龙头的不二选择。建议学院从以下几个方面进行提升,做好"红色＋培训"这篇文章。一是理顺学院管理体制,建议由有权力组织协调各部门关系,懂培训业务,还会拓展市场,肯吃苦、有责任心的专家型人才担任培训学院院长,便于与上对接和开拓市场,理顺各方关系,协调各项职权。二是规范内部管理,制定内部各项规章制度,实施培训业务菜单式服务,各项服务明码标价。三是延伸学院产业链,从单纯的培训业务延伸到活动策划、外出考察组织、培训伴手礼设计、定制、特色文化商品销售等,增加盈利点。四是持续改善细节,如食堂餐具、学院布置、学院用具等都要彰显红色文化、挺进师文化。五是融合发展,将干部培训同遂昌县的旅游开发结合起来,在培训课程中增加县内景区考察环节,既增加自身收益,又促进旅游发展。

2. "红色＋绿色",打造绿水青山就是金山银山的典范

"红色＋绿色"就是在充分认识、理解、践行"绿水青山就是金山银山"的发展观背景下,立足遂昌山水这个独特的天然优势。王村口这个红色古镇,只有把红色资源与美丽的绿水青山有效融合,才能实现富民增收的目的,才有可能实现发展理念的新突破、新提升。因为"绿水青山就是金山银山"这一思想不仅对我们在经济社会转型中推进生态文明、建设美丽乡村具有重要的实践指导意义,而且在理论上破解了发展中人类对物质利益的追求与人类赖以生存的环境生态的关系、环境生态与生产力的关系、环境生态与财富的关系等一系列难题,也为我们深入推进各项建设提供了强有力的支撑,

更是我们的着力点、融合点、生成点,只有立足生态优势才可以获得经济优势、发展优势、旅游优势,形成一种浑然一体、和谐统一的金山银山的典范。

3."红色+古镇",打造王村口休闲度假产业核心区域

红色古镇王村口,革命圣火传承地。近年来,古镇正在结合小城镇环境综合整治行动,加速推进红色古镇保护、开发和利用,全力打造浙西南红色旅游品牌。古镇是承载王村口休闲度假产业的核心区域,"红色+古镇"这篇文章做得好不好直接决定了红色古镇能否脱颖而出。建议从以下几个方面加强。

一是推进古镇红色元素建设工程。在古镇范围内选取 5 到 6 个点位,建设有挺进师元素的景观小品,如建设王村口古镇入镇口景观、粟裕、刘英雕塑、挺进师群像雕塑等。

二是策划红色古镇休闲产业业态。休闲的主体是要靠业态支撑的,王村口镇的现状是"吃、住、行、游、购、娱"六要素都缺乏,但要在短期内全面展开并不现实。笔者认为,目前王村口镇可以先从"吃"和"娱"字上做文章。在"吃"字上,建设一条有特色、主题鲜明的美食街,做深、做足"土牛肉"和"红军菜"文章,利用周末举办各种类型的美食节,将延伸到焦滩鱼头一条街的团队游客再向内吸引 20 公里。在"娱"字上,利用现有的挺进师纪念馆、乌溪江漂流策划一个半日游的方案。"吃"和"娱"相互配合,先让红色古镇具有人气。人气是旅游业态发展的基础。

三是全面提升古镇环境质量,完善集镇功能,夯实基础促提升、注重特色创品牌、挖掘优势重延伸,实现错位竞争、整体发展,推进红色旅游与古镇旅游、乡村休闲、红色传承、生态产业等融合发展。

4."红色+民俗",打造红色古镇特色民俗和主题演艺

红色+民俗"旨在引导旅农结合,打造富有底蕴的民俗活动和主题演艺活动,进一步丰富红色古镇内涵。建议采用"三心四化"打造手法,即核心吸引中心、休闲聚集中心、居民居住中心,生活产业化、生产服务化、民俗风情化、主题景观化,打造"主客共享"的红色古镇。

三、遂昌王村口红色古镇之构想

(一)"三心"

1.核心吸引中心

核心吸引中心就是立足本土文化,特别是民俗文化的创意挖掘,打造田园观光、农业互动体验和农业游乐体验等农旅产业链。

2.休闲聚集中心

这是留住游客并扩大其消费的载体,主要满足游客的全方位休闲需要,同时也是当地居民收入的重要来源。主要包括旅游接待、民俗休闲、休闲商街、红色文化主题演绎等。

3.居民居住中心

小镇兼具居民的居住功能和旅游功能,其建筑风格、社区布局、社区风貌、社区设施等方面要凸显主题和氛围,与整体大环境的风貌要相互协调,同时要极大改善古镇居民的生活条件。在游客眼中,居住中心也是一道靓丽的风景线。

(二)"四化"

1.生活产业化

在城市游客的眼中,红色古镇的生活是非常重要的特色吸引物,因此要把乡村生活形态,如古镇民宅、古镇餐饮等进行产业化打造,形成纵横产业链,可以发展大众餐饮、休闲餐饮(酒吧一条街)、高端餐饮,扩大其广度和业态。

2.生产服务化

不仅可以大幅度提高农业附加价值,还能够增加当地的就业人数,增强农产品的市场竞争力,刺激游客消费欲望。其主要表现在农作物产品化、土特产纪念品化、生产流程体验化等方面。

3.民俗风情化

乡村民俗是红色古镇最核心的卖点之一,是打造特色产品的基石。因此,乡村民俗文化、民俗风貌应通过民俗展示、民俗商街、风情演艺、互动体验,以及在建筑、景观、小品、室内陈设、田园环境等方面进行全方位多角度的立体展示。

4. 主题景观化

乡村旅游贵在人有我新,人新我异,人异我特。王村口镇以红色文化为基础,创造别人无法复制的竞争优势。关键是要讲红色文化主题具象化,通过古镇的一草一木展现出来。

总之,发展红色旅游不仅仅是一项单一化的产业,更是一项综合性的社会系统工程,随着其本身的不断发展,它所具有的政治教育、经济发展、文化传播三方面功能将日益凸显和完善。遂昌王村口红色旅游,如果能取井冈山之成功经验,发挥遂昌自有优势,不断拓展市场,一定会开创新的局面。

参考文献

[1] 迅达.红色旅游[J].上海采风月刊,2014(6):56-61.

[2] 傅卫林.红安县的红色旅游[J].经济视角,2008(8):12-13.

[3] 张启,王红宝,文征.浅析红色旅游与生态旅游的协调发展[J].商场现代化,2009(9):12-13.

[4] 遂昌县王村口红色旅游发展规划纲要,2014年5月.

[5] 姚卿善.老区发展红色旅游的思考[J].商场现代化,2008(8):28-29.

智库篇

"红色智库"建设的理论与实践思考

——以余杭党校为分析样本

内容提要 县级党校建设"红色智库"并不是一个无法实现的伪命题。县级党校有思想、有人才、有系统优势和学员优势、有相对理性的研究空间，因此只要在下面几个方面做好工作，完全可以建成新型特色智库并有一番作为：一是围绕党校特质，找准智库定位，即中心化引领、联盟化建设、地方化服务；二是围绕智库需要，深化管理体制改革；三是围绕智库保障，加强组织领导。

关键词 县级党校；红色智库；联盟化发展；地方化服务

2015年1月中共中央办公厅、国务院办公厅印发《关于加强中国特色新型智库建设的意见》，提出加强中国特色新型智库建设，建立健全决策咨询制度。党校系统能不能参与智库建设？县区级党校有无可能成为智库建设的主体？党校系统打造的"红色智库"有何特色和优势？党校系统"红色智库"建设的路径如何？这些问题，困扰着各县区级党校。对此，以杭州市委党校余杭区分校（以下简称"余杭党校"）等为代表的县区级党校开始了理论探索与实践创新。

【作者简介】占张明，中共杭州市委党校余杭区分校常务副校长；郭人菡，中共杭州市委党校余杭区分校高级讲师，南京师范大学法学院博士研究生。

一、县区级党校建设"红色智库"的可能性与重要性

(一)可能性

智库建设有其客观规律。一个平台,要称之为智库,必须具有以下要件:一是以思想为核心产品,智库也叫思想库(think tank),是出思想的地方;二是人才密集,人才是智库最基本、最重要、最主要的资源;三是实践导向,智库虽然也研究理论,但最终目的必须是解决实际问题;四是独立研究,如果研究缺乏独立性,只能称为参谋集聚地,而不能称为智库。从表面上看,县区级党校很难满足这四大条件。但实际上,县区级党校可以创造条件予以满足。现以余杭党校为例,进行分析。

1.县区级党校也是出思想的地方

《中国共产党党校工作条例》第二条明确规定:"中国共产党党校是在党委直接领导下培养党员领导干部和理论干部的学校,是党委的重要部门,是培训轮训党员领导干部的主渠道,是党的哲学社会科学研究机构。"县区级党校作为哲学社会科学研究机构,也就是出思想的机构。实际上,县区级党校也承担了这项职能。近年来,余杭党校主动融入全区大党建格局,在促进余杭经济社会发展的过程中推动党校事业发展,在为余杭区委区政府决策出谋划策中寻求咨政服务"主智库"的地位和作用。党的十八大以来,余杭党校每年主动向区委做专题汇报,接受区委对党校工作的把向定位;认真落实区委领导进党校制度,已有十多名区领导到党校调研,做主题报告 50 余场次;《提高临平副城首位度的四点建议》等专报文章获得区委书记等市、区领导批示近 20 次,涉及区域党建、法治、经济、社会、生态等各个领域。

2.县区级党校也有一定人才量

按照杨光、张小伟在《智库人才的五种素养》一文中的观点,智库需要具备以下五种特质的人才:一是有坚定的政治素养,能够坚持党的领导,坚持中国特色社会主义方向,坚持服务于党和国家工作大局;二是有娴熟的政策研究素养,熟悉党委政府的运作规律,善于立足体制内解决问题,能够掌握国情、党情、政情、社情的第一手资料,有机会经常参与决策;三是有深厚的学术素养,学术理念前沿,研究方法现代,始终坚持智库研究内容的问题导向、实践导向、需求导向,跟踪当代前沿理论和党委政府的重大战略、重大决

策;四是有广泛合作的素养,擅长个人研究与集体攻关相融合,跨学科、跨专业、跨部门、跨地区开展合作研究、协同研究,具有国际视野;五是有良好的道德素养,社会责任感和诚信意识强,敢尽言责、善尽言责,懂得保守国家秘密。余杭党校教师仅在党的十八大以来,就获各级立项课题100余项次,在CSSCI 期刊和《人大复印资料》等报纸杂志上发表、转载文章 60 余篇次;多次取得省、市党校系统理论研讨会征文和优秀调研成果评选的一、二、三等奖等重要奖励;获得主持浦东干部学院现场教学转化为案例项目、浙江省社科联研究课题以及参与教育部重大攻关项目等重大突破;出版《浙江省县域发展比较研究》和《浙江省县域改革实践研究》专著 2 部;完成《村(社区)基层党员思想现状调研》等深度调研;拥有硕士研究生 6 名,其中,培养在读博士生 1 名,具有副高级职称的教师 4 名(不含参公编制具有副高资格者 2名),入选区级"139 人才工程"3 名。

3. 接地气是县区级党校的天然优势

与中央党校等高端智库相比,县区级党校更贴近基层,贴近生产生活,贴近群众。一是最容易发现新事物、新思想。最鲜活、最前沿的事例永远最早出现在基层。"春江水暖鸭先知""近水楼台先得月",县区级党校容易捷足先登,掌握第一手资料。二是最容易发现问题。县区级党校贴近生产生活第一线,最容易感知实践中出现的新问题,然后有一定的学术资源可以投入研究,对问题予以剖析,就可以提出解决问题的初步方案或最快地形成向上反馈的文本。

4. 党校也有独立研究的足够空间

党校建立的智库只能是"红色智库",不可能是无政治偏向的"无色智库"。那么,"红色智库"有没有研究的独立性? 答案是,完全有足够的独立研究空间。党校姓党,决定了红色智库必须模范地坚持党的领导。同时,根据党章规定,党的领导主要是政治、思想和组织领导,党校党组织对党校的研究更多的是政治把关和业务指导,而非业务领导。当然,党校要建立智库,就必须尊重科研和智库研究的区别,尊重智库运行的客观规律,给予智库在体制机制上更大的灵活性和研究的独立性。这恰恰有助于加强和改善党的领导。

(二)重要性

不是所有的党校都有建立智库的必要性,相反,绝大多数党校并没有单独建立智库的必要。从县区级党校来看,所有县区级党校原则上都不宜单独建立智库,这是尊重智库建设客观规律的必然论断。但是,所有党校,包括县区级党校,仍有联合创建或参与智库建设的可能。

1. 高端智库覆盖面有限

高端智库毕竟是少数,主要集中于关注关系国际问题和国计民生的大事,对于其他方面的领域鲜有涉及;高端智库主要为高层决策提供智力支持,很少为县区级党委政府等提供智力支持;高端智库运作成本高,对于小问题的投入并不一定能满足效益要求。而基层有大量新现象、新事物、新问题出现,需要一定的智力支持,一般的科研或政研室等并不能全部满足。

2. 县区级党校参与智库建设有利于促进自身发展

通过参与智库建设,县区级党校可以锻炼队伍,提升党校领导层的决策视野,有利于党校事业发展壮大。近年来,余杭党校在余杭区委区政府的正确领导和上级党校的具体指导下,以建设"红色智库"为战略目标,坚持"党校姓党"根本原则,在"创新发展,争创一流"的进程中取得了阶段性成效。从2015年到现在,建立了"红色智库"两大平台:浙江省县级党校智库建设研究中心和中国法治实践学派调研基地(余杭)。2014年成功创建杭州市文明单位,2013—2015年连续三年荣膺全省党校系统优胜(先进)单位称号,荣获2014—2015年度浙江省党校系统优秀科研工作组织奖,2013—2015年连续三年获得杭州市党校系统理论研讨会论文组织奖,实现了智库建设与党校发展相互促进、共同发展。

二、县区级党校建设"红色智库"的路径和方法

从余杭党校实践看,归结起来,在智库建设方面主要采取了以下举措。

(一)围绕党校特质,找准智库定位

1. 明确智库创建方向

教学培训和科研咨政是党校工作的两个轮子,双轮驱动,党校工作局面才能打开。中办、国办《关于加强中国特色新型智库建设的意见》对党校办智库给予厚望。全国、省、市党校工作会议也都强调党校要加强新型智库建设。对此,余杭党校组织反复学习,严格以上述文件和会议精神为指南,从而明确了基层智库创建的正确方向,那就是以联盟形式建红色智库。通过

十余所党校聚沙成塔,成立智库建设联盟,实现了"红色智库"从理念到实践的发展。

2.明确智库建设目标

时任浙江省委书记夏宝龙关于"争取做全省的榜样"的指示精神,鼓舞着余杭区砥砺前行,创优争先。秉持一流区域发展应有一流党校相匹配的理念,余杭党校自我加压、自我突破,致力于打造一个在全市乃至全省具有一定知名度和鲜明特色的新型智库品牌,即"红色智库"。目前,余杭党校正在制定《"红色智库"建设五年行动计划(2016—2020)》,决心"第一年打基础,第二年搭架子,第三年见成效,第四年出品牌,第五年成'名牌'",把"红色智库"打造成为余杭党校的一张"金名片"。

3.明确智库建设重点

余杭党校主动融入全区大党建格局,在促进余杭经济社会发展的过程中推动党校事业发展,在为余杭区委区政府决策出谋划策中寻求咨政服务"主智库"的地位和作用。

(二)围绕智库需要,深化管理体制改革

1.深化决策体制改革

决策的科学性是智库成功的前提和基础。智库管理不同于传统管理,尤其强调决策的科学性,强调遵循智库发展规律。余杭党校在这方面主要重视以下几点:一是注重智库工作决策的程序性,宁可慢一点,也要将智库决策的每个环节做到位;二是尊重智库工作的创造性,不搞"完美主义",允许在智库推进中犯非原则性错误,交一定的学费;三是侧重智库工作的择优性,重要工作原则上都预备两套方案,经评估后择优实施;四是看重智库工作的指导性,在专报撰写中实行学校牵头和把关、执笔人文责自负制度,最大限度激发研究人员自主性和积极性。

2.深化研究体制改革

县区级党校在研究上面临三个困境:一是师资人员少,具有较高研究水平的教师更少;二是教师分布散,有限的教师往往也是行政工作的骨干,分布在不同科室;三是研究领域不固定,一个教师往往有好几个研究领域,甚至是什么都研究的"万金油"型教师,结果造成"什么都研究,什么课都上,什么都不精通"的尴尬局面。为了破解这种局面,余杭党校成立了理论武装、党性教育、能力提升三个教研组,所有教师均按专业特长编入其中一个组,在教学和科研方面实行分工协作、团队攻关。

3.深化平台体制改革

平台是"红色智库"的重要载体,"皮之不存,毛将焉附?"因此,在"红色智库"建设过程中,余杭党校十分重视平台建设。一是将《战略观察》作为"红色智库"对外宣传的窗口刊物,将《战略观察》不定期出刊改为原则上每季度定期出刊,将刊载理论文章为主改为刊载咨政文章为主。二是将只有一个类别的校级重点课题扩展为两个类别。校级重点课题(A类)主要是围绕一段时间内党委政府中心工作的课题;校级重点课题(B类)是专题报送区委区政府的咨政专报类课题。三是继续坚守《余杭晨报·报上党校》栏目。现在该栏目每月发表1篇余杭党校教师的文章。四是结合"余杭党校"微信公众号等平台,扩大"红色智库"的影响力。

4.深化成果评价和应用转化机制改革

余杭党校已初步建立起智库成果报告制度,所有报送党委政府的专报,均通过区情调研室统一登记、编辑,再由办公室报学校审签后向"两办"报送。学校还鼓励党校教师与各部门、镇街开展横向委托课题合作研究,提高研究工作的针对性和实效性,为基层决策咨询提供学理支撑和方法论支持。目前正在探索建立以质量创新和实际贡献为导向的评价办法,构建用户评价、同行评价、社会评价相结合的指标体系。

5.深化交流合作机制改革

影响力是评价一个智库存在价值的核心标准。为此,在创建"红色智库"的过程中,余杭党校多措并举,不断加强这个特色新型智库对外传播能力和话语体系建设,提升"红色智库"的竞争力和影响力。一是积极建立与各类智库的交流合作机制,积极参与智库平台对话。举办全省基层党校智库建设研讨会,就是这方面的一种尝试。二是坚持引进来与走出去相结合。一方面,吸纳资深智库专家等优秀人才汇集到余杭党校"红色智库"中来,学习借鉴发达智库的先进经验,群策群力,共生共赢。另一方面,安排中青年教师在保障G20大会的服务现场挂职,跟踪服务中小企业,担任非公企业党组织兼职副书记、镇街党校指导员,推荐和鼓励中青年教师向更高的平台发展,将"人才产出率"作为智库成效大小的一项重要的衡量标准。

(三)围绕智库保障,加强组织领导

1.重视智库建设

余杭党校校委班子在新型智库建设工作重要性上认识高度统一,将智库建设作为教学科研转型的一个重要突破口和重要抓手,举全校之力支持"红色智库"创建工作。以举办全省基层党校智库建设研讨会为例,余杭党校除校委会班子鼎力投入外,办公室、科研科、区情调研室等所有科室、所有人员都动员起来了,各司其职,协同作战,与市委党校一道,确保智库建设研讨会圆满成功。

2.加大资金投入保障力度

在新的经费体制下,余杭党校几乎各个口子经费预算都有所压缩,但智库建设的资金被优先保障。同时,深化经费使用制度改革。科研经费制度不同于一般行政经费制度,实际产生的科目、额度和进度都很难与预算科目、额度、进度一一匹配。智库活动更是不同于传统科研活动,难以按照传统科研管理制度进行管理。而经费是维持智库正常运转的生命线,其畅通与否直接关系到智库建设的成败。为此,余杭党校一方面力求科学合理地编制和评估经费预算,规范直接费用支出管理,合规合理地使用间接费用,健全考核问责制度,另一方面反复与相关部门沟通,寻求支持,力争发挥绩效支出的激励作用。

3.加强智库人才队伍建设

一切事情都是靠人干出来的,智库更是靠人才支撑的。余杭党校高度重视人才培养及其使用,以"名师名校"工程为载体,落实"人才新政"进党校。一是全力支持本校教师评聘各类职称,享受人才扶持政策,上派下挂,为他们解决"前途之忧"。二是全力支持本校教师进修"充电",为他们解决"后顾之忧"。良好的人才生态环境,激发了本校教师投身党校事业、参与智库建设的热情和活力,愿意积极主动地为党和政府决策贡献聪明才智,从而为各项工作奠定了坚实的基础。

办好党校是党交给党校的使命担当和神圣职责,容不得丝毫懈怠。下一步,余杭党校发起的红色智库建设联盟将以党的十八大、十九大精神为指针,认真贯彻落实全国、全省、全市党校工作会议精神,始终围绕党校姓党这个原点,以创建省级文明单位和全省知名的具有鲜明特色的新型智库为目标,不忘初心,干在实处,走在前列,勇立潮头。

关于建立跨区域基层党校
智库联盟的若干思考

内容提要　跨区域基层党校智库联盟是指不同地域内的两所以上基层党校为提高知识创新能力，促进智力流动，提高基层党校智库影响力，在相关协议框架下进行的智力结盟。党的十八大以来，党中央越来越重视高端智库的建设，并逐步把发展中国特色新型智库提升为国家重大战略。习近平总书记曾多次就此做出重要批示，指出，智库不仅是影响政府科学决策的重要力量，也是衡量一个国家软实力的重要标志。当前，在全面深化改革的背景下，基层政府面对的挑战前所未有，对新型智库的渴望无比强烈。因此，研究建立跨区域基层党校智库联盟，不仅可以为党校智库联盟建设提供更多的理论支撑，而且对于加强基层政府治理能力和治理现代化建设具有重要作用。

关键词　基层党校；智库联盟；科学决策

习近平总书记在全面深化改革领导小组第六次会议上指出，要统筹推进党政部门、社科院、党校、行政学院、高校、军队、科研院所和企业、社会智库协调发展，形成定位明晰、特色鲜明、规模适度、布局合理的中国特色新型智库体系。中共中央办公厅、国务院办公厅下发的《关于加强中国特色新型智库建设的意见》明确提出，要"促进社科院和党校、行政学院智库创新发展"。基层党校要积极适应新形势、新任务的要求，认真贯彻落实中央关于智库建设的精神，推进新型智库建设规范、有序地发展，为基层党委政府决策服务，为当地的经济社会发展服务。目前，各地基层党校在建立新型智库

【作者简介】方瑜，中共安徽省桐城市委党校助理讲师。

方面都做了一些有益探索,在寻求建立基层党校智库联盟,扩大党校影响力,提高基层智库影响力方面达成了若干共识。但是,智库联盟定位不明确、科研力量相对分散、联合成果不多、人才交流缺乏等问题已成为智库联盟进一步发展的障碍,因此,多角度、多理论分析基层党校智库联盟建设,对于基层党校之间加强合作、强化联盟基础、夯实合作意愿大有裨益。

一、建立跨区域基层党校智库联盟的动力机制分析

跨区域基层党校智库联盟建设的动力机制是指各合作主体相互作用的内在动力和外在动力。其中内在动力主要来源于各个主体共同的利益需求、共同的学习与创新需求以及各自进一步发展的诉求等,外部动力主要来自于竞争与变革的压力、资源环境的约束以及政府的政策推力等。

(一)党校科研转型升级的必然要求

当今世界,经济、科技发展日新月异,基层党校作为地方党委领导下的官方智囊机构,复杂多变的环境对党校的科研水平提出了相对于以往更高的要求。过去,党校科研比较注重职称科研和基础理论研究,虽然也强调科研转型发展,加强决策咨询服务,但受限于体制机制等相关原因,党校科研转型的步子迈得不够大,思想解放不够彻底,转型效果不够明显。新形势下,在"有为才有位,勇于担当作为"的思想引领下,各基层党校开始注重为政府决策咨询提供更多参考,这就势必提高了对党校人员科研水平的要求,建立基层党校跨区域智库联盟,不仅可以方便兄弟党校之间的来往交流和人才的相互流动,知识间的相互碰撞必然会开阔科研人员的视野,丰富科研素材,提高决策咨询的质量,而且将联盟内的科研成果纳入统一发布平台,方便联盟成员知识成果的共享,提高了知识的吸收与创新能力,避免了一些重复研究,提高了决策咨询的效率。

(二)地方政府学习借鉴的迫切需要

当前,我国正处于社会转型期和改革攻坚期,从中央到基层,各级政府都面临着来自方方面面的挑战。基层政府处于改革最前沿,发展任务日趋繁重,基层社会矛盾日趋复杂,对抗冲突有所增强,处理难度加大等,种种问题考验着政府的治理能力和治理水平。如何适应新形势,在发展经济的同时,推进社会管理体制改革和创新,合理调节社会利益关系,维护基层和谐

稳定,已成为基层政府必须面对的一大重要课题,这就要求政府开拓决策思路,积极借鉴其他地区先进的发展理念以解决本区域内存在的相关问题。然而,受困于处理问题的庞杂与烦琐,基层政府很难抽出时间来比较各先进地区哪些地方值得本地区学习与参照。官方智囊机构——区县政研室承担着大量的工作任务,无暇全面顾及政府所关注的热点与难点,这就迫切要求基层党校填补政研室的不足,为政府间的扩大交流与学习提供理想的平台。

(三)合作化趋势需要智库间资源流动

中国在现有的政治经济体制下,客观存在着区域性的资源差异。这种差异使得处于不同地理区位的智库在获取外部信息等资源方面存在明显的"势位差",会进一步促使人才、信息、知识等资源在智库之间交流互动。一般来讲,智库的成功包含三大要素,即研究能力、知识传播以及诚信信誉[1]。其中,智库的研究能力与其研究人员的内在研究水平密切关联;知识传播与智库对政策进行论述、解释,并传递给非专业读者的能力有关;诚信信誉则与智库的知识质量以及诚信程度有关。可以看出,智库的成功与否受到了人才禀赋、信息、手段等资源的约束,建立跨区域基层党校智库联盟则可突破这些约束,实现人才、信息、知识等资源的共享,从而增强基层党校智库的整体研究能力。与此同时,跨区域党校间的强强联合,智力资源的充分流动,学科化、体系化知识的系统构建,必然会使得联盟创造出一批高质量的科研成果,"1+1>2"的品牌效应必然会扩大基层党校联盟的知名度,提高联盟的影响力。

二、跨区域基层党校智库联盟建设的可行性分析

加强区域间交流与合作,是经济全球化和区域一体化的要求和体现。[2]《关于加强中国特色新型智库建设的意见》的贯彻实施,对党校建设新型智库提出了必然要求,而组建跨区域基层党校智库联盟是实现区域协同发展、政府科学决策的战略选择。这既是联盟的内生价值诉求,也是区域内协同

---

① 段柯.新型智库体系建设的区域互动研究——以江苏为例[J].领导科学,2016(1):54-56.

② 张亚,王世龙.京津冀高校协同发展的战略模式和路径探索[J].国家教育行政学院学报,2015(12):03-07.

和区域间竞争的现实需要。以桐城、余杭两地党校为例,探究建立跨区域基层党校智库联盟的可行性分析,其目的是为建立这样一种新型智库提供理论支撑。

(一)项目支撑是保障

文化产业是以生产和提供精神产品为主要活动、以满足人们的文化需要为目标的一种新兴产业。当前,为了繁荣文化市场,创作出更多的适合人民群众需要的文化创意产品,文化产业走向联盟已成为趋势。余杭地区有良渚文化,而且以特色小镇为代表的创意文化产业正在崛起。桐城市有和谐礼让的六尺巷文化,"桐城派"文学源远流长,以玉雕产业为代表的玉文化创意产业也正在蓬勃发展。余杭、桐城两地在文化创意产业上有良好的合作基础与合作前景,在"十三五"规划中,两地政府都将振兴文化创意产业作为一项重点工作,可以说,丰富的文化资源、特色小镇建设以及政府构建文化创意产业的需要为两地党校建立跨区域智库联盟提供了大量科研课题以及调研实证基地。

(二)合作意愿是前提

《中国共产党党校工作条例》以及《关于加强中国特色新型智库建设的意见》,对党校建设新型智库提出了要求,余杭、桐城等基层党校对此都做了有益探索。2016 年 11 月,杭州市委党校余杭区分校(以下简称"余杭党校")举办了浙江省首届基层党校智库建设研讨会,达成了"余杭共识",桐城市委党校作为浙江省域外党校参加了理论研讨。2017 年 2 月,桐城市委党校常务副校长王国标率领本单位所有二级机构负责人组成的智库建设领导小组来到余杭党校,就基层智库建设取经问道,双方就进一步深入全面合作达成了若干共识。因此,基层兄弟党校之间的互访、信任机制以及良好的智库合作意愿,为建立跨区域基层党校智库联盟提供了思想保证。

(三)新兴技术是支撑

跨区域基层党校智库联盟不同于区域内党校智库联盟,时间、空间等维度限制了联盟内人员的交流与往来,这已成为建立跨区域党校智库联盟的最大障碍。然而,随着新兴技术的不断涌现,尤其是高铁和互联网技术的不断成熟,时间、空间等维度限制被不断突破,使得跨区域基层党校智库联盟建设成为可能。桐城党校至余杭党校的直线距离为 430 多公里,坐高铁大致三个小时抵达对方城市,空间距离被大大缩短。随着基层党校信息科功能的不断拓展,视频会议模式的运用,时空维度被不断拉近。因此,当时间、空间的维度限制被各种成熟的新兴技术不断突破,技术就为建立跨区域基层党校智库联盟提供了支撑。

(四)人才队伍是关键

建设高端智库,优质成果是产品,优秀人才是根本,有效机制是保障。智库作为生成智慧和思想的组织,有什么样的人才,就会有什么样的未来。通过对我国较为有影响的智库进行研究后发现,一些影响力较大的智库一般会有核心人物发挥主导作用,同时还有一支强大的人才科研队伍。建设跨区域基层党校智库联盟,人才是关键。令人欣慰的是,近年来通过人才引进以及专家库建设,基层党校聚集了一批高素质人才队伍。以余杭、桐城两所党校为例,余杭党校现有教职工 29 人,其中拥有中高级职称的有 18 人;桐城党校在职在编教职工 23 人,拥有中高级职称的有 15 人,基本覆盖哲学、经济学、教育学、法学、文学、管理学、历史学等社科体系。近年以来,两所党校更是以建立专家库平台为契机,吸引聚集了一批富有学识的学科领头人物。因此,合理的学科体系和人才结构,为打造一流的跨区域智库联盟,增强联盟的可持续发展能力提供了智力保证。

三、建设跨区域基层党校智库联盟要紧紧把握的关键点

习近平总书记在提到我国智库建设中存在的问题时说:"近些年来,我国智库发展很快,在出思想、出成果、出人才方面取得了很大成绩,为推动改革开放和现代化建设做出了重要贡献。同时,随着形势的发展,智库建设跟不上、不适应的问题也越来越突出,尤其是缺乏具有较大影响力和国际知名度的高质量智库。"①因此在建立跨区域基层党校智库联盟时,应总结好前人的经验,注重智库建设的发展规律,规范引导联盟发展。为此,要紧紧把握好以下几个关键点。

---

① 习近平.在中央全面深化改革领导小组第六次会议上的讲话[N].人民日报,2014-10-28(1).

(一)加强跨区域基层党校智库联盟建设,牢牢把握正确的政治方向

中共中央《关于加强中国特色新型智库建设的意见》明确提出,要"支持中央党校、国家行政学院把建设中国特色新型智库纳入事业发展总体规划,推动教学培训、科学研究与决策咨询相互促进、协同发展,在决策咨询方面发挥更大作用"。这意味着,党校作为党委的重要部门,在发挥好培训、轮训党员领导干部的主渠道、主阵地作用的同时,更要承担起哲学社会科学研究以及党委和政府决策咨询思想库的重任,特别是要发挥好在建设中国特色新型智库中的应有作用。[①] 这既是《中国共产党党校工作条例》的基本要求,也是彰显党校地位和影响力的重要标志。跨区域基层党校智库联盟作为社会主义新型智库的一部分,它与西方智库的根本区别就在于它应具有十分明确的意识形态属性。我国作为一个社会主义国家,党的领导是中国特色社会主义最本质的特质,是建设基层新型智库最根本的保证。把党的领导,特别是地方党委的领导贯彻到跨区域党校智库联盟建设的全过程和各方面,坚持马克思主义在智库联盟研究中的指导地位,是跨区域党校智库联盟能够取得成功的关键与基石所在。强化党的领导,就是要求各参与主体增强意识形态的阵地作用,发挥好政府决策的思想库作用。坚持马克思主义的指导地位,就是要要求研究主体立足于跨区域地方的基层实际,一切从实际出发,自觉运用马克思主义的立场、观点和方法,分析观察和研究解决问题,用专业化的知识解答区域热点问题,用理性的思想为社会公众解疑释惑,对不同利益和价值观念群体的诉求进行合理引导,做好政府与人民群众交流的纽带。

(二)加强跨区域基层党校智库联盟建设,必须确保引入新思想

近年来基层智库发展欣欣向荣,取得的成绩有目共睹。但面临国内外发展的新形势、新任务和新要求,特别是决策的强度、密度和复杂程度日益加深,基层传统型智库的"重政策解读、轻引导制定;重前期介入、轻后期评估;重部门利益,轻统筹实效"等弊病,使得其很难适应当前基层政府决策咨询的需要,因此,建立一个适应基层经济社会发展新形势、新任务和新要求

[①] 危旭芳.充分发挥党校在建设中国特色新型智库中的应有作用[J].探求,2016(1):46-51.

的跨区域基层党校智库联盟的新型智库体系就显得尤为必要。跨区域基层党校智库联盟要在理论创新、问题导向、知政结合、深度参与、有效监督等方面体现新内涵。要做到以上要求,基层党校特别是联盟内参与的各方主体,一定要解放思想,树立新的理念与思维方式。未来中国的高端智库建设必然是"特色"与"新型"的有机结合,既强调共性,又注重个性;既要传承,亦要出新。在信息交互加速、学科渗透加剧的背景下,像过去那种闭门单干、内部单循环的方式,显然行不通了。特别是针对重大现实问题的研究,要更加注重个体智慧与集体理性的结合,注重理论探讨与实践检验的互动,特别是要突破地域界限,鼓励不同区域的碰撞与融合。建立跨区域基层党校智库联盟,形成基层参政议政领域内的基层智库品牌,各方参与主体就必须要适应社会发展的要求及其带来的各类挑战,必须以新思维、新思路,冲破束缚,克服路径依赖和浮躁情绪,实现基层智库的新跨越。

(三)加强跨区域基层党校智库联盟建设,必须创新体制机制

如何保持跨区域基层党校智库联盟的稳定性始终是联盟发展过程中一个值得探讨、必须重视的问题。跨区域基层党校智库联盟不同于区域内智库联盟,财政保障、党委支持、文化差异、认识不同等多重因素决定了它的复杂性、难度性,过往推动区域内智库联合的体制机制必然会受到挑战。伴随着改革融入、共享发展理念的不断深入,跨区域基层党校智库联盟建设是未来增强区域竞争力的一大趋势所在,因此必须建构好维护联盟稳定的机制。总的来说,这个机制包含三点:首先是建立信任机制。跨区域基层党校智库联盟合作关系实际上是对未来行为的一种承诺,只有彼此信任,各方信守诺言,才能使这种承诺成为可靠的计划,并最终得以实施。相互信任既是联盟成员间互利互惠的需要,也是联盟健康发展必不可少的行为路径。其次是建构协调机制。信任是联盟组织各成员方合作成功和稳定发展的关键因素,而创造信任的有效手段就是联盟各方的交流和沟通。因此,协调机制是跨区域基层党校智库联盟存续的必要条件,建立有效、持续的沟通是加强联盟稳定性的重要手段,而这种协调机制必须围绕"解决为什么发展、发展什么及怎样发展"这三个基本问题进行有效创制。最后是建立奖惩机制。利用联盟组织各方的地缘优势和资源优势,以奖惩为手段去设计和建立奖惩机制,做到建功必奖,违约必惩,调动各方的积极性和创造性,强化跨区域基层党校智库联盟共谋利益、共创辉煌的联盟意识。

四、建立跨区域基层党校智库联盟的方式

当前我国各地基本都处在经济增速换挡期、结构调整阵痛期、前期刺激政策消化期这样一种特殊时期,政府制定政策涉及的问题越来越复杂,需要智库充分发挥好"智囊团"的作用。基层党校在"启民、孕才、决策"等各方面,为当地政府提供了越来越多的帮助,但是,在新型智库建设过程中也暴露出了很多问题。探索跨区域协作发展,优势互补,合作共赢,是未来智库迈向高端化的一大趋势。近年来,随着国家政策的利好以及各地方政府的大力支持,诸如全国"一带一路"沿线城市智库联盟、长江经济带智库联盟、南方改革智库联盟、京津冀智库联盟等一大批跨区域智库联盟相继成立并取得实绩,这些实例为建立跨区域基层党校智库联盟提供了范本。建立跨区域基层党校智库联盟,可从以下几个方面着手布局。

(一)明确宗旨,建立机构

一个智库联盟必须要有明确的宗旨,否则就好比无头的苍蝇到处乱窜,又或者捡了芝麻丢了西瓜,最终迷茫地消失在众多的新型智库当中。因此,建立跨区域基层党校智库联盟,首要的目标是先组建理事会,征求广大参与主体的意见,最终确立联盟的宗旨,明确联盟奋斗的方向。其次,可在理事会决议下考虑设立观察员制度,以现有的浙江省县级党校智库研究中心为跨区域基层党校智库联盟载体,通过建立观察员制度,让那些想深入了解联盟运作及作用的相关单位以参与主体候选者身份列席联盟会议,通过双向的交流合作机制,最终决定是否将其纳入为联盟正式成员单位。这样,一来便于建立联盟与相关单位的信任,二来通过观察员身份列席会议,可以传播联盟的宗旨,扩大联盟的影响力与辐射力。

(二)搭建平台,明确职责

智库的生命力在于内部可以启迪智慧,外部可以扩大影响,内外兼修,方能长久。因此,跨区域基层党校智库联盟应搭建若干平台,以平台为支撑,明确联盟任务和职责。一是搭建学习交流平台。以浙江省县级党校智库中心为依托,每年定期举办一至两次业务交流活动,邀请一些具有真才实学、有成功案例的专家,开展具有启迪意义和实用价值的培训活动,让联盟内部研究人员获得思想启发,进而能够转化为一个个鲜活的智库项目,一个

个精彩且有较强针对性又十分管用的业务研究课题。二是搭建政府及学员交流的平台。教学科研是基层党校的主课、主业,无论何时何地都不能放松。以跨区域智库联盟为依托,建立跨地域的政府或学员间的往来交流机制,可以将一地的创新做法推广出去,形成标准模式输出。同时,学员的异地交流考察,特别是经济转型升级类型的班级,往往能够给某地带来新的投资意向,因此,这种跨地域的双向交流机制对联盟本身来说也是一种宣传与推介。三是还要建立科研资政成果的统一宣传平台。以余杭党校的《战略观察》作为联盟科研资政成果推介的传统宣传渠道,联盟还应建立专属网站及其他互联网相关渠道,及时发布和宣传联盟内最新的研究成果和研究理念,加强与外界的沟通联系,并通过影响公众舆论、树立公众形象等方式间接影响政策走向,进而提高跨区域基层党校智库联盟的品牌知名度,增强联盟的社会影响力,强化联盟的决策话语权。

(三)加强监督,保证质量

一个智库是否能够继续生存和发展,是由它是否具有核心竞争力所决定的,而建设和提高智库的核心竞争力最有效的方法就是保证科研资政成果的质量。纵观国内一些智库,其多多少少存在这样或那样的问题。比如,智库的站位不是"顶天立地",所提建议常常华而不实、含金量低,政策解读大而空、水分多;智库的对策针对性差,开不准药方,"药"不灵光,反怪病人生错了病;智库文案空泛化,碎片信息缺乏逻辑性,使人不明就里;"锦囊妙计"少,方案嗅觉不灵,应变性差,预警提醒少,有效的对策更少。[1] 之所以出现这些原因,关键在于社会需求背景发生了深刻变化,政府及其他需要智库帮助的主体对决策咨询的要求越来越高,这就好比"学生"在不断成长,随着水平的不断跃升,对理论及实践的要求越来越吹毛求疵,而作为"先生"的我们却没有跟上时代的要求,在科研咨政时考虑的往往是研究课题能否被立项,立项后能否获得科研经费,是否对职称评定更为有利,有时为了过于追求理论上的完整完善,建立一些并不适用的数据模型,新概念泛滥,与现实感要求越来越远。建立跨区域基层党校智库联盟,必须要引以为戒。为保证联盟实效结果,可以考虑在联盟中建立监督委员会,强化联盟成员的荣

---

① 刘宇庆.理想智库的建设:短板、路径与方法[J].智库理论与实践,2016(5):91-96,110.

誉感、责任感、使命感的再教育,增强联盟成员的成员意识和身份意识。引入第三方社会评估机构,对联盟内的自选自立课题进行课题结项的科学有效评估,建立惩戒机制,对不符合联盟要求的科研成果进行科研撤项,同时追究相关人员的责任,充分保证联盟研究成果的含金量。

大党校发展格局是县级党校积极服务地方党委政府决策,提高科研咨政成果质量的必由之路。系统化、联盟化、新型化、特色化是县级党校智库走向联合的路径选择。浙江县级党校智库联盟无疑走在了时代发展的前列,因此各区域内党校应以浙江县级党校智库联盟为蓝本,探寻自身的发展寻求区域内的联合,以大党校格局为发展方向,助推县级党校在新时代有更大作为。

新型智库视阈下县域间党校
科研咨政工作的比较研究

——以中共浙江省长兴县委党校、嘉善县委党校为例

内容提要 县级党校作为党校系统的最基础环节,能否把科研工作做好,直接关系到党校的教学质量,关系到党校思想库作用的发挥,关系到党校的地位和声誉。而县级党校作为地方党委和政府的新型智库,更应发挥为党委政府的决策研究建言献策的作用。本文对长兴县委党校、嘉善县委党校的科研工作在科研质量、科研平台、教科研转化度等方面进行对比分析,指出新型智库视阈下县级党校科研咨政工作实现的有效路径是:突出科研咨政,加强决策咨询研究;优化结构,建设高素质科研队伍;整合校内资源,拓展科研咨政平台;创新科研管理的体制与机制。

关键词 新型智库;县级党校;科研咨政;对比

新形势下,无论是党校自身的发展,还是县域经济社会的发展都需要党校科研的支持。县级党校的科研工作比以往任何时候都显得重要。科研工作是党校各项事业的基础环节,影响到党校各项职责的全面有效发挥,是党的事业不可或缺的重要组成部分。习近平总书记在全国党校工作会议上指出:"党校姓党,决定了党校科研要紧紧围绕党的中心工作展开,在党的思想理论研究方面有所作为,在意识形态领域做出积极贡献。"《关于加强中国特色新型智库建设的意见》指出,要促进包括党校在内的各类新型智库"创新发展",党校要"推动教学培训、科学研究与决策咨询相互促进、协同发展,在

【作者简介】 张玲丽,中共长兴县委党校教师。

决策咨询中发挥更大作用"。而县级党校科研的基本使命是为地方党委和政府提供决策咨询服务,包括向地方单位和政府反馈基层信息情况、提供重大决策思路、服务干部教育培训工作等。本文通过对长兴县委党校与嘉善县委党校科研咨政工作的比较研究,认为县级党校的科研工作具有自身的特点与独特定位,应进一步发挥新型智库视阈下县级党校科研咨政工作的优势与作用。

一、新型智库视阈下县级党校科研咨政工作的角色定位

党校科研是党校和党的事业的有机组成部分。科研水平是衡量党校办学水平的重要指标,是党校的立校之本。正所谓"党校办得好不好,科研是个晴雨表"。

(一)党校的性质要求党校必须做好科研咨政工作

党校姓党,她是宣传党的路线、方针、政策的重要阵地。怎样去准确地宣传、把握、诠释党在不同时期的路线、方针、政策和各级党委在不同时期的中心工作,怎样来应对不同时期党的路线、方针、政策和各级党委在不同时期的中心工作出台后社会上出现的不合拍的现象和杂音,是县级党校首先需要考虑的问题。针对这种情况,每个党校人都需要深入实际,通过细致的调查研究,找出不合拍现象和杂音及其产生的根源,认真地分析和解剖,为党委和政府提供消除杂音、化解矛盾、形成合力的参考意见,最终达到党的路线、方针、政策顺利实施的目的。

(二)科研咨政是县级党校工作的立足点

科研工作对提高党校的知名度,提高党校的教学质量,促进教研人员的长远发展均有重要的意义。科研是教学质量提升的基础,没有科研作为支撑的教学就没有生命力。干部教育培训的内容是随着经济社会发展的需要、干部队伍建设的需求以及教育培训发展趋势的变化而不断变化的。这就要求党校教师能够根据形势的变化,选择重大理论和现实问题进行研究,并将研究成果转化为讲稿为党员干部讲授。党校的课能不能讲好,理论创新的步子能不能跟上,科研起着重要的决定作用。科研工作对于提升党校整体办学水平和教师的业务素质至关重要。作为一个县级党校教师必须改变传统观念和思维定式,充分认识科研在党校教育中的基础作用,不断增强

科研意识,切实加强科研工作。因此,加强党校科研工作既是党校工作的立足点,也是提高党校教学质量的前提和保障。

(三)科研咨政工作是党校新发展的助推力

新形势下,培训教学的研究性日益凸显,决策咨政的任务不断加重,导致科研工作的地位和作用越来越突出,对于党校发展的推动作用越来越明显。因此,县级党校要提升办学综合实力和核心竞争力,实现又好又快的发展,首先必须提升科研能力,巩固科研在学校工作中的基础地位和先导作用,真正使科研工作成为县级党校的"立校之基""兴校之本"。

二、新型智库视阈下县域间党校科研咨政工作的对比分析

长久以来,大部分县级党校对科研的重要性认识不足,认为只要抓好教学工作,完成每年的干部培训任务就可以了,没有深刻理解和领会党校工作"教学是中心,科研是基础"的科学定位,片面地强调教学工作而忽视了科研工作。虽然这些年来,长兴县委党校的科研工作也有一定的起色,取得了一些成果,在县级各单位举办的征文比赛、湖州市委党校举办的理论研讨上也取得了不错的名次,甚至在浙江省委党校举办的理论研讨上也收获奖项。但在取得成就的同时,笔者将长兴县党委校的科研工作与嘉善县委党校的工作做一下对比,进一步探求发展的路径。

(一)对比重视程度与科研氛围

教学是中心,科研是基础,党校的教学和科研应该是一体化的。新形势下,越来越多的县级党校领导已认识到了科研工作的重要性,并对科研工作愈发重视,然而,在长兴县委党校一些教师的心中仍存在"重教学、轻科研"的倾向,认为科研是软指标,只要完成了教学任务,就是尽职尽责,而科研工作更多是为了应付职称评定工作,特别是已经评上职称的老师,更是不愿做科研,这也导致大家对搞好科研工作的热情不高、动力不足,科研氛围日益淡薄。对比嘉善县委党校,近两年来,该校高学历年轻老师增多,也带动了科研工作,使科研氛围日益浓厚。

(二)对比科研数量与精品质量

虽然党校的教师大多也在写文章,但往往是为了完成一些硬性科研任

务,或是为自己评职称而做准备,所写的文章大多缺乏针对性和实效性。近年来,随着长兴县委党校引进了越来越多的年轻、高学历的人才,教学科研人员也发表了不少文章,论文比例在不断提高,但是精品不多,有分量的科研成果较少,大多数论文是参加市级研讨征文和一些学术团体的论文交流,尤其是在省级甚至是国家级刊物上发表的高端论文较少,整体质量还有待提高。特别是对当地改革发展实践的重大问题的前瞻性、对策性的研究不够,对实际工作有指导意义的调研成果偏少,尤其是对当地党委和政府决策产生影响的成果不多,决策咨询能力偏弱。教师的科研成果多局限于基础理论研究,而忽视了应用问题的研究。而嘉善县委党校近年来引进多名优秀的硕士研究生,发表论文的层次和质量都相对较高。

(三)对比教师的科研协作意识

党校的每一个教研人员都是党校科研的主体力量,鼓励教研人员独立搞科研无疑是正确的。然而,整合力量、优化资源配置、发挥整体功能显得更为重要。近年来,长兴县委党校的科研成果大多是教师个人努力的结果,以省市级课题为例,虽然以课题组的形式申报,但实际上仍是一个人单枪匹马在奋斗,教师的科研协作意识与能力还不强,没有实现"1+1>2"的效果,结果导致有分量的科研成果稀少。而嘉善县委党校则把团队协作意识发挥到最大化,例如2017年该校有19个省委党校课题立项,但该校只有12名教师,这得益于其全员搞科研,分成若干个课题组,团队协作与交流。

(四)对比教学与科研的转化度

教学是党校的中心工作,科研是党校教育的基础。当前党校存在的问题是教学专题仅呈现于课堂上,而科研课题则在课堂之外,即一篇文章发表了,一项科研工作也就结束了。科研为教学服务、为党委和政府决策服务的职能未能充分体现出来,科研成果进课堂的机会少之又少。缘于教学、科研的考核自成体系,各自独立,缺乏两者的结合点。同时,当前长兴县委党校有些教师缺少明确的学科定位和发展方向,教学专题和科研也是游击战式居多,教学和科研一体化当然也就无从谈起。

(五)对比科研平台与对外交流

教学需要"平台",科研工作同样需要"平台"。目前,长兴县委党校在科研平台建设上存在两个不足：一是平台较单一。党校教师从事科研工作基本上是以报纸、期刊为平台，科研成果大多数在报纸、期刊上发表，主要是在地市级刊物、县域本地的报纸上发表。二是平台较封闭，对外交流与调研不足。县级党校相互之间、县级党校与当地党委和政府各职能部门、研究机构之间缺乏稳定的科研交流。例如，长兴县委党校与湖州市委党校、德清县委党校、安吉县委党校的科研交流几乎为零。同时，与本地相关部门，如县政研室等，联系也不够，使县级党校教师难以参与当地有关部门，特别是对本地发展产生重大影响的经济、社会等方面的调研活动。对比嘉善县委党校，其科研平台相对"开阔"。一方面该校是国家县域科学发展观示范点，与省委党校在课题方面有深度合作；另一方面该校与河南兰考县委党校等党校每年定期开展理论研讨会，同时还同县党建研究会有合作课题。

（六）对比科研经费保障力度

无论是资料查询、市内外调研、科研成果的转化、科研成果奖励，都需要一定的经费支撑。但目前长兴县委党校科研经费的力度取决于领导对科研工作的重视程度。当领导重视科研工作时，科研经费能够得到保障；反之，则出现科研经费匮乏的局面。这也进而制约了科研工作的开展，特别是大型课题的研究，导致党校教师难以深入本地实际进行细致的调查研究，不能及时了解本地县域经济社会发展等方面的实际状况。特别是实行"车改"之后，如果没有充足的科研经费保障，教师外出调研的积极性会大大减弱。而嘉善县委党校则有明确的科研奖励制度，更能激发教师科研的积极性。

三、新型智库视阈下县级党校科研咨政工作实现的有效路径

对比县域间党校在科研咨政工作中存在的差距，为了更好地做好科研工作，县委党校要立足实际，找准自己的位置，扬长避短，找到符合自身特点的科研发展路子。

（一）突出科研咨政，加强决策咨询研究

要提升党校教师的科研咨政水平，加强课题研究的针对性、应用性、实效性则是重中之重。一是紧贴党委和政府的中心工作。设立重大会议活动旁听制度，比如县两会、党代会等，让党校教师紧跟重大决策部署，紧扣长兴经济社会发展中的热点、难点问题，围绕建设高水平全面小康社会县域典范

等重大问题,深入开展决策咨询研究。二是参与县委县政府的重大决策。例如,学习安吉全县人才制度专家座谈会邀请党校教师参加的形式。还有,今后县委县政府在做"十四五"规划时,可以邀请县内各领域的专家,包括党校教师在内,一起参加调研或者座谈,发挥党校师资的优势。三是围绕中心大局,进行跟踪调研。比如,今后可以参与关于党委政府重大政策和改革项目实施情况第三方评估,通过跟踪调研,提供具有战略性、前瞻性、针对性的对策建议,努力成为党委和政府想得到、信得过、用得上的新型智库。

(二)优化结构,建设高素质科研队伍

事业兴衰,关键在人。组建一支高素质科研队伍是做好县级党校科研工作的决定性因素。一是高标准、多渠道招贤引才。人才引进方面向市委党校学习,能否走高层次人才引进录用的方式,增加党校选人用人的话语权,按照试讲、科研文章审核等步骤挑选高学历的研究生来党校。二是加强教师的业务培训,提高教师的理论水平。一方面,选派优秀教师到上级党校进行为期一个月左右的理论进修学习,另一方面邀请浙江知名的擅长科研工作的教师前来讲课。开阔教师的视野,增长见识,也为搞好科研工作打下坚实的基础。三是加大挂职锻炼力度,增强党校教师的实践经验。每年有计划地选派中青年教研人员和管理干部到党委、政府综合部门及基层挂职锻炼,丰富实践经验。同时,把青年教师"送上去",即到上级党校的科研、教学等处室进行挂职锻炼。

(三)突出教学科研工作的相互转化

县级党校要对科研工作进行准确定位,还要特别注意正确处理科研与教学两者之间的关系,实现教学科研互相推动、互相促进的一体化运行模式。一是要教学出题目,科研做文章,实行教学专题设置与科研选题一体化,把教学专题作为科研的首选课题,把科研成果运用到课堂教学中,加大教学中的科研含量,推动研讨式教学活动的开展,使教学和科研更贴近现实,更具指导性和说服力,真正做到以教学带科研,以科研促教学,形成良性互动、协调发展,实现教学质量和科研水平的同步提高。二是要围绕教学搞科研,瞄准社会的突出问题、热点问题,瞄准学员需要了解、需要解决的问题搞科研。这样的科研成果观点新颖,资料翔实,实用性和针对性强,同时也克服了重教学轻科研、脱离教学实践和社会实践搞科研的倾向。

(四)整合校内资源,拓展科研咨政平台

科研交流协作是整合资源、提高质量的重要条件。为了进一步弥补县级党校的教师少、专业少的弱势,应在发挥个人科研能力优势的同时,倡导集体协作,发挥群体的作用,在科研工作中形成上下联动、内外互助、集体攻关的工作格局。县级党校要不断加强同社会各界的联络和协作,走开放型科研的路子。一是贴紧省委党校、市委党校,最大限度地发挥上级党校的理论优势和指导作用。二是争取县委和政府的指导。不仅要从县委和政府那里争取调研课题,还要加强与县委和政府政策研究部门的联系,争取他们对调研工作的指导。三是加强与被调研单位的合作。例如调研单位的业务主管部门、大型的企业公司等也有一些既有实践经验又有理论水平的人才,在调研过程中要充分争取他们的支持。四是整理归纳学员的意见和建议,供有关领导参考。

(五)创新科研管理的体制与机制

实践证明,一流的党校要有一流的科研,一流的科研要有一流的长效机制作保障。一要建立完善竞争的激励机制。在科研工作中引入竞争机制,实施课题带动和课题竞标,为科研成果定标准、定质量、定等级,以科研成果来衡量教师科研能力的高低,以科研成果来论教师在党校的地位,让优秀的科研成果能代表学校向上推荐;在教师职称评定、干部提拔使用上引入竞争机制,把工作能力、工作业绩与待遇结合起来,在评先树优、落实待遇上对科研成就突出的教师给予倾斜,让有为者必有位。通过竞争激励机制,把"要我干"变成"我要干",形成争先创优、争创一流的工作局面,营造鼓励教师干事创业的良好氛围。二要制定完善的科研奖励制度。加大科研奖励的力度,目的是出精品,扩大长兴党校的知名度、美誉度,提升教师的学术水平。制定科研工作考核奖励制度。如对完成省市级立项课题的教师、撰写的调研报告获得县委主要领导批示的教研人员等均按制度给予一定的精神和物质奖励,在评选先进教职工的过程中优先考虑教研成果突出的人员等,实现科研工作的制度化管理。三要提供充足的科研保障资金。党校的科研要出成果,出精品,必须不断加强科研的投入,工作经费向科研倾斜,只有这样才能激发教师外出开展调研座谈的动力,提高教师科研写作的积极性,提升咨政研究的针对性。四要建立完善的科研工作制度。例如,每月召开科研研

讨交流会,每位老师交流目前所负责课题的困惑与心得,互相提建议,使课题与调研任务更加完善,并每年固定召开两次科研工作推进大会,两次科研文章理论研讨会,鼓励党校科研人员多出成果多出精品。再如,实行科研小闹钟提醒制度。科研室每月派专人及时提醒老师各类征文、课题及理论研讨会的交稿时间,以免教师错过交稿时间。

四、结语

总之,县级党校科研咨政工作,直接关系到县级党校教育的水平和声誉,关系到县级党校任务的完成,关系到办学目标的实现。因此,要树立科研立校的思想,把握科研立校的方向,突出科研立校的意义,要进一步发挥县级党校科研工作的地位和作用,加大对县级党校科研工作规律的研究力度,不断提高科研咨政工作水平和质量,使党校真正承担起各级党委赋予的重要使命。

参考文献

[1] 郭跃峰.浅谈新形势下县级党校科研工作[J].中共青岛市委党校(青岛行政学院学报),
    2014(05).
[2] 莫柳宣.对新形势下县级党校科研工作的思考[J].管理观察,2015(2).
[3] 中共中央关于加强和改进新形势下党校工作的意见[N],2015(12).
[4] 中国共产党党校工作条例.2008.

后　记

　　《浙江省区域协作与比较研究》是为深入贯彻落实党的十九大精神、推进县级党校智库联盟建设、促进区域协同化发展而编写的一本科研成果转化的普及性、实务性著作，也是杭州市委党校余杭区分校继《浙江省县域发展比较研究》《浙江省县域改革比较研究》之后推出的又一力作。

　　本书的编写是在本书的编辑委员会和浙江省县级党校智库研究中心领导下进行的。本书的编辑委员会主编占张明高度重视包括本书在内的系列丛书的编辑出版工作，多次听取专题汇报，经常鼓励编写人员克服困难向前推进，要求将本书编写为以实际行动践行党的十九大精神的杰作、能充分体现"红色智库"研究水平的精品。执行副主编赵丽萍对这项杭州市委党校余杭区分校 2017 年智库工作的头等大事也投入了极大的精力，全程倾力指导。其他副主编也为本书的顺利出版提供了大力支持。编委郭人菡、陈华杰等负责具体的统稿、协调等工作，科研助理田耀华协助郭人菡负责部分工作。

　　浙江省内党校系统及部分省外兄弟党校对本书的征文等工作给予了大力支持。浙江大学出版社高度重视本书的出版，樊晓燕编审等对本书的出版付出了辛勤的劳动。本书的编写也得到了浙江省县级党校智库研究中心各位领导以及余杭区委常委、组织部长、杭州市委党校余杭区分校校长朱红丹的关心和大力支持，朱红丹部长还亲自为本书作序。在此一并表示衷心的感谢。

编者

2017 年 10 月